法律基础

主　编　刘莲花

副主编　王艳玲

Basis of Law

WUHAN UNIVERSITY PRESS

武汉大学出版社

图书在版编目（CIP）数据

法律基础/刘莲花主编.—武汉：武汉大学出版社,2021.8（2024.1重印）
ISBN 978-7-307-22459-9

Ⅰ.法… Ⅱ.刘… Ⅲ.法律—中国—高等职业教育—教材 Ⅳ.D92

中国版本图书馆 CIP 数据核字（2021）第 139465 号

责任编辑:张　欣　　责任校对:李孟潇　　版式设计:马　佳

出版发行：**武汉大学出版社**　　（430072　武昌　珞珈山）
（电子邮箱：cbs22@whu.edu.cn　网址：www.wdp.com.cn）
印刷:武汉中科兴业印务有限公司
开本:787×1092　1/16　印张:15.5　字数:368 千字　插页:1
版次:2021 年 8 月第 1 版　　2024 年 1 月第 6 次印刷
ISBN 978-7-307-22459-9　　定价:45.00 元

前　言

党的十八大以来，以习近平同志为核心的党中央将全面依法治国纳入"四个全面"战略布局，加强党对全面依法治国的集中统一领导，全面推进科学立法、严格执法、公正司法、全民守法，形成了习近平法治思想，开创了全面依法治国新局面，为在新的起点上建设法治中国奠定了坚实基础。

党的二十大将基本建成法治国家、法治政府、法治社会确立为 2035 年基本实现社会主义现代化的总体目标之中。中央明确指出："坚持全面依法治国，推进法治中国建设。""全面依法治国是国家治理的一场深刻革命，关系党执政兴国，关系人民幸福安康，关系党和国家长治久安。必须更好发挥法治固根本、稳预期、利长远的保障作用，在法治轨道上全面建设社会主义现代化国家。我们要坚持走中国特色社会主义法治道路，建设中国特色社会主义法治体系、建设社会主义法治国家，围绕保障和促进社会公平正义，坚持依法治国、依法执政、依法行政共同推进，坚持法治国家、法治政府、法治社会一体建设，全面推进科学立法、严格执法、公正司法、全民守法，全面推进国家各方面工作法治化。""加快建设法治社会。法治社会是构筑法治国家的基础。弘扬社会主义法治精神，传承中华优秀传统法律文化，引导全体人民做社会主义法治的忠实崇尚者、自觉遵守者、坚定捍卫者。建设覆盖城乡的现代公共法律服务体系，深入开展法治宣传教育，增强全民法治观念。推进多层次多领域依法治理，提升社会治理法治化水平。发挥领导干部示范带头作用，努力使尊法学法守法用法在全社会蔚然成风。"

高校大学生是新时代中国特色社会主义事业的建设者和接班人，高校大学生的法治素养，直接影响着国家的法治建设，影响着社会的和谐发展，因此，培育和践行社会主义核心价值观，弘扬社会主义法治精神，培养大学生的法治观念，增强大学生的法治意识，提升大学生的法治素养，引导大学生树立宪法法律至上、法律面前人人平等的法治理念，做社会主义法治的忠实崇尚者、自觉遵守者、坚定捍卫者，是培养建设社会主义法治国家合格人才的需要，是时代发展的必然要求。

本教材遵循"普及法律知识，树立法治信仰，培育法治思维，注重守法用法"的思路，在内容的选取、体例的编排、形式的表现上进行了创新性的设计。其特点如下：

（1）本着弘扬社会主义法治精神，传播法治理念，恪守法治原则，增强法治观念的要求，以习近平法治思想为指导，以宪法为核心的中国特色社会主义法律体系为引领，在内容的选取上，摒弃此类教材面面俱到、偏重理论性的套路，精选了与经济社会发展和人民群众利益密切相关、实用性较强的法律制度，融入了最新的立法和司法解释的内容，删减了应用性不强的内容，详略得当地阐明了相关法律制度的主要内容，突出普法性、必要性和实用性，注重对大学生社会主义法治精神、法治理念、法治思维的培育和提升，引导

1

大学生自觉尊崇、信仰、遵守和践行宪法与法律。

（2）在体例的编排和形式的表现上，没有采取整齐划一的体例形式，而是针对非法律类专业大学生的学习状况和普法的学习目的，根据各章节学习内容的特点，分别采取了以案例普法释法释理、以图表普法释法释理以及比较分析等不同形式，力求通俗易懂地阐释应知应会的知识，剖析实践中常见法律问题，帮助大学生理解掌握相关内容，培养大学生的法律思维能力和遵守法律的自觉性以及运用法律知识分析解决实际问题的必要能力。同时，还采取二维码方式配置了相关法律制度、司法解释和教学课件，以满足大学生拓展知识、自主学习和移动学习的需求。

本教材可作为高等职业院校、高等专科学校、成人高等教育、五年制高职非法律专业的公共基础课程教材，也可作为各行业从业人士学习法律知识的参考书及普法教育培训用书。

本教材由刘莲花教授任主编，王艳玲教授任副主编。各章节编写分工如下：第一章由张东华编写，第二、六章由范诚编写，第三章由王彦、王艳玲编写，第四、五章由刘莲花编写，第七章由马章民编写，第八章由甄世辉编写。

在编写过程中，我们参考并引用了一些学者的观点和材料，在此谨向有关作者深表谢意。由于编者水平有限，书中难免有疏漏之处，恳请各位读者不吝赐教。

编　者

2023 年 11 月

目　　录

第一章　法学基础理论

学　习　目　标

知识目标

- 掌握习近平法治思想
- 掌握法的特征、法的作用、法的运行的基本知识

能力素质目标

- 理解法的一般理论，能够运用理论分析现实问题
- 培养法律思维方式，增强法治意识

尼克松与法理学课程

　　回顾我自己在法学院（杜克大学）的岁月，从准备参加政治生活的观点来看，我所选修的最有价值的一门课就是朗·富勒博士讲授的法理学，即法律哲学。在我看来，对于任何一个有志于从事公众生活的法律系学生来说，它是一门基础课。因为，从事公职的人不仅必须知道法律，他还必须知道它是怎样成为这样的法律以及为什么是这样的法律的缘由。而要获得这种知识背景的时期，又是在学院和大学时期，这时候一个人还有可以悠闲自得地从事阅读和思考的时间。以后，他一定会发现自己的活动和讲演是太忙了；如果他在大学期间没有获得这种眼界和知识背景，那他也许永远得不到了。

——［美］理查德·尼克松《六次危机》

第一节　法律概述

一、法的概念和特征

（一）法的概念

　　法是指由国家专门机关创制的、以权利义务为内容、由国家强制力保证实施的、调整行为关系的规范，它是意志与规律的结合，是阶级统治和社会管理的手段，是通过利益调

整实现社会正义的工具。

（二）法的基本特征

1. 法是调整行为关系的，具有规范性

法是通过对人的行为的调控进而调整社会关系的，人的行为是法律存在和发挥功效的前提。法是一种行为规范，具有概括性，它不针对特定的人和事，是一般的普遍的引导，在生效期间反复适用。

2. 法是由国家制定、认可的，具有国家意志性

法的创制的主要方式是制定、认可；法是以国家名义创制的，其适用范围是以国家主权为界域的，因而具有国家性。

3. 法是规定权利和义务的，具有现实性、利导性

作为一种特殊的社会规范，法既规定人们权利，也规定人们义务，并且法律规定的权利义务具有现实性；法的利导性表现在通过规定权利和义务来分配利益，影响人们的动机和行为，进而影响社会关系。

4. 法是由国家强制力保障实施的，具有国家强制性

国家强制力主要包括监狱、警察、军队、法院等，国家强制力保证了法律在社会中的功能和作用。

5. 法具有可诉性

法的可诉性是指法律具有被任何人（包括公民和法人）在法律规定的机构（尤其是法院和仲裁机构）中通过争议解决程序（特别是诉讼程序）加以运用以维护自身权利的可能性。法的实现方式不仅表现在以国家暴力为后盾，更表现为以一种制度化的争议解决机制为权利人提供保障，通过权利人的行动，启动法律与制度的运行，进而凸显法律的功能。

二、法系

（一）法系的概念

法系是比较法学上的基本概念，具体指根据法的历史传统和外部特征的不同对法所做的分类。根据这个标准，凡属于同一传统的法律就构成一个法系。

在历史上，世界各主要地区曾经存在过许多法系，诸如印度法系、中华法系、伊斯兰法系、民法法系和普通法系。当今世界上最有影响的资本主义两大法系是民法法系和普通法系。

（二）现代西方的两大法系

1. 民法法系

民法法系（Civil law system）又名大陆法系、罗马法系、法典法系，是以罗马法为基础发展起来的法律的总称。其分布范围主要是以法国、德国为代表的很多欧洲大陆国家。民法法系的特点有：第一，全面继承罗马法；第二，实行法典化；第三，明确立法与司法的分工，强调制定法的权威；第四，诉讼程序一般采用审讯制；第五，在法律发展中法学家起着重要作用。

2. 普通法法系

普通法法系（Common law system）又名英国法系、判例法系、英美法系，是指以英国中世纪以来的法律为基础而发展起来的法律的总称。其分布范围除英国（不包括苏格兰）外，主要包括曾是英国的殖民地、附属国的许多国家和地区。普通法法系的特点有：第一，以英国为中心，以普通法为基础；第二，以判例法为主要表现形式；第三，变革相对缓慢，反映向后看的思维习惯；第四，在司法中体现为注重程序的当事人主义；第五，在法律发展中法官起着突出作用。

3. 两大法系的区别

民法法系和普通法系有许多共同之处，比如经济基础、阶级本质相同，都重视法治等，但因各自的传统不同，它们之间又有一定的区别。从宏观的角度看，主要区别有：①法律基础不同。民法法系以罗马法为基础；普通法系以英国的普通法为基础。②法律表现形式不同。民法法系主要表现为制定法；普通法系主要表现为判例法。③诉讼程序不同。民法法系的审理属于纠问式诉讼，即在诉讼中以法官为重心；普通法系采用对抗制的诉讼程序，即以原告、被告及其辩护人和代理人为重心，法官只是双方争论的仲裁人。

三、法的作用

法的作用指法对人们行为和社会生活的影响。根据法作用的对象不同，可以分为法的规范作用和社会作用。

（一）规范作用

法的规范作用是从法是一种社会规范来看的，与法的特征相关。规范作用包括以下五种。

1. 指引作用

法的指引作用是指法对本人行为具有引导作用。指引作用的对象是每个人自己的行为。从立法技术上看，法律对人行为的指引通常采用两种方式：一种是确定的指引，即要求人们必须作出或不作出某种行为；另一种是不确定的指引，又称选择性指引，即给人们行为以一定的选择自由。人们依据法律规定作为或不作为就体现了法的指引作用。

2. 评价作用

法的评价作用是指法作为一种行为标准，具有判断、衡量他人行为是否合法有效的评判作用。评价作用的对象是他人的行为。在现代社会，法律已经成为评价他人行为的基本标准。法院以法律为依据判决某人的行为违法就体现了法的评价作用。

3. 预测作用

法的预测作用是指凭借法律的存在，可以预先估计到人们相互间会如何行为。法的预测作用的对象是人们的相互行为，包括国家机关的行为。预测作用体现为对如何行为的预测和对行为后果的预测。在陌生的环境中人们敢于与陌生人进行交易就体现了法的预测作用。

4. 教育作用

法的教育作用是指通过法的实施，使法律对一般人的行为产生影响。法的教育作用的对象是一般人的行为。法的教育作用对于提高公民的法律意识，促使公民自觉守法具有重要作用。现代法律规定公开审判就体现了法的教育作用。

5. 强制作用

法的强制作用指法可以通过制裁违法犯罪行为来强制人们遵守法律。强制作用的对象是违法犯罪者的行为。罪犯被判处刑罚就体现了法的强制作用。

【案例1-1】2011 年 7 月 5 日，某公司高经理与员工在饭店喝酒聚餐后表示：别开车了，"酒驾"已经入刑，咱把车推回去。随后，高经理在车内掌握方向盘，其他人推车缓行。交警认为，路上推车既会造成后方车辆行驶障碍，也会构成对推车人的安全威胁，建议酒后将车置于安全地点，或找人代驾。鉴于我国对酒后代驾缺乏明确规定，高经理起草了一份《酒后代驾服务规则》，包括总则、代驾人、被代驾人、权利与义务、代为驾驶服务合同、法律责任等共六章二十一条，邮寄给国家立法机关。

【分析】高经理和公司员工拒绝"酒驾"，是因法律禁止"酒驾"，表明其行为受法律的指引，体现了法的指引作用。

（二）法的社会作用

法的社会作用是从法的本质和目的这一角度出发确定的法的作用，与法的内容、目的相关。

法的社会作用主要涉及三个领域和两个方向：三个领域即社会经济生活、政治生活和思想文化生活；两个方向即政治职能（通常说的阶级统治职能）和社会职能（执行社会公共事务）。

（三）法的作用的局限性

法虽然在调整人的行为和社会关系、维护和促进社会秩序的过程中发挥着重要的作用，是一种重要的社会规范，但是法并非万能的。法的作用的局限性的表现在以下四个方面。

1. 法只是众多社会调整方法的一种

法不是社会调整的唯一方法，除法律规范外，还有政策、纪律、规章、道德等其他社会规范，也有经济、行政、思想教育等手段。

2. 法的作用范围有限

社会中并非什么问题都适合用法律的方法进行解决。比如法律不能有效调整人们的思想。

3. 法的作用的条件性

法的制定和实施受人的因素的影响；法的实施受政治、经济、文化等社会因素的影响；法在实施过程中，所需的人员条件、精神条件和物质条件不具备的情况下，法的作用难以有效发挥。这就是"徒善不足以为政，徒法不能以自行"。

4. 法作为社会调整规范本身的局限性

法律的稳定性和保守性使法面对社会生活时产生缺憾；法律的一般性使得法可能面临个案非正义的尴尬处境；法律语言的模棱两可使得法本身在处理问题时具有模糊性。

总之，在认识法的作用时，必须注意"两点论"，即对法的作用既不能夸大也不能忽视；既要认识到法不是无用的，又要认识到法不是万能的。充分发挥人的主观能动性，发挥其他社会规范的作用，正确认识法治的代价问题。

四、法的渊源

(一) 法的渊源的概念

法的渊源又称"法律渊源"，指法的外在表现形式。法律的产生方式、制定机关不同，表现形式和法律效力、等级也不同。法的渊源的意义在于说明一个行为规则通过什么方式产生、具有何种外部表现形式才被认为是法律规范，才具有法的效力。

(二) 当代中国社会主义法的渊源

我国社会主义法律的主要渊源，按照其制定的国家机关的权限及其效力高低的不同，可以分为如下几类。

1. 宪法

宪法是全国人民代表大会经由特殊程序修改的，在整个国家的法律体系中具有最高的法律地位和法律效力，是其他一切法律的立法依据，是我国社会主义法律体系的基础和核心。

2. 法律

法律是由全国人民代表大会及其常务委员会制定的，除宪法以外的规范性法律文件的统称，即狭义的法律。全国人民代表大会制定基本法律，全国人民代表大会常务委员会制定基本法律以外的其他法律。法律的地位和效力低于宪法而高于其他国家机关制定的规范性文件，是国家二级大法。

3. 行政法规

行政法规是由国务院制定的有关国家行政管理的规范性文件的总称，效力低于宪法、法律，高于地方性法规和行政规章。

4. 地方性法规、自治法规

地方性法规是由省、自治区、直辖市和设区的市、自治州人民代表大会及其常务委员会制定的规范性法律文件。地方性法规的范围仅限于城乡建设与管理、生态文明建设、历史文化保护、基层治理等方面的事项，且不得与宪法、法律、行政法规相抵触。

自治法规包括自治条例和单行条例，是自治区、自治州、自治县的人民代表大会依照当地民族特点制定的规范性法律文件，效力与地方性法规相同。自治区的自治条例和单行条例报全国人民代表大会常务委员会批准后生效；自治州、自治县的自治条例和单行条例报省、自治区、直辖市人民代表大会常务委员会批准后生效。

5. 行政规章

行政规章包括部门规章和地方政府规章。国务院部门规章是由国务院各部、委、行、署和有行政管理职能的直属机构及其法律规定的机构制定的，效力低于宪法、法律、行政法规；地方政府规章是由省、自治区、直辖市、设区的市和自治州人民政府制定的，范围仅限于城乡建设与管理、生态文明建设、历史文化保护、基层治理等方面的事项，效力低于宪法、法律、行政法规和地方性法规。

6. 军事法规和军事规章

军事法规是由中央军事委员会制定的，效力低于宪法和法律；军事规章是由中国人民解放军各战区、军兵种和中国人民武装警察部队制定的，效力低于宪法、法律、行政法规和军事法规。军事法规和规章在武装力量内部适用。

7. 特别行政区的法

香港、澳门特别行政区实施的法律包括特别行政区基本法、在特别行政区内实行的全国性法律（特别行政区基本法附件三明确列出）、特别行政区立法机关依基本法制定的法律以及与基本法不相抵触的原有的法律，如香港的普通法、衡平法、条例、附属立法和习惯法。

8. 国际条约和国际惯例

国际条约是两个或两个以上国家或地区就政治、经济、法律、科技、文化、军事等方面签订的规定互相权利、义务的协议；国际惯例是国家或地区在交往中经过长期反复实践形成的习惯性做法，是国际条约的补充。我国参加或缔结的且未提出保留的国际条约和不与我国的公共利益相矛盾的国际惯例是我国法的渊源之一。

五、法的效力

法的效力指法律的生效范围，即法对什么人、在什么地方和在什么时间适用。

（一）法的效力范围

1. 法的时间效力范围

法的时间效力范围包括法的生效时间、失效时间以及法的溯及力问题。法的溯及力又称法律溯及既往的效力，是指新法颁布以后对其生效以前所发生的事件和行为是否适用的问题。如果适用，该法具有溯及力，如果不能适用，该法就没有溯及力。通常认为，法律一般是没有溯及力的，但是可以有条件地适用于既往的行为，即"有利追溯"。我国刑法采用的是从旧兼从轻原则。

2. 法的空间效力范围

根据国家主权原则，一国的法在其管辖的全部领域有效，包括陆地、水域及其底土和领空，还包括延伸意义的领土，即驻外使、领馆和在本国领域外的本国交通工具，如本国船舶、飞机等。

3. 法的对人的行为的效力范围

（1）法对人的行为效力的一般原则。

属地主义。即以一国法对处于其管辖范围内的一切人的行为都有约束力，不论是本国人、外国人还是无国籍人。

属人主义。即根据公民的国籍确定法的效力范围。依此原则，无论一国公民是在国内还是在国外都要受本国法律的约束。

保护主义。即任何人如果侵害了本国或本国公民的利益，不论侵害的实施者的国籍和侵害行为是否发生在国内，都要受到本国法律的追究。

结合原则。即在确定法的效力时，以属地主义为基础，同时结合属人主义和保护主义。我国采取这一原则。

（2）当代中国法律对人的行为的效力规定。

对中国公民行为的效力。中国公民在中国领域内一律适用中国法律。中国领域外的中国公民，原则上应遵守中国法律并受其保护。

对外国人和无国籍人行为的效力。包括两种情况：一种是对在中国领域内的外国人和无国籍人的行为，除法律另有规定者外，适用中国法律；一种是对在中国领域外的外国人和无国籍人的行为，如果对中国国家或公民犯罪，而按中国刑法规定的最低刑为 3 年以上有期徒刑的，可以适用中国刑法，但是按照犯罪地的法律不受处罚的除外。

（二）法的效力位阶

法的效力位阶又称法的效力层次或法的效力等级，是指由于制定主体、制定时间和适用范围不同而形成的不同法的效力或效力高低。法的效力位阶确定的基本原则如下所述。

1. 宪法至上

宪法是我国的根本大法，在我国的法律体系中具有至高无上的法律地位和法律效力。

2. 等差顺序

这是主要依据制定机关地位的不同来确定规范性法律文件的法律效力位阶的原则。这一原则主要包括两个方面的内容：其一是上位法优于下位法原则；其二是同位阶的法具有同等的效力。

3. 特别法优于一般法

该原则适用的前提是，二者必须是处于法的同一位阶，具有同等的法的效力。

4. 新法优于旧法

该原则是指处于同一效力等级的新法相对于旧法存在适用上的优先性。

5. 国际法优先

国际法优先原则只在特定情形下适用，并不是国际法的效力必然高于国内法。

六、法律体系

2022 年党的二十大报告重申"完善以宪法为核心的中国特色社会主义法律体系"。

（一）法律体系的概念

法律体系也称"法的体系"，是指由一国现行的全部法律规范按照一定的标准组成不同的法律部门，进而呈现的有机联系的统一整体。

（二）法律部门的划分

1. 法律部门的概念

法律部门又称"部门法"，是指按照法律规范自身的不同性质、调整社会关系的不同领域和不同方法等所划分的同类法律规范的总和。法律部门是法律体系的基本组成要素。

2. 法律部门的划分标准

第一，法律规范所调整的社会关系。各种社会关系的内容、性质不同，国家调整社会关系的活动范围、方式也不同，因而当这些不同领域的社会关系为法律调整的领域之后，它们便成为法律部门形成的基础，从而形成不同的法律部门。

第二，法律规范的调整方法。法律规范的调整方法主要涉及确定法律关系主体的不同地位、权利义务的方法。比如，将以刑罚方法为特征的法律规范划分为刑法部门，将以承担民事责任方式的法律规范划分为民法部门等。

（三）我国法律体系

我国法律体系由在宪法统领下的宪法相关法、民商法、行政法、经济法、社会法、刑法、诉讼与非诉讼程序法等七个部门构成，包括法律、行政法规、地方性法规三个层次。

1. 宪法及相关法

宪法相关法是与宪法相配套、直接保障宪法实施和国家政权运作等方面的法律规范，调整国家政治关系，主要包括国家机构的产生、组织、职权和基本工作原则方面的法律，民族区域自治制度、特别行政区制度、基层群众自治制度方面的法律，维护国家主权、领土完整、国家安全、国家标志象征方面的法律，保障公民基本政治权利方面的法律。

2. 民法商法

民法是调整平等主体的自然人、法人和非法人组织之间的人身关系和财产关系的法律规范，遵循民事主体地位平等、自愿、公平、诚信等基本原则。商法调整商事主体之间的商事关系，遵循民法的基本原则，同时秉承保障商事交易自由、等价有偿、便捷安全等原则。

3. 行政法

行政法是调整国家行政管理活动的法律规范的总称，包括行政管理主体、行政程序、行政行为、行政监督和国家公务员制度等方面的法律规范。遵循职权法定、程序法定、公正公开、有效监督等原则，既保障行政机关依法行使职权，又注重保障公民、法人和其他组织的权利。

4. 经济法

经济法是调整国家从社会整体利益出发，对经济活动实行干预、管理或者调控所产生的社会经济关系的法律规范。经济法为国家对市场经济进行适度干预和宏观调控提供法律手段和制度框架，防止市场经济的自发性和盲目性所导致的弊端。

5. 社会法

社会法是调整劳动关系、社会保障、社会福利和特殊群体权益保障等方面的法律规范，遵循公平和谐和国家适度干预原则，通过国家和社会积极履行责任，对劳动者、失业者、丧失劳动能力的人以及其他需要扶助的特殊人群的权益提供必要的保障，维护社会公平，促进社会和谐。

6. 刑法

刑法是规定犯罪与刑罚的法律规范。它通过规范国家的刑罚权，惩罚犯罪，保护人民，维护社会秩序和公共安全，保障国家安全。

7. 诉讼与非诉讼程序法

诉讼与非诉讼程序法是规范解决社会纠纷的诉讼活动与非诉讼活动的法律规范。诉讼法律制度是规范国家司法活动解决社会纠纷的法律规范，非诉讼程序法律制度是规范仲裁机构或者人民调解组织解决社会纠纷的法律规范。

中国特色社会主义法律体系是动态的、开放的、发展的，需要与时俱进，需要适应客观条件的发展变化而不断加以完善。

七、法律关系

（一）法律关系的概念

法律关系是法律在调整人们行为过程中形成的、以权利和义务为内容的特殊的社会关系。它是基于法律规范而形成的特殊的社会关系，是法理学的基本范畴之一。

（二）法律关系的构成要素

1. 法律关系主体

（1）概念。

法律关系主体通常又称为权利主体和义务主体，是法律关系的参加者，即在法律关系中享有权利和承担义务的人。在每一具体的法律关系中，主体大致都归属于相应的双方：一方是权利的享有者，称为权利人；另一方是义务的承担者，称为义务人。

（2）法律关系主体的种类。

在我国，法律关系主体主要有三种：一是自然人，是权利主体或义务主体最基本的形态，包括公民、外国人和无国籍人，其中公民是最广泛的法律关系的主体。二是法人和非法人组织。法人是具有民事权利能力和民事行为能力，依法独立享有民事权利和承担民事义务的组织。三是国家。在国际法上，国家作为主权者是国际公法法律关系的主体。在国内法上，国家作为法律关系主体的地位比较特殊。在多数情况下，国家都不直接作为法律关系的主体出现，而是由国家机关或授权的组织作为代表参加法律关系。

（3）法律关系主体必须具备的资格。

①权利能力。又称法律人格，是指由法律所确认的、享有权利或承担义务的资格，是参加所有法律关系主体都必备的前提条件。不具有权利能力，就意味着没有资格享有权利，也没有资格承担义务。

自然人的权利能力分为一般权利能力和特殊权利能力。一般权利能力又称基本的权利能力，是一国所有公民均具有的权利能力，不能被任意剥夺或解除。我国《民法典》规定："自然人从出生时起到死亡时止，具有民事权利能力，依法享有民事权利，承担民事义务。""自然人的民事权利能力一律平等。"特殊权利能力是公民在特定条件下具有的法律资格，这种资格并不是每个公民都可以享有，而只授予某些特定的法律关系主体。

法人的权利能力始于法人依法成立，消灭于法人终止。法人根据其登记成立时所确定的宗旨，在法律规定或者主管机关批准的范围内享有权利能力。

②行为能力。是法律所承认的、法律关系主体通过自己的行为实际取得享有权利和承担义务的能力。行为能力必须以权利能力为前提，即只有具备法律上的资格，主体才能通过自己的行为享有权利和承担义务。有权利能力不一定有行为能力，有行为能力必定有权利能力。确定自然人有无行为能力的标准有二：一是能否辨认自己行为的性质、意义和后果；二是能否控制自己的行为并对自己的行为负责。是否有行为能力主要取决于自然人的年龄和精神健康状况。

法人的行为能力自成立到终止，与权利能力是一致的。法人的行为能力由其法定代表人行使，也可以根据需要由法定代表人委托其他人或者组织代理。

2. 法律关系的客体

（1）概念。

法律关系的客体又称权利和义务客体，是法律关系主体的权利和义务所指向的对象。它是法律关系主体之间发生权利和义务联系的中介。

（2）法律关系客体的种类。

物。又称标的物，是指法律关系主体支配的，在生产上和生活上所需要的客观实体。物理意义上的物必须具备以下条件才能成为法律关系的客体：①应得到法律之认可；②应为人类所认识和控制；③能够给人们带来某种物质利益，具有经济价值；④具有独立性。

行为。即权利主体的权利和义务主体的义务共同指向的作为或不作为。例如，在货物运输合同法律关系中，承运人和托运人的权利义务所指向的，既有运费又有行为，即承运人将货物运到指定地点的行为；某瓜农西瓜被抢，瓜农去派出所报案，警察拒不出警，这一法律关系的客体就是警察的消极不作为。

智力成果。指法律关系主体从事智力活动所取得的成果，主要包括著作权（版权）、发明权、发现权、专利权、商标权等。

人身利益。自然人的人格和身份可以成为法律关系的客体。有几点需要引起注意：第一，活人的整个身体，不能作为法律关系的客体，禁止任何人将整个身体作为"物"参与有偿的经济法律活动。第二，法律关系主体不得以自己的人身从事卖淫、嫖娼等违法行为或至少是法律所不提倡的行为。

3. 法律关系的内容

（1）权利和义务的概念。

权利，又称法律权利，是法律规定的，法律关系主体做出或者不做出某种行为，以及要求他人作出或者不作出某种行为的许可和保障。义务，又称法律义务，是指法律规定的，法律关系主体应这样行为或不这样行为，以保障权利主体获得利益的一种约束手段。

（2）权利和义务的关系。

权利与义务是法理学的一对基本范畴，体现了人们在社会生活中的地位及其相互关系，反映着法律调整的文明程度。

①历史发展上的离合关系。原始社会中的权利义务完全结合在一起。进入阶级对立社会以后，由于人们在经济上、政治上处于不同地位，权利义务也就随之分立并对立起来。尤其在政治生活中，一部分人只享受权利却不尽义务，而另一部分人只尽义务却没有权利。

②逻辑结构上的对立统一关系。权利意味着获取，而义务意味着付出；一个是主动的，一个是被动的。它们是法律关系中相互对立、相互排斥的，但同时又是相互依存、相互贯通的两个方面。从对立统一关系的意义上可以说，没有无义务的权利，也没有无权利的义务。

③数量上的等值关系。一个社会的权利总量和义务总量是相等的。在一个社会，无论权利和义务怎样分配，不管每个社会成员具体享有的权利和承担的义务怎样不等，也不管规定权利与规定义务的法条是否相等，在数量关系上，权利与义务总是等值或等额的。①

---

① 参见徐显明主编：《公民权利和义务通论》，群众出版社1991年版，第65页。

④功能上的互补关系。首先，权利直接体现法律的价值目标，义务保障价值目标和权利的实现。其次，权利提供不确定的指引，义务提供确定的指引。最后，义务以其强制某些积极行为发生、防范某些消极行为出现这一特有的约束机制而有助于建立秩序，权利以其特有的利益导向和激励机制更有助于实现自由。

⑤运行上的制约关系。在社会互动过程中，权利与权利之间、权利与权力之间、权利与义务之间存在着相互制约、相互影响的关系。比如，个人权利对国家权力的制约导致国家义务和责任的产生，国家权力对个人生活的制约导致个人义务的形成等。

⑥价值意义上的主次关系。在权利义务体系中，权利和义务有主要和次要、主导与非主导之分。由于各个历史时期的社会经济、文化、政治的性质和结构不同，法律的价值取向不同，权利和义务何者为本位，是历史地变化着的。在一个国家的同一时期中，不同性质的法律关系中的权利和义务也有主次之分。

（三）法律关系的运行

法律关系的运行即法律关系的产生、变更和消灭。法律关系的运行必须符合两方面的条件：第一是抽象的条件，即法律规范的存在，这是前提和依据。第二是具体的条件，即法律事实的存在。法律规范为法律关系的运行提供了可能性的条件，法律事实为法律关系的运行提供了现实性的条件。

1. 法律事实的概念

法律事实是指由法律规定的，能够引起法律关系形成、变更或消灭的各种事实的总称。

2. 法律事实的分类

按照法律事实是否以人们的主观意志为转移，可以把法律事实分为事件和行为。这是一种最基本、最重要的分类。

事件又称法律事件，是指与当事人意志无关的，能够引起法律关系形成、变更或消灭（即法律关系运行）的客观现象。事件的特点是它的出现与当事人的意志无关。导致事件发生的原因既可能来自社会，也可能来自自然。例如，战争或社会革命，属于社会事件；人的出生、死亡，洪水或地震等自然灾害，属于自然事件。

行为又称法律行为，是指由法律规范规定的，与当事人意志有关的，能够引起法律关系形成、变更或消灭的作为和不作为。行为与事件的不同之处在于当事人的主观因素成为引发此种事实的原因。因此，当事人既无故意又无过失，而是由于不可抗力或不可预见的原因而引起的某种法律后果的活动，在法律上不被视为行为，而被归入意外事件。人们的活动必须符合三个条件，才能构成法律上的行为：①必须是人们从外部表现出来的行为，比如个人的思想就不能视为行为。②必须是有自觉意识或者意志的行为，比如精神病患者的行为就不能视为法律意义上的行为。③必须是有法律意义，能产生一定法律后果的行为，比如个人写日记、朋友之间的约会等，不能发生任何法律后果，就不能作为法律意义上的行为。对于法律行为，还可按是否合法而进一步划分为合法行为与非法行为。合法行为能引起肯定性法律后果，非法行为能引起否定性法律后果。

【案例 1-2】2016 年 7 月初王某大学毕业，在南京市一家外资企业找到工作，随即在工作单位附近寻找出租房屋。2016 年 7 月 15 日，王某与房主吴先生签订房屋租赁合同，租期一年，月租金 1200 元。

【分析】王某与吴先生之间形成了房屋租赁法律关系。在这个法律关系中，主体是王某与吴先生；客体是房屋和 1200 元；内容包括，王某有租住该房屋的权利和按月交租金的义务；吴先生有把该房屋按照约定的居住条件交给王某的义务和按月收取租金的权利。形成该法律关系的法律事实是王某与吴先生签订房屋租赁合同的行为。

八、法律责任

（一）法律责任的概念

法律责任是法学的基本范畴，指行为人由于违法行为、违约行为、或因法律规定而应承受的某种不利的法律后果。

（二）法律责任的分类

以引起责任的行为性质为标准，将法律责任划分为：刑事责任、民事责任、行政责任与违宪责任。

（三）产生法律责任的原因

1. 违法

（1）违法的概念。

从广义上讲，违法指违反一切现行法律的行为，包括犯罪和一般违法行为；从狭义上讲，违法仅指一般违法，即违反刑法以外的其他法律的行为，包括民事违法、行政违法、违宪等，具体来说，狭义违法指除犯罪外所有非法侵犯他人人身权、财产权、政治权、精神权利或知识产权的行为。

（2）违法的构成要素。

违法是违反法律规定的行为；违法必须是在不同程度上侵犯了法律所保护的社会关系的行为；违法行为人一般具有主观过错；违法行为人必须具有法定责任能力或法定行为能力。

（3）违法的种类。

根据违法行为的具体性质和危害程度、法律调整的方式不同，一般将违法分为：刑事违法，即犯罪；民事违法，是最常见的一般违法；行政违法；违宪。

（4）违法的防治。

防治违法应以预防为主。我国防治违法的根本方针是社会治安综合治理。

2. 违约

违约即违反合同约定，没有履行一定法律关系中作为义务或不作为义务的行为。违约行为是产生民事法律责任的重要原因。

3. 法律规定

法律规定成为法律责任产生的原因，是指从表面上看，责任人并没有从事任何违法行为，也没有任何违反合同约定的行为，仅仅由于出现了法律所规定的事实，就要承担某种赔偿责任。它可以导致民事法律责任和行政法律责任的产生。

（四）法律责任的承担

1. 法律责任承担的概念

法律责任的承担指责任主体依法承受不利的法律后果。

2. 法律制裁

（1）法律制裁的概念。法律制裁指由特定国家机关对违法者依其应承担的法律责任而实施的强制性惩罚措施。法律制裁是被动地承担法律责任的方式。

（2）法律制裁的种类。与法律责任的种类相适应，法律制裁分为：刑事制裁，是最严厉的法律制裁措施；民事制裁，以财产权为核心；行政制裁，分为行政处罚和行政处分两种；违宪制裁，即具有最高政治权威的法律制裁。

（五）法律责任的免除

法律责任的免除也称免责，指法律责任由于出现法定条件而被部分或全部地免除。免责以法律责任的存在为前提。

1. 时效免责

时效免责即违法者在其违法行为发生一定期限后不再承担强制性法律责任。

2. 不诉免责

不诉免责即所谓告诉才处理、不告不理，意味着当事人不告诉，违法者就被免除了法律责任。

3. 自首、立功免责

自首、立功免责即对那些违法之后有自首、立功表现的人免除其部分或全部法律责任。这是一种将功抵过的免责形式。

4. 补救免责

补救免责即对于那些实施违法行为、造成一定损害，但在国家机关归责之前采取及时补救措施的人免除其部分或全部责任。

5. 协议免责或意定免责

协议免责或意定免责即基于双方当事人在法律允许的范围内协商同意的免责，即所谓"私了"。这种免责仅适用于民事违法行为，即私法领域的违法行为。

6. 人道主义免责

人道主义免责即在权利相对人没有能力履行责任或全部责任的情况下，有关的国家机关或权利主体可以出于人道主义考虑免除或部分免除有责主体的法律责任。

九、习近平法治思想

法治是国家治理体系和治理能力的重要依托，是治国理政的基本方式、不可或缺的重要手段。历史反复证明，法治兴则国家兴，法治衰则国家乱。

2020年11月16日至17日召开的中央全面依法治国工作会议明确了习近平法治思想在全面依法治国工作中的指导地位。习近平法治思想内涵丰富、论述深刻、逻辑严密、系统完备，从历史和现实相贯通、国际和国内相关联、理论和实际相结合上深刻回答了新时代为什么实行全面依法治国、怎样实行全面依法治国等一系列重大问题，明确了全面依法治国的指导思想、发展道路、工作布局、重点任务，凝聚着我们党在法治建设长期探索中形成的经验积累和智慧结晶。

习近平法治思想的核心要义集中体现为"十一个坚持"。

（一）要坚持党对全面依法治国的领导

党的领导是推进全面依法治国的根本保证，是中国特色社会主义法治之魂。党的领导和依法治国高度统一，必须坚持党的领导、人民当家作主、依法治国有机统一。全面依法治国绝不是要削弱党的领导，而是要加强和改善党的领导，不断提高党领导全面依法治国的能力和水平，巩固党的执政地位。要坚持党领导立法、保证执法、支持司法、带头守法，健全党领导全面依法治国的制度和工作机制，推进党的领导制度化、法治化，通过法治保障党的路线方针政策有效实施。坚持依法治国和依规治党有机统一，确保党既依据宪法法律治国理政，又依据党内法规管党治党、从严治党。

（二）要坚持以人民为中心

推进全面依法治国，根本目的是依法保障人民权益，必须坚持法治为了人民、依靠人民。牢牢把握社会公平正义这一法治价值追求，健全社会公平正义法治保障制度，努力让人民群众在每一项法律制度、每一个执法决定、每一宗司法案件中都感受到公平正义。把体现人民利益、反映人民愿望、维护人民权益、增进人民福祉落实到全面依法治国全过程和各方面，保证人民在党的领导下通过各种途径和形式管理国家事务、管理经济文化事业、管理社会事务，保证人民依法享有广泛的权利和自由、承担应尽的义务。

（三）要坚持中国特色社会主义法治道路

全面依法治国必须走对路。中国特色社会主义法治道路，本质上是中国特色社会主义道路在法治领域的具体体现，是建设社会主义法治国家的唯一正确道路，必须始终坚持党的领导，坚持中国特色社会主义制度，贯彻中国特色社会主义法治理论。法治当中有政治，没有脱离政治的法治。我们要传承中华优秀传统法律文化，从我国革命、建设、改革的实践中探索适合自己的法治道路，同时借鉴国外法治有益成果，但决不照抄照搬别国模式和做法，决不走西方所谓"宪政""三权鼎立""司法独立"的路子。坚持依法治国和以德治国相结合，实现法治和德治相辅相成、相得益彰。

（四）要坚持依宪治国、依宪执政

坚持依法治国首先要坚持依宪治国，坚持依法执政首先要坚持依宪执政。党领导人民制定宪法法律，领导人民实施宪法法律，党自身要在宪法法律范围内活动。加强宪法实施和监督，更好发挥宪法作为国家根本大法的作用。全国各族人民、一切国家机关和武装力量、各政党和各社会团体、各企业事业组织，都必须以宪法为根本的活动准则，都负有维护宪法尊严、保证宪法实施的职责。任何组织和个人都不得有超越宪法法律的特权，一切违反宪法法律的行为都必须予以追究。坚持依宪治国、依宪执政，就包括坚持宪法确定的中国共产党领导地位不动摇，坚持宪法确定的人民民主专政的国体和人民代表大会制度的政体不动摇。

（五）要坚持在法治轨道上推进国家治理体系和治理能力现代化

法治是国家治理体系和治理能力的重要依托，法治体系是国家治理体系的骨干工程。只有全面依法治国才能有效保障国家治理体系的系统性、规范性、协调性，才能最大限度凝聚社会共识。在统筹推进伟大斗争、伟大工程、伟大事业、伟大梦想的实践中，在全面建设社会主义现代化国家新征程上，要更加重视法治、厉行法治，更好发挥法治固根本、稳预期、利长远的重要作用。坚持改革与法治相伴而生、同步推进，在法治下推进改革、在改革中完善法治。坚持依法治军从严治军，使全军官兵信仰法治、坚守法治。坚持依法保障"一国两制"实践和推进祖国统一。

（六）要坚持建设中国特色社会主义法治体系

中国特色社会主义法治体系，本质上是中国特色社会主义制度的法律表现形式。全面依法治国涉及很多方面，在实际工作中必须有一个总揽全局、牵引各方的总抓手，这个总抓手就是建设中国特色社会主义法治体系。依法治国各项工作都要围绕这个总抓手来谋划、来推进。要加快形成完备的法律规范体系、高效的法治实施体系、严密的法治监督体系、有力的法治保障体系，形成完善的党内法规体系。

（七）要坚持依法治国、依法执政、依法行政共同推进，法治国家、法治政府、法治社会一体建设

全面依法治国是一个系统工程，必须统筹兼顾、把握重点、整体谋划，更加注重系统性、整体性、协同性。依法治国、依法执政、依法行政是一个有机整体，关键在于党要坚持依法执政、各级政府要坚持依法行政。法治国家、法治政府、法治社会相辅相成，法治国家是法治建设的目标，法治政府是建设法治国家的重点，法治社会是构筑法治国家的基础。推进全面依法治国，法治政府建设是重点任务和主体工程，对法治国家、法治社会建设具有示范带动作用，要率先突破。

（八）要坚持全面推进科学立法、严格执法、公正司法、全民守法

紧紧抓住全面依法治国的关键环节，加强重点领域、新兴领域、涉外领域立法，提高科学立法、民主立法、依法立法水平，进一步完善以宪法为核心的中国特色社会主义法律体系。推进严格规范公正文明执法，理顺行政执法体制，完善行政执法程序，全面落实行政执法责任。公平正义是司法的灵魂和生命，支持司法机关依法独立公正行使职权，加强司法制约监督，提高司法办案质量和效率。加大全民普法力度，培育树牢人民群众规则意识，使法治成为社会共识和基本准则。坚持法治是最好的营商环境，依法平等保护各类市场主体产权和合法权益。坚定不移推进法治领域改革，解决好立法、执法、司法、守法等领域的突出矛盾和问题。

（九）要坚持统筹推进国内法治和涉外法治

法治是国家核心竞争力的重要内容。加快涉外法治工作战略布局，协调推进国内治理和国际治理，更好维护国家主权、安全、发展利益。强化法治思维，运用法治方式，有效应对挑战、防范风险，综合利用立法、执法、司法等手段开展斗争，坚决维护国家主权、尊严和核心利益。加快形成系统完备的涉外法律法规体系，提升涉外执法司法效能。用规则说话，靠规则行事，依法维护我国企业和公民海外合法权益。积极推动形成公正合理透明的国际规则体系，做全球治理变革进程的参与者、推动者、引领者，推动构建人类命运共同体。

（十）要坚持建设德才兼备的高素质法治工作队伍

全面依法治国，必须着力建设一支忠于党、忠于国家、忠于人民、忠于法律的社会主义法治工作队伍。加强理想信念教育，深入开展社会主义核心价值观和社会主义法治理念

教育，推进法治专门队伍革命化、正规化、专业化、职业化。法律服务队伍是全面依法治国的重要力量，要把拥护中国共产党领导、拥护我国社会主义法治作为法律服务人员从业的基本要求，坚持正确政治方向，依法依规诚信执业，认真履行社会责任。坚持立德树人、德法兼修，创新法治人才培养机制，提高人才培养质量，努力培养造就一大批高素质法治人才及后备力量。

（十一）要坚持抓住领导干部这个"关键少数"

领导干部具体行使党的执政权和国家立法权、行政权、监察权、司法权，是全面依法治国的关键。各级领导干部要坚决贯彻落实党中央关于全面依法治国的重大决策部署，带头尊崇法治、敬畏法律、了解法律、掌握法律，不断提高运用法治思维和法治方式深化改革、推动发展、化解矛盾、维护稳定、应对风险的能力，做尊法学法守法用法的模范。把法治素养和依法履职情况纳入考核评价干部的重要内容，让尊法学法守法用法成为领导干部的自觉行为和必备素质。

这"十一个坚持"，深刻阐明了全面依法治国的政治方向，明确了全面依法治国必须遵循的政治准绳；深刻阐明了全面依法治国的重要地位，明确了新时代全面依法治国的职责使命；深刻阐明了全面依法治国的工作布局，明确了法治中国建设的前进方向；深刻阐明了全面依法治国的重点任务，明确了新时代全面依法治国的重点领域和关键环节；深刻阐明了全面依法治国的重大关系，明确了必须正确把握的重大理论问题和科学方法论；深刻阐明了全面依法治国的重要保障，明确了领导干部和人才队伍在推动全面依法治国中的重要性。

习近平法治思想是顺应实现中华民族伟大复兴时代要求应运而生的重大战略思想，是马克思主义法治理论中国化的最新成果，是习近平新时代中国特色社会主义思想的重要组成部分，为新时代推进全面依法治国提供了根本遵循和行动指南。

第二节　法的运行

一、法的制定

法的制定，即立法，是指一定的国家机关，依照法定的职权和程序，制定、认可、修改、废止规范性法律文件的活动。

立法是国家机关的专有活动，是对有限的社会资源进行制度性分配，是对社会资源的第一次分配，是通过权利义务所进行的分配，从而实现社会控制、社会调整，实现社会动态平衡。

《中共中央关于全面推进依法治国若干重大问题的决定》指出，法律是治国之重器，良法是善治之前提。建设中国特色社会主义法治体系，必须坚持立法先行，发挥立法的引领和推动作用，抓住提高立法质量这个关键。要恪守以民为本、立法为民理念，贯彻社会主义核心价值观，使每一项立法都符合宪法精神、反映人民意志、得到人民拥护。要把公正、公平、公开原则贯穿立法全过程，完善立法体制机制，坚持立改废释并举，增强法律法规的及时性、系统性、针对性、有效性。

（一）立法基本原则

社会主义法的创制的基本原则，是用以指导立法实践活动的，带有根本性、全局性和规律性的理性认识。党的二十大报告明确提出："加强重点领域、新兴领域、涉外领域立法，统筹推进国内法治和涉外法治，以良法促进发展，保障善治。推进科学立法、民主立法、依法立法、统筹立改废释纂，增强立法系统性、整体性、协同性、时效性。"结合二十大报告的纲领性指引，总结我国法的创制的实践，我国社会主义法的创制的基本原则主要有：

1. 党领导立法

加强党对立法工作的领导，完善党对立法工作中重大问题决策的程序。凡立法涉及重大体制和重大政策调整的，必须报党中央讨论决定。党中央向全国人大常委会提出宪法修改的建议，依照宪法规定的程序进行宪法修订。法律制定和修订的重大问题由全国人大常委会党组向党中央报告。

做好党领导立法工作，要坚持主要实行政治领导的原则；要坚持民主决策集体领导，落实党委领导责任制，建立健全立法机关党组向党委请示报告制度；立法机关党组要认真履行政治领导责任，在立法工作中发挥好把握方向、管大局、保落实的重要作用。

2. 科学立法

科学立法的核心在于尊重和体现客观规律，克服立法中的主观随意性和盲目性，避免减少错误和失误，使法律准确适应改革发展稳定安全的需要，公正合理地协调利益关系；同时要坚持问题导向，切实提高法律的针对性、及时性、系统性、协调性，增强法律的可执行性，使每一部法律都切实管用。

坚持科学立法原则，就要实现立法观念的科学化和现代化，要把立法作为科学活动。具体来说，科学立法的基本内涵和要求包括：第一，从我国实际出发，正确处理立法与改革的关系。"为国也，观俗立法则治，察国事本则宜。不观时俗，不察国本，则其法立而民乱，事剧而功寡。"[1] 第二，科学合理地规定权利与义务、职权与职责。

3. 民主立法

二十大报告明确提出："人民民主是社会主义的生命，是全面建设社会主义现代化国家的应有之义。全过程人民民主是社会主义民主政治的本质属性，是最广泛、最真实、最管用的民主。"民主立法是践行民主政治、实现人民当家作主的本质要求，是提升立法质量的重要途径，也是进行法律教育、推动自觉守法、树立法律权威的重要方式。

民主立法的核心在于一切为了人民，一切依靠人民。其基本内涵和要求包括：第一，坚持人民通过人民代表大会制度民主立法。第二，充分发挥人大代表的主体性作用。第三，完善社会公众民主参与立法。

【案例 1-3】立法听证

如同一部恢宏的交响乐，民主立法不断激荡着中国民主的最强音，作为其中最华彩的乐章，立法听证日益焕发出其独特效果和魅力。

---

[1] 《商君书. 算地》

从 2012 年 11 月 28 日起，广州市民可以就他们关心的医保问题在网上"拍砖"——广州市人大常委会举行的《广州市社会医疗保险条例（草案）》（下称《条例》）首次网上立法听证，从这天起正式开始。在之后的几天中，18 名从社会公开征集中产生的听证陈述人，将围绕《条例》中的一些热点问题与网友展开互动，市民可上网"围观"，对陈述人的观点发表意见。据悉，将听证全过程放到网上的做法在全国尚属首次。广州市人大常委会副主任李力对媒体表示，网络听证立法，就是为了打破"一小群人决定广大市民切身利益"的老模式。听证会之前，118 名市民通过网络或现场报名，争当陈述人。最终确定的 18 人，有行政主管部门的代表、医生、律师、农民等各行业人士，年龄覆盖了从大学生到退休老人各个年龄段。

历时 7 天的听证会包括陈述阶段、听证人提问、辩论阶段、最后陈述和小结五部分。有学者认为，网络听证是政府的一个勇敢尝试。"既降低听证成本，最终决策又顾及更多人的意愿和利益，提高政府公信力。"李力通过媒体说："网上立法听证会大大节省人力、物力，是今后立法听证的一个发展方向。"①

【分析】二十大报告重申，"发展全过程民主，保障人民当家作主"。立法听证是保障人民当家做主、保障人民参与立法的重要形式，而网上立法听证顺应时代发展的潮流，可以聚集更多的人参与到立法中来，是全过程民主的有益探索。

4. 依法立法

依法立法体现了立法过程中的法治原则，要求立法必须严格依照立法权限、立法程序，受到立法监督，维护宪法秩序和法制统一。

依法立法原则的基本内涵是：第一，一切立法权的存在和行使都应有法的根据，立法活动的所有环节都必须依法运行，立法主体的所有行为均应以法律为准则，行使法定职权，履行法定职责。第二，规范立法制度和立法活动的法，应充分反映人民的意志，要有利于立法发展，有利于社会进步，有利于保障人民的各项基本权利。第三，一切脱离法律轨道进行的立法活动和行为，都要依法受到法律的追究，相应主体要承担应有的责任。

依法立法原则的基本要求有：第一，依宪立法。第二，依法立法是依据法律体系立法。第三，依权限守程序立法。

（二）立法体制

1. 立法体制的含义

立法体制就是国家机关立法权限划分的制度。

2. 当代中国立法体制

中国独创了一种"一元、两级、多层次"的立法体制。"一元"是指我国的立法体制是统一的，全国只有一部宪法，是其他规范性法律文件的立法依据和基础。"两级"是指立法体制分为中央立法和地方立法两个立法权等级。"多层次"是指不论是中央级立法还是地方级立法，都可以分成若干个层次和类别。即，在中央一级，全国人民代表大会和全国人民代表大会常务委员会有权制定法律；国务院有权制定行政法规；国务院各部、各委

---

① http：//www.71.cn/2012/1202/696683.shtml，2017 年 6 月 21 日访问。

员会、中国人民银行、审计署和具有行政管理职能的直属机构有权制定部委规章。在地方一级,省、自治区、直辖市、设区的市和自治州的人民代表大会及其常务委员有权在城乡建设与管理、生态文明建设、历史文化保护、基层治理等方面制定地方性法规;民族自治地方的人民代表大会有权制定自治条例和单行条例;省、自治区、直辖市、设区的市和自治州的人民政府,有权制定地方政府规章。地方政府规章限于城乡建设与管理、生态文明建设、历史文化保护、基层治理等方面的事项。

《中共中央关于全面推进依法治国若干重大问题的决定》指出要完善立法体制,即加强党对立法工作的领导,完善党对立法工作中重大问题决策的程序;健全有立法权的人大主导立法工作的体制机制,发挥人大及其常委会在立法工作中的主导作用;加强和改进政府立法制度建设,完善行政法规、规章制定程序,完善公众参与政府立法机制;明确立法权力边界,从体制机制和工作程序上有效防止部门利益和地方保护主义法律化。

(三)立法程序

1. 立法程序的概念

立法程序是指享有立法权的国家机关制定、认可、修改、废止规范性法律文件的步骤。

2. 我国现行立法程序

以我国最高权力机关的立法程序为例,分析一下立法的基本程序。

(1)法律议案的提出。即有提案权的组织或人员向立法机关提出立法议案,并被列入会议议程的活动。

(2)法律草案的审议。即立法机关对已经列入议事日程的法律草案进行正式的审查和讨论。

(3)法律草案的通过。这是立法程序中最重要和最有决定意义的阶段。在我国,宪法的修改,由全国人民代表大会常务委员会或1/5以上的全国人大代表提议,全国人民代表大会以全体代表的2/3以上多数通过,法律和其他议案由全国人大全体代表或全体委员的过半数通过即可。

(4)法律的公布。我国的法律经全国人民代表大会或者全国人民代表大会常务委员会通过后,由中华人民共和国主席签署主席令予以公布。

《中共中央关于全面推进依法治国若干重大问题的决定》提出要深入推进科学立法、民主立法,推进立法精细化,更多发挥人大代表参与起草和修改法律的作用;完善立法项目征集和论证制度;健全立法机关主导、社会各方有序参与立法的途径和方式;探索委托第三方起草法律法规草案;健全立法机关和社会公众沟通机制,探索建立有关国家机关、社会团体、专家学者等对立法中涉及的重大利益调整论证咨询机制;拓宽公民有序参与立法途径,健全法律法规规章草案公开征求意见和公众意见采纳情况反馈机制,广泛凝聚社会共识。强调完善法律草案表决程序,对重要条款可以单独表决。

加强重点领域立法。依法保障公民权利,加快完善体现权利公平、机会公平、规则公平的法律制度,保障公民人身权、财产权、基本政治权利等各项权利不受侵犯,保障公民经济、文化、社会等各方面权利得到落实,实现公民权利保障法治化。

【案例1-4】2004年3月14日，经十届全国人大二次会议最后表决通过的中华人民共和国宪法修正案，其中涉及对土地和私有财产征收、征用及补偿问题的条文，删除了一个小小的逗号。为了删改这个逗号，大会主席团向代表们提交了长达450余字的解释和说明。

据中国青年报记者崔丽、程刚、万兴亚报道，宪法修正案草案中的相关表述为："国家为了公共利益的需要，可以依照法律规定对土地实行征收或者征用，并给予补偿。""国家为了公共利益的需要，可以依照法律规定对公民的私有财产实行征收或者征用，并给予补偿。"在审议时，点在"并给予补偿"前面的一个逗号引起了有些代表的疑虑。代表提出，以上两处规定中的"依照法律规定"，是只规范征收、征用行为，还是也规范补偿行为，应予明确。由于对此有不同理解，有些代表建议将补偿明确为"公正补偿""合理补偿""充分补偿""相应补偿"等。

大会主席团经研究认为，宪法修正案草案上述两处规定的本意是"依照法律规定"既规范征收、征用行为，包括征收、征用的主体和程序，也规范补偿行为，包括补偿的项目和标准。为了避免理解上的歧义，建议在最终的定稿中将上述两处规定中"并给予补偿"前面的逗号删去，修改为"国家为了公共利益的需要，可以依照法律规定对土地实行征收或者征用并给予补偿。""国家为了公共利益的需要，可以依照法律规定对公民的私有财产实行征收或者征用并给予补偿。"

【分析】对于这个逗号的修改，法学专家和语言学专家纷纷评论说，"这不是一个单纯语法上的问题，而是强调要清晰地表达立法原意。一个逗号之差，直接关系到公民、集体财产能否得到有力保护的问题。""在现代汉语里，逗号既可能表示分句之间的停顿，也可能表示分句内部的停顿。因此，在宪法修正案草案的这个句子里，前面的'依照法律规定'到底管到哪，就会有分歧，就是语言学家也会有两派意见。宪法是国家的根本大法，需要最严谨的语言表述。删除逗号，也就是删除了将来可能的分歧。法律语言绝对不能存在'二义性'。"社会人士也认为，一部高质量和利于实施的宪法，不光在内容上要臻于完善"以人为本"，在表述上也应该经得起法学和语言学意义上的推敲，这样才能称得上一部完备的国家根本大法，才能经得起实践的检验。

二、法的实施

党的二十大报告重申，"全面推进科学立法、严格执法、公正司法、全民守法，全面推进国家各方面工作法治化"，对法的实施提出了全方位的要求。

法的实施指法在社会生活中被人们实际施行，有三种方式：守法、执法、司法。

（一）法的遵守

【案例1-5】在古代希腊，苏格拉底和他的学生柏拉图及柏拉图的学生亚里士多德被并称为"希腊三贤"。苏格拉底在宗教信仰上和雅典人民发生了冲突，被雅典的三个公民起诉。控告苏格拉底的起诉书称苏格拉底腐蚀青年，不相信国家所信奉的神。

苏格拉底的案件由来自社会各阶层的 500 名陪审员组成的法庭来审理。苏格拉底在法庭上发言的丝毫不能博得陪审团同情和宽恕。在对苏格拉底的第一次投票中，以 280 票对 220 票判定苏格拉底有罪。在第二次投票中，360 票对 140 票，苏格拉底被判处死刑。

但是苏格拉底还有挽救自己生命的机会。他忠诚而富有的朋友克里多在千方百计搭救苏格拉底，克里多告诉苏格拉底，他们已经准备好了一笔钱帮助苏格拉底逃跑，他的仰慕者则做好准备接应他及其家人。但苏格拉底不肯接受这个方案。最终，苏格拉底终究没有逃走，从容选择了死亡。

【分析】在苏格拉底看来，法律一旦裁决，便即生效。因而，即使这项制度的裁判本身是错误的，任何逃避法律的制裁也是错误的，谁也没有权利躲避制裁。苏格拉底用自己的死教导雅典人要维护自己的城邦和法律，他用自己接受不公的判决来践行他对法律的忠诚和对法律的信仰。

法的遵守，又称"守法"，指各国家机关、社会组织（政党、团体等）和公民个人严格依照法律规定而作为和不作为的活动。

1. 守法的构成要素

（1）守法主体。我国守法的主体包括一切国家机关、武装力量、政党、社会团体、企业事业组织；中华人民共和国公民，这是我国社会主义守法主体中最普遍、最广泛的群体；在我国领域内的外国组织、外国人和无国籍人。

（2）守法范围。在我国，守法的范围包括宪法、法律、行政法规、地方性法规、自治条例和单行条例、行政规章、军事法规和规章、特别行政区的法、国际条约等。有些非规范性法律文件如人民法院的判决书、裁定书、调解书等也属于守法的范围。我国法律的原则、党和国家的政策也应包括在守法范围之内。

（3）守法内容。包含两层含义：一是依法享有权利并行使权利，二是依法承担义务并履行义务，二者密切联系不可分割。守法是行使法律权利和履行法律义务的有机统一。

（4）守法状态。包括三种类型：守法的最低状态，即不违法犯罪；守法的中层状态即依法办事，形成统一的法律秩序；守法的高级状态，即守法主体不论是外在的行为，还是内在的动机都符合法律的精神和要求，严格履行法律义务，充分行使法律权利，从而真正实现法律调整的目的。

2. 守法的条件

（1）守法的主观条件。是守法主体的主观心理状态和法律意识水平，如法律意识、道德观念、受教育程度、个性等都对其守法行为产生潜移默化的影响和推动作用。

（2）守法的客观条件。是指守法主体所处的客观社会环境，如法制状况、政治状况、经济状况、民族传统、国际形势、科技的发展等都会对守法行为产生不同程度的影响。

（二）法的适用

法的适用与司法同义，是相对于立法与行政而言的，指国家司法机关依据法定的职权和程序，具体应用法律处理案件的专门活动。

1. 法的适用的基本要求

（1）正确。即事实准确，证据确凿；定性准确；处理适当；有错必纠。

（2）合法。即各级司法机关审理案件要合乎法律规定，严格依法办事，做到处理案件本身合法，办案程序合法。

（3）及时。即司法机关审理案件时，在正确、合法的前提下要提高工作效率，做到及时立案、及时办案、及时结案。

正确、合法、及时是相互联系的统一体。正确是司法的前提和基础，合法是司法的中心，是正确的保证，及时是司法的效率。

2. 法的适用的基本原则

（1）司法公正原则——公正是司法的生命。

司法公正既包括实质公正，也包括形式公正。它是社会正义的重要组成部分，也是法的精神的内在要求。公正对司法的重要意义是由司法活动的性质决定的，同时，司法公正也是司法机关自身存在的合法性基础。

《中共中央关于推进依法治国若干重大问题的决定》明确提出，保证公正司法，提高司法公信力。公正是法治的生命线。司法公正对社会公正具有重要引领作用，司法不公对社会公正具有致命破坏作用。必须完善司法管理体制和司法权力运行机制，规范司法行为，加强对司法活动的监督，努力让人民群众在每一个司法案件中感受到公平正义。

（2）司法法治原则——以事实为根据，以法律为准绳。

以事实为根据是指司法机关对案件的处理只能以被合法证据证明了的事实和依法推定的事实为依据。以事实为根据是办案的客观要求，是实事求是的唯物主义路线在司法中的具体运用。以法律为准绳指司法机关在司法时要严格按照法律规定办事，把法律作为处理案件的唯一标准和尺度。

（3）司法平等原则——公民在法律面前一律平等。

该原则的基本含义是：第一，所有公民依法享有平等的权利、承担平等的义务；第二，对一切公民的违法犯罪行为，不论其社会职业、家庭出身、职务高低，都应同样地追究其法律责任，不允许有超越于法律之外的特权；第三，诉讼当事人在诉讼中的权利平等地受保护。

（4）司法权独立行使原则——司法机关依法独立行使职权。

该原则的基本含义是：第一，司法权的专属性，即国家的司法权只能由法定的司法机关统一行使，其他任何机关、团体和个人都无权行使此项权力；第二，行使职权的独立性，即人民法院、人民检察院依照法律独立行使司法权，不受其他行政机关、社会团体和个人的干涉；第三，行使职权的合法性，即司法机关审理案件必须严格依照法律规定正确司法，不得滥用职权、枉法裁判。

（三）法的执行

法的执行即执法，指国家行政机关、法律法规授权的组织、行政机关委托的组织及其公职人员在行使行政管理权的过程中，依照法定职权和程序贯彻实施法律的活动。

1. 执法主体

我国执法主体包括行政机关、法律法规授权的社会组织、行政机关委托的组织。

2. 法的执行的原则

（1）合法性原则。合法性原则也即依法行政原则，是法治原则在执法中的具体体现。要求执法主体合法，执法内容合法，执法程序合法，违法执法应承担相应的法律责任。

（2）合理性原则。合理性原则指执法主体在执法活动中，特别在行使自由裁量权进行行政管理时要与社会生活常理相一致。

（3）效率原则。效率原则指在依法行政的前提下，行政机关对社会实行组织和管理过程中，以尽可能低的成本取得尽可能大的收益，取得最大的执法效益。

《中共中央关于推进依法治国若干重大问题的决定》明确提出，深入推进依法治国加快建设法治政府……各级政府必须坚持在党的领导下、在法治轨道上开展工作，创新执法体制，完善执法程序，推进综合执法，严格执法责任，建立权责统一、权威高效的依法行政体制，加快建设职能科学、权责法定、执法严明、公开公正、廉洁高效、守法诚信的法治政府。

（四）法治监督

法治监督指一切国家机关、政治或社会组织和公民对法治全部运作过程的合法性所进行的监察、制控和督导。我国的法治监督体系如下。

1. 国家监督

国家监督指由国家机关以国家名义依法定职权和程序进行的、具有直接法律效力的监督。依具体实施监督的机关不同，国家监督可分为三类：

（1）国家权力机关的监督。指各级人大及其常委会所进行的监督，它在国家监督中居于主导地位，其中全国人大及其常委会的监督在整个国家监督中居于最高地位，是具有最高法律效力的监督。

（2）行政机关的监督。指上级行政机关对下级行政机关、行政机关对企事业单位和公民执行和遵守法律、法规的情况所进行的监督。它是以各级国家行政机关为主体所进行的监督。

（3）监察机关的监督。指以各级监察委员会为主体的监督，包括对所有行使公权力的公职人员进行监察，调查职务违法和职务犯罪，开展廉政建设和反腐败工作。

（4）司法机关的监督。指以审判机关和检察机关为主体所进行的监督。包括审判机关的监督和检察机关的监督。

2. 社会监督

社会监督指由国家机关以外的政治或社会组织和公民进行的、不具有直接法律效力的监督。依具体实施监督的主体不同，社会监督可分为五类

（1）各政党的监督。主要指执政的中国共产党的监督和参政的各民主党派的监督。

（2）社会组织的监督。主要指人民政协、社会团体对法的实施的监督。

（3）社会舆论的监督。主要指新闻舆论的监督，借助传媒手段进行。

（4）法律职业者的监督。法律职业者专指律师和法学家。法学家的监督在西方国家中通常被认为是最为公正的监督，因而得到普遍的推崇。

（5）公民的直接监督。公民的直接监督的对象广泛，包括对立法、执法、司法的监督。

三、法律解释

（一）法律解释的概念

法律解释是指一定的人或组织对法律规则含义的说明。

（二）法律解释的方法

1. 语义解释

即文理解释，是严格遵循法律规定的字面含义的一种以尊重立法者意志为特征的解释。它通常是法律解释的起点。根据解释尺度的不同，可分为字面解释、限制解释和扩充解释。

2. 历史解释

即通过研究有关立法的历史资料或从新旧法律的对比中了解法律的含义。

3. 体系解释，即逻辑解释，是指依要解释的法律条文在法律文本中的编、章、节、条、款、项的前后关联位置，阐明其意旨的解释方法。

4. 目的解释

即以法律的目的为标准，对该法律的具体意思加以解释或者对于具体法律规定的意思的疑义加以澄明的法律解释方法。

【案例 1-6】1787 年制定的美国宪法是迄今为止仍然有效的世界上最古老的一部宪法，在美国的政治生活中一直受到特别的尊重。这部宪法第 2 条第 2 款规定：“总统为合众国陆海军及各州民团的总司令。”也就是说，宪法授予总统统辖全国的陆军和海军。到第一、二次世界大战的时候，西方发达国家纷纷组建了自己的空军，美国也不例外。美国总统作为全国武装力量的最高统帅，也组建和领导了美国的空军，成为三军统帅。但是后来有人提出，宪法上没有规定总统可以统帅空军，总统统帅空军没有宪法依据，应由国会通过专门的修正案对此作出明确规定。但是这种质疑没有得到人们的支持。人们相信，总统统帅空军并不违宪。

【分析】运用不同的方法进行解释，得出的结论是不同的。用“语义解释”的方法进行解释，因为宪法字面上没有“空军”字样，总统只能统帅“陆海军”，不能成为三军总司令。用“历史解释”的方法进行解释，即研究制定美国宪法时的历史资料，我们可以知道，1787 年制定宪法时，世界上还没有空军，因此在宪法中只规定了陆海军，但是仍然得不出总统可以统帅空军的结论。用“体系解释”的方法进行解释，即联系宪法的上下文，宪法第 1 条规定国会的权力，第 3 条规定联邦法院的权力，在这两个条文中没有关于统帅武装力量的规定，但是仍然不能推导出总统就可以统帅空军的结论，美国其他法律是否有关于空军统帅权的规定，我们不得而知。运用“目的解释”的方法进行解释，再结合“历史解释”和“体系解释”的方法，我们了解到，宪法之所以没有规定总统可以统帅空军，是因为历史的局限性；宪法为美国确立了三权分立的体制，国会和联邦法院都与武装力量无涉，因此空军的统帅权只能归于总统。也正因为如此，多数人认为总统统帅空军并不违宪。

（三）我国的法律解释体制

法律解释体制，是指正式解释的权限划分。当代中国形成了以全国人大常委会为主体的各机关分工配合的法律解释体制。

1. 立法解释

立法解释包括全国人大常委会对宪法和对狭义的法律的解释，省级和设区的市的人大常委会对地方性法规的解释。立法解释是具有最高权威的解释，属于对立法的补充，和被解释的法律法规具有同等的效力。法律有以下情况之一的，由全国人民代表大会常务委员会解释：第一，法律的规定需要进一步明确具体含义的；第二，法律制定后出现新的情况，需要明确适用法律依据的。

2. 司法解释

司法解释分为两种，一种是审判解释，另一种是检察解释。我国的审判解释权由最高人民法院统一行使，检察解释权由最高人民检察院统一行使。如果审判解释与检察解释有原则性的分歧，则应报请全国人大常委会解释或决定。在司法实践中，对如何具体应用法律的问题，审判机关和检察机关为了更好的协调与配合，有时采取联合解释的形式，共同发布司法解释文件。在我国，司法解释虽然不是正式的法律渊源，在司法实践中却起着不可替代的作用。司法解释具有法律效力，但是，其效力低于法律和立法解释。

3. 行政解释

行政解释包括两种情况：第一种是国务院及其主管部门对自己依法制定的法规以及不属于审判和检察工作中的其他法律如何具体应用的问题所做的解释。第二种是由省、自治区、直辖市人民政府及其主管部门对属于地方性法规如何具体应用的问题所做的解释。行政解释具有法律效力，其效力低于宪法、法律和立法解释。

四、法律推理

（一）法理推理的概念

法律推理即司法推理，指在司法过程中，特定的法律工作者或司法活动的参与者推导和论证其法律主张和法律决定的理由，对其法律主张和法律决定加以正当化的过程。

（二）法律推理的分类

根据法律推理需要解决的问题是否存在明确的权威性的法律依据，将法律推理划分为形式推理和实质推理两类。

1. 形式推理

如果需要解决的法律问题存在权威性的依据，这种推理就是形式推理，形式推理一般适宜于普通案件。包括：

演绎推理。又称三段论推理，是从一般到特殊的推理。具体到法律适用过程，法律规范是大前提，案件事实是小前提，判决或裁定是结论。

归纳推理。是从特殊到一般的推理。在法律适用过程中运用归纳推理的典型是判例法制度。

类比推理。在法律适用过程中，类比推理的最基本形式大体上可以概括为：甲规则适用于乙案件；丙案件在实质上与乙案件类似；所以，甲规则也可以适用于丙案件。类比推理是一种从个案到个案的推理形式。

2. 实质推理

实质的法律推理，是指在司法实践中发生了法官很难通过一般的形式推理得出结论的疑难案件的情况下，法官运用实践理性方法弥补现行法律的疏漏与不足，从而使司法行为及其结论获得确定性和正当性的法律推理过程与方法。例如，出租车司机甲送孕妇乙去医院，途中乙临产，情形危急。为争取时间，甲将车开至非机动车道掉头，被交警拦截并被告知罚款。经甲解释，交警对甲未予处罚且为其开警车引道，将乙及时送至医院。此案例中，交警运用的就是实质推理方法，使事情的结果能够被社会接受。

进行实质推理需要注意：第一，在同等条件下，形式推理对实质推理具有优先性。第二，法官在超越现行法律寻找大前提时，应当以人们普遍公认的价值目标为准。

思考与练习

1. 厦门远华特大走私案主犯赖昌星于 1999 年 8 月前往加拿大，引发了加拿大历史上拖延时间最长的一起难民申请诉讼案件。赖昌星是受中国司法部门指控和通缉的远华走私案重要嫌犯，赖昌星使用各种手法在加拿大打官司、反复上诉、以司法诉讼拖延时间，企图逃避被遣返回中国受审。2011 年 7 月 21 日，加拿大联邦法院在对赖昌星遣返案进行了 3 个多小时的聆讯后，于温哥华时间下午 6 时作出判决，驳回赖昌星暂缓遣返的申请，决定执行赖昌星的遣返令。次日，逃亡加拿大 12 年之久的赖昌星于温哥华时间 22 日下午在加拿大警察的押送下搭乘民航班机离开温哥华国际机场飞往中国。2012 年 2 月，赖昌星走私犯罪集团首要犯罪嫌疑人赖昌星涉嫌走私、行贿犯罪一案，由厦门市人民检察院提起公诉。2012 年 4 月 6 日，该案在厦门市中级人民法院依法公开开庭审理。2012 年 5 月 18 日，赖昌星一审被判处无期徒刑。

请依据法律对人效力的四个原则分析赖昌星受到我国法律的制裁的合法性。

2. 假设某国有关国家公园的立法中规定："公园内不得行使机动车。"如果公园内发生火灾，机动车能否开进公园救火？

请运用法律解释的有关知识加以分析。

3. 韩先生某日持所购京剧票去北京某剧院观看"新新京剧团"排演的现代京剧《智取威虎山》，不料该剧团在外地演出，因路途遥远未能及时返京，致使在京的演出不能如期举行。该剧院被迫安排了一场交响乐，韩先生以剧院违约为由向法院提起诉讼。剧院也以"新新京剧团"违约为由向法院提起诉讼。

请分析该案例包括哪几个法律关系。

第二章　宪　　法

知识目标

- 了解宪法的特征和基本原则
- 理解国家制度的基本内容
- 掌握公民的基本权利和义务
- 掌握国家机构的基本知识

能力素质目标

- 强化宪法是国家根本法的意识，尊崇宪法
- 能够自觉遵守宪法、维护宪法、践行宪法

第一节　宪　法　概　述

一、宪法的概念和特征

（一）宪法的概念

宪法是指集中体现阶级统治意志、确立国家根本制度、规定基本人权和国家权力组织与活动秩序的具有最高法律效力的国家根本法。

我国宪法以法律的形式确认了全国各族人民奋斗的成果，它是保持国家统一、民族团结、经济发展、社会进步和长治久安的法律基础，它是中国共产党执政兴国、团结带领全国各族人民建设中国特色社会主义的法律保证。

全国各族人民、一切国家机关、武装力量、各政党、各社会团体、各企业事业组织，都必须以宪法为根本的活动准则，并且负有维护宪法尊严、保证宪法实施的职责。

《中华人民共和国宪法》是我国的根本大法，是治国安邦的总章程，拥有最高法律效力。中华人民共和国成立后，曾于 1954 年 9 月 20 日、1975 年 1 月 17 日、1978 年 3 月 5 日和 1982 年 12 月 4 日通过四个宪法。现行宪法为 1982 年 12 月 4 日第五届全国人民代表大会第五次会议通过，并历经 1988 年、1993 年、1999 年、2004 年、2018 年五次修正。

（二）宪法的特征

1. 宪法是国家的根本法

（1）在内容上，宪法规定国家最根本、最重要的问题。通过宪法确立国家的根本制度、国家的性质、国家的结构形式、公民的基本权利和义务、国家机构的组织及其职权等。

（2）在法律效力上，宪法的法律效力最高。宪法是普通法律的立法基础和依据，任何普通法律法规都不得与宪法的原则和精神相违背；宪法是一切国家机关、社会团体和全体公民的最高行为准则。

（3）在制定和修改程序上，宪法比其他法律更加严格。我国《宪法》规定："宪法的修改，由全国人民代表大会常务委员会或者五分之一以上的全国人民代表大会代表提议，并由全国人民代表大会以全体代表的三分之二以上的多数通过。法律和其他议案由全国人民代表大会以全体代表的过半数通过。"

2. 宪法是公民权利的保障书

宪法最主要、最核心的价值在于它是公民权利的保障书。列宁曾说过："宪法就是写着人民权利的纸。"宪法基本内容包括国家权力的正确行使和公民权利的有效保障。其中，公民权利的有效保障居于支配地位。

3. 宪法是民主政治的产物，是民主制度化、法律化的基本形式

我国宪法是社会主义民主的制度化、法律化的基本形式，是人民当家作主的总章程。

二、宪法的基本原则

（一）人民主权原则

人民主权原则也叫主权在民原则，是指国家权力来源于人民，属于人民。我国宪法通过确认我国人民民主专政的国体，保障了广大人民群众在国家中的主人翁地位；通过确认以公有制为主体、多种所有制经济共同发展的基本经济制度，为人民当家作主奠定了经济基础；通过确认人民代表大会制度的政体，为人民当家作主提供了组织保障；通过确认广大人民依照法律规定通过各种途径和形式管理国家事务、管理经济和文化事业、管理社会事务的权利，把人民当家作主贯彻于国家和社会生活各个领域。

（二）基本人权原则

人权是指人作为人享有和应当享有的基本权利。我国宪法规定的公民基本权利，都是最重要的人权，包括公民有参与国家政治生活的权利和自由、公民的人身自由和信仰自由、公民在社会经济文化方面的权利等。我国宪法将"国家尊重和保障人权"规定为一项基本原则，体现了对人权保障的重视。

（三）权力制约原则

权力制约原则是指国家权力的各部分之间相互监督、彼此牵制，以保障公民权利的原则。它既包括公民权利对国家权力的制约，也包括国家权力对国家权力的制约。全国人民代表大会和地方各级人民代表大会都由民主选举产生，对人民负责、受人民监督。国家行政机关、监察机关、审判机关、检察机关都由人民代表大会产生，对它负责，受它监督。

（四）法治原则

法治是指按照法律治理国家、管理社会、规范行为，是对人治的否定。我国宪法明确规定实行依法治国，建设社会主义法治国家。国家维护社会主义法制的统一和尊严。一切法律、行政法规和地方性法规都不得同宪法相抵触。依法治国首先是依宪治国，同时，国家的法律也应获得普遍的服从。要推进国家各项工作法治化，维护社会公平正义，维护社会主义法制的统一、尊严和权威。任何组织和个人都要在宪法和法律范围内活动，一切违法行为都应受到法律的追究，法律面前人人平等。

三、我国宪法保障实施制度

我国建立了立法机关保障宪法实施的模式。我国《宪法》规定全国人民代表大会及其常委会负责监督宪法的实施、行使解释宪法的职权。

为了保障宪法的实施和对规范性文件的监督，规定了比较完整的规范性文件监督体系以及法律法规的备案审查和审批制度。全国人大常委会成立了"法规审查备案室"，该工作室不仅负责法规备案，更重要的是审查下位法和上位法尤其是和宪法的冲突和抵触。所有规范性文件都纳入备案审查范围，依法撤销和纠正违宪违法的规范性文件。

2014年11月1日，十二届全国人大常委会第十一次会议作出决定，将现行宪法通过、公布实施的日期12月4日设立为国家宪法日。在全社会普遍开展宪法教育，弘扬宪法精神。

我国还建立了宪法宣誓制度。我国《宪法》规定："国家工作人员就职时应当依照法律规定公开进行宪法宣誓。"

宪法的有效实施根本在于人民发自内心的拥护和人民出自真诚的信仰。尊崇宪法、学习宪法、遵守宪法、维护宪法，大力弘扬宪法精神，大力弘扬社会主义法治精神，不断增强人民群众宪法意识。加大全民普法力度，建设社会主义法治文化，树立宪法法律至上、法律面前人人平等的法治理念。

第二节　国家制度

一、我国基本政治制度

（一）国家性质（国体）

国家性质也叫国体，是指社会各阶级在国家中的地位。

我国国家性质（国体）是人民民主专政。我国《宪法》规定："中华人民共和国是工人阶级领导的、以工农联盟为基础的人民民主专政的社会主义国家。"

1. 我国的人民民主专政实质上是无产阶级专政

2. 人民民主专政的标志

（1）工人阶级是我国的领导阶级。

（2）工农联盟是我国的阶级基础。

（3）知识分子是我国社会主义事业的依靠力量。

3. 人民民主专政的重要特征

（1）爱国统一战线。中国人民政治协商会议是爱国统一战线的组织形式，但是它不属于我国的国家机构体系，不是国家机关，而是各党派、各人民团体、各界代表人士团结合作、参政议政的重要场所。中国人民政治协商会议的主要职能是政治协商、民主监督和参政议政。中国人民政治协商会议设全国委员会和地方委员会。全国委员会对地方委员会、地方委员会对下级地方委员会的关系是指导关系。

（2）中国共产党领导的多党合作制度。中国共产党领导的多党合作和政治协商制度是一种新型的政党制度。中国共产党处理与民主党派关系的 16 字方针是"长期共存，互相监督，肝胆相照，荣辱与共"。中国共产党的领导是多党合作的最高原则。

（二）政权组织形式（政体）

政权组织形式也叫政体，是国家为实现其对内对外职能而确立的国家机关的组织体系，它反映了国家权力的配置及其运行方式，是国家的一项基本制度。人民代表大会制度是我国的政权组织形式（政体），是我国的根本政治制度。

我国国家的一切权力属于人民；人民行使国家权力的机关是全国人民代表大会和地方各级人民代表大会；全国人民代表大会和地方各级人民代表大会都由民主选举产生，对人民负责，受人民监督。国家行政机关、监察机关、审判机关、检察机关都由人民代表大会产生，对它负责，受它监督。

人民代表大会制度是根据民主集中制原则，通过普选产生全国和地方各级人民代表大会，并以此为基础组织其他国家机关行使国家权力的一种政治制度；它体现了国家一切权力属于人民的本质要求，是其他制度赖以建立的基础，是其他国家权力的来源。人民代表大会制度全面地反映了我国政治生活的全貌，人民代表大会制度是最适宜我国的政治制度。

此外，我国《宪法》规定："社会主义制度是中华人民共和国的根本制度。中国共产党领导是中国特色社会主义最本质的特征。禁止任何组织或者个人破坏社会主义制度。"

二、我国基本经济制度

我国的社会主义经济制度的基础是生产资料的社会主义公有制，即全民所有制和劳动群众集体所有制。社会主义初级阶段坚持公有制为主体、多种所有制经济共同发展的基本经济制度。

全民所有制经济即国有经济，是国民经济中的主导力量。国家保障国有经济的巩固和发展。矿藏、水流、森林、山岭、草原、荒地、滩涂等自然资源，都属于国家所有，即全民所有；由法律规定属于集体所有的森林和山岭、草原、荒地、滩涂除外。城市的土地属于国家所有。

劳动群众集体所有制经济在农村表现为家庭生产承包责任制；在城市表现为手工业、工业、建筑业、运输业、商业、服务业等行业的各种形式的合作经济。国家保护城乡集体经济组织的合法的权利和利益，鼓励、指导和帮助集体经济的发展。农村和城市郊区的土地，除由法律规定属于国家所有的以外，属于集体所有；宅基地和自留地、自留山，也属于集体所有。

在法律规定范围内的个体经济、私营经济等非公有制经济是社会主义市场经济的重要组成部分。国家保护个体经济、私营经济等非公有制经济的合法的权利和利益。国家鼓励、支持和引导非公有制经济的发展,并对非公有制经济依法实行监督和管理。

【案例2-1】贵州省修文县在未签订流转协议的情况下,为了建设高标准蔬菜保供基地,违法强挖土地、毁坏农作物,强行推进土地流转。修文县龙场镇副镇长坦承,此举不合法。农业农村部回应,已派出调研组赴贵州现场调查,将根据调查情况督促整改,依法处理相关责任人。

【分析】本案中,政府强制流转土地侵犯了农民的财产权利,同时,本案涉及的土地问题与我国《宪法》中的集体所有制经济和农村家庭联产承包责任制的内容相关。在我国,集体所有制经济属于公有制的范畴。农村和城市郊区的土地,除由法律规定属于国家所有的以外,属于集体所有。我国《宪法》既保护社会主义公有财产神圣不可侵犯,又保护公民的合法财产不受侵犯。农民对依法承包的集体土地享有的使用权受到宪法及相关法律的保护。

三、我国基本文化制度

(一)国家发展教育事业

国家发展社会主义的教育事业,提高全国人民的科学文化水平。国家举办各种学校,普及初等义务教育,发展中等教育、职业教育和高等教育,并且发展学前教育。国家发展各种教育设施,扫除文盲,对工人、农民、国家工作人员和其他劳动者进行政治、文化、科学、技术、业务的教育,鼓励自学成才。国家鼓励集体经济组织、国家企业事业组织和其他社会力量依照法律规定举办各种教育事业。国家推广全国通用的普通话。

(二)国家发展科学事业

国家发展自然科学和社会科学事业,普及科学和技术知识,奖励科学研究成果和技术发明创造。

(三)国家发展文学艺术及其他文化事业

国家发展为人民服务、为社会主义服务的文学艺术事业、新闻广播电视事业、出版发行事业、图书馆博物馆文化馆和其他文化事业,开展群众性的文化活动。国家保护名胜古迹、珍贵文物和其他重要历史文化遗产。

国家发展体育事业,开展群众性的体育活动,增强人民体质。

(四)国家发展公民道德教育

国家通过普及理想教育、道德教育、文化教育、纪律和法制教育,通过在城乡不同范围的群众中制定和执行各种守则、公约,加强社会主义精神文明的建设。

国家倡导社会主义核心价值观,提倡爱祖国、爱人民、爱劳动、爱科学、爱社会主义的公德,在人民中进行爱国主义、集体主义和国际主义、共产主义的教育,进行辩证唯物主义和历史唯物主义的教育,反对资本主义的、封建主义的和其他的腐朽思想。

四、我国基本社会制度

（一）社会保障制度

国家建立健全同经济发展水平相适应的社会保障制度。我国公民在年老、疾病或者丧失劳动能力的情况下，有从国家和社会获得物质帮助的权利。国家发展为公民享受这些权利所需要的社会保险、社会救济和医疗卫生事业。国家和社会保障残废军人的生活，抚恤烈士家属，优待军人家属。国家和社会帮助安排盲、聋、哑和其他有残疾的公民的劳动、生活和教育。

（二）医疗卫生事业

国家发展医疗卫生事业，发展现代医药和我国传统医药，鼓励和支持农村集体经济组织、国家企业事业组织和街道组织举办各种医疗卫生设施，开展群众性的卫生活动，保护人民健康。

（三）劳动保障制度

中华人民共和国公民有劳动的权利和义务。国家通过各种途径，创造劳动就业条件，加强劳动保护，改善劳动条件，并在发展生产的基础上，提高劳动报酬和福利待遇。劳动是一切有劳动能力的公民的光荣职责。国有企业和城乡集体经济组织的劳动者都应当以国家主人翁的态度对待自己的劳动。国家提倡社会主义劳动竞赛，奖励劳动模范和先进工作者。国家提倡公民从事义务劳动。国家对就业前的公民进行必要的劳动就业训练。

（四）社会人才培养制度

国家培养为社会主义服务的各种专业人才，扩大知识分子的队伍，创造条件，充分发挥他们在社会主义现代化建设中的作用。

（五）社会秩序及安全维护制度

国家维护社会秩序，镇压叛国和其他危害国家安全的犯罪活动，制裁危害社会治安、破坏社会主义经济和其他犯罪的活动，惩办和改造犯罪分子。

中华人民共和国的武装力量属于人民。它的任务是巩固国防，抵抗侵略，保卫祖国，保卫人民的和平劳动，参加国家建设事业，努力为人民服务。国家加强武装力量的革命化、现代化、正规化的建设，增强国防力量。

五、我国国家结构

国家结构是指特定的国家的统治阶级所采取的，按照一定原则来划分国家内部区域，调整国家整体与组成部分之间、中央与地方之间相互关系的国家构成形式。

国家结构形式的分类：①单一制。主要特征有：国家只有一部宪法；国家只有一个最高立法机关、一个中央政府和一套完整的司法系统；地方接受中央的统一领导，地方行政区域单位和自治单位没有脱离中央而独立的权力；国家是独立的国际法主体，公民具有统一的国籍。②复合制。近现代复合制国家主要有联邦和邦联两种形式。以美国为例，联邦制主要特征有：联邦和各个成员都有自己的宪法；联邦和各成员都设有各自的立法机关、行政机关和司法机关；其职权划分由联邦宪法作出具体规定，大都是在联邦行使国家的立法、外交、军事、财政等主要国家权力的同时，又规定各联邦成员享有较大范围的自治权；有些国家还允许其成员享有一定的外交权。邦联是指几个独立国家为了达到政治、军事、经济或者贸易等方面的特定目的而结合起来的一种国家联合。

我国是统一的多民族国家。从我国国家结构形式的本质来看，我国属于单一制。我国采用单一制国家结构形式的原因包括历史原因、民族原因、社会稳定的需要和社会主义现代化建设的需要。

（一）中央与普通地方行政区划

我国《宪法》规定：全国分为省、自治区、直辖市；省、自治区分为自治州、县、自治县、市；县、自治县分为乡、民族乡、镇；直辖市和较大的市分为区、县；自治州分为县、自治县、市。

（二）中央与民族自治地方

我国实行的民族区域自治是在单一制条件下的自治，自治地方与国家的关系是自治与统一的关系。民族区域自治必须以少数民族聚居区为基础，是民族自治与区域自治的结合。

自治区、自治州、自治县都是民族自治地方。民族乡不是民族自治地方。民族自治地方的自治机关是自治区、自治州、自治县的人民代表大会和人民政府。

自治区、自治州、自治县的人民代表大会常务委员会中应当有实行区域自治的民族的公民担任主任或者副主任。自治区主席、自治州州长、自治县县长由实行区域自治的民族的公民担任。

民族自治地方的人民代表大会有权依照当地民族的政治、经济和文化的特点，制定自治条例和单行条例。自治区的自治条例和单行条例，报全国人民代表大会常务委员会批准后生效。自治州、自治县的自治条例和单行条例，报省或者自治区的人民代表大会常务委员会批准后生效，并报全国人民代表大会常务委员会备案。

民族自治地方的自治权。自治权是民族区域自治的核心，主要有以下几个方面：制定自治条例和单行条例的自治权；经济管理的自治权；财政管理的自治权；文化教育管理的自治权；民族人才培养的自治权；使用本民族语言文字的自治权；组织公安部队的自治权。

（三）中央与特别行政区

特别行政区政府与中央之间的关系是单一制下地方从属于中央的关系，它的法律地位主要体现在特别行政区是国家不可分离的部分，特别行政区直辖于中央人民政府。特别行政区享有高度自治权。

特别行政区长官是特别行政区的首长，对中央人民政府和特别行政区负责。同时他又是特别行政区的行政首脑，领导特别行政区政府。特别行政区行政长官在当地通过选举或协商产生，由中央人民政府任命，任期为5年，可以连选连任一次。

六、我国选举制度

(一) 选举制度的基本原则

1. 选举权的普遍性原则

《宪法》规定:"中华人民共和国年满十八周岁的公民,不分民族、种族、性别、职业、家庭出身、宗教信仰、教育程度、财产状况、居住期限,都有选举权和被选举权;但是依照法律被剥夺政治权利的人除外。"这一规定表明我国公民依法享有选举权的条件:一是年龄条件,即年满 18 周岁;二是政治条件,即没有被依法剥夺政治权利,除此之外再无其他限制。

2. 选举权的平等性原则

选举权平等的基本含义是:每一个选民在一次选举中只能行使一个投票权,不能同时参加两个或两个以上地方的选举;每个选民所投的票的价值和效力是一样的,不允许任何选民享有特权,禁止对选民投票行为的非法限制和歧视。

3. 直接选举和间接选举并用的原则

直接选举和间接选举是两种不同的选举方式。直接选举就是由选民直接投票选出民意机关代表或国家公职人员的选举方式。间接选举就是由下一级民意机关或由选民投票选出的代表选举上一级民意机关代表或国家公职人员的选举方式。《选举法》规定:"全国人民代表大会的代表,省、自治区、直辖市、社区的市、自治州的人民代表大会的代表,由下一级人民代表大会选出。不设区的市、市辖区、县、自治县、乡、民族乡、镇的人民代表大会的代表,由选民直接选出。"

4. 无记名投票原则

无记名投票即秘密投票,也就是选民按照自己的意愿填写选票不署名,不向他人公开的选举原则。

5. 差额选举原则

差额选举是指在选举中候选人的人数多于应选代表名额的选举方式。与差额选举相对应的选举方式是等额选举。等额选举是指在选举中候选人的人数等于应选代表名额的选举方式。《选举法》规定:"全国和地方各级人民代表大会候选人的名额应多于应选代表的名额。由选民直接选举的代表候选人名额应多于应选代表名额的三分之一至一倍。由地方各级人民代表大会选举上一级人民代表大会代表候选人的名额应多于应选代表名额的五分之一至二分之一。"

(二) 选举工作的程序

根据我国《选举法》规定,选举工作的程序包括:选区划分、选民登记、代表候选人的提名、采用各种形式介绍候选人、选民投票、确定代表当选和代表的辞职与罢免。

七、国旗、国歌、国徽、首都

中华人民共和国国旗是五星红旗。

中华人民共和国国歌是《义勇军进行曲》。

中华人民共和国国徽，中间是五星照耀下的天安门，周围是谷穗和齿轮。

中华人民共和国首都是北京。

第三节 公民的基本权利和义务

一、概述

公民是拥有一国国籍的自然人。中国公民就是拥有中国国籍的自然人。

我国《国籍法》规定取得中国国籍有两种方式：一是出生取得：父母双方或一方为中国公民，本人出生在中国，具有中国国籍。父母双方或一方为中国公民，本人出生在外国，具有中国国籍；但父母双方或一方为中国公民并定居在外国，本人出生时即具有外国国籍的，不具有中国国籍。父母无国籍或国籍不明，定居在中国，本人出生在中国，具有中国国籍。二是加入取得：外国人或无国籍人，愿意遵守中国宪法和法律，有中国人的近亲属或者定居在中国的，可以经申请批准加入中国国籍。

我国《国籍法》规定中华人民共和国不承认中国公民具有双重国籍。申请加入中国国籍获得批准的，即取得中国国籍；被批准加入中国国籍的，不得再保留外国国籍。定居外国的中国公民，自愿加入或取得外国国籍的，即自动丧失中国国籍。

二、我国公民的基本权利

我国宪法规定的我国公民的基本权利主要有以下七类：

（一）平等权

1. 广义平等权

广义平等权是指公民依法平等地享有权利，不受任何差别待遇，要求国家给予平等保护的权利。我国《宪法》规定："中华人民共和国公民在法律面前一律平等。"

公民的平等权包含以下三个含义：①公民平等地享有宪法和法律规定的权利，也平等地履行宪法和法律规定的义务；②公民的合法权益平等地受到保护，司法机关在法律适用上一律平等；③公民在守法上一律平等，任何组织或个人都不得有超越宪法和法律的特权。

宪法禁止的差别是不合理的差别，合理的差别具有合宪性。比如：宪法对全国人大代表的言论免责权做了特殊规定。

2. 特定主体的平等权

平等权主体中包括社会生活中的特定主体，这些主体享有的平等权是平等权在特定领域中的体现，是以禁止差别为义务的权利形态。我国宪法保护的特定主体具体表现在：

（1）保障妇女的权利。《宪法》规定："中华人民共和国妇女在政治的、经济的、文化的、社会的和家庭的生活等各方面享有同男子平等的权利。"

【案例 2-2】2019 年 1 月 21 日，××省××县人民医院发布《2019 年招聘临时护士人员简章》，要求应聘人员"两年内不准怀孕"。此举引发社会争议，有人认为这有违人性化，是对女性的歧视，也违背劳动法。在该内容被媒体关注和报道后，该县人民医院第二天迅速作出整改，取消应聘人员"两年内不准怀孕"的要求。

【分析】本案中医院缺乏男女平等的宪法意识，没有将宪法作为最高活动准则。劳动者的婚姻和怀孕之后的隐私不属于劳动者必须向用人单位如实说明的情况，劳动者有权不予告知，用人单位违反则构成对劳动者的就业歧视。

（2）保障退休人员、军烈属和残障人士的权利。《宪法》规定："国家依照法律规定实行企业事业组织的职工和国家机关工作人员的退休制度。退休人员的生活受到国家和社会的保障。""国家和社会保障残废军人的生活，抚恤烈士家属，优待军人家属。""国家和社会帮助安排盲、聋、哑和其他有残疾的公民的劳动、生活和教育。"

（3）保护婚姻、家庭、母亲、儿童和老人的权利。《宪法》规定："婚姻、家庭、母亲和儿童受国家的保护。禁止破坏婚姻自由，禁止虐待老人、妇女和儿童。"

（4）关怀青少年和儿童的成长。《宪法》规定："国家培养青年、少年、儿童在品德、智力、体质等方面全面发展。"

（5）保护华侨、归侨和侨眷的正当权利。《宪法》规定："中华人民共和国保护华侨的正当的权利和利益，保护归侨和侨眷的合法的权利和利益。"华侨是居住在国外的中国公民，我国是世界上侨民最多的国家。归侨是已经回国定居的华侨。侨眷是华侨在国内的亲属。

（二）政治权利和自由

1. 选举权和被选举权

《宪法》规定："中华人民共和国年满十八周岁的公民，不分民族、种族、性别、职业、家庭出身、宗教信仰、教育程度、财产状况、居住期限，都有选举权和被选举权；但是依照法律被剥夺政治权利的人除外。"

2. 政治自由

《宪法》规定："中华人民共和国公民有言论、出版、集会、结社、游行、示威的自由。"

《刑法》规定剥夺的政治权利除了包括宪法规定的选举权和被选举权以及六大政治自由外，还有担任国家机关职务的权利和担任国有公司、企业、事业单位和社会团体领导职务的权利。

（三）宗教信仰权

我国公民有宗教信仰自由，但是不可以信邪教。《宪法》规定："中华人民共和国公民有宗教信仰自由。"《宪法》规定："宗教团体和宗教事务不受外国势力的支配。"因此，宗教团体必须坚持自主、自办、自传的"三自"原则。

（四）人身自由

1. 生命权

生命权主体只能是自然人，包括本国人、外国人和无国籍人。因此，生命权首先是人的权利，并不仅仅是公民的权利。生命权是基本权利价值体系的基础和出发点，个人有权以生命权为依据，防御国家权力对生命权的任何形式的侵害。国家一方面不能侵犯个人的生命权，另一方面为生命权的保护提供积极的条件。

2. 人身自由

这里的人身自由指狭义的人身自由，指公民的肉体和精神不受非法侵犯，即不受非法限制、搜查、拘留和逮捕。

《宪法》规定："中华人民共和国公民的人身自由不受侵犯。任何公民，非经人民检察院批准或者决定或者人民法院决定，并由公安机关执行，不受逮捕。禁止非法拘禁和以其他方法非法剥夺或者限制公民的人身自由，禁止非法搜查公民的身体。"

3. 人格尊严不受侵犯

人格尊严的法律表现是公民的人格权，主要内容包括姓名权、肖像权、名誉权、荣誉权、隐私权等。《宪法》规定："中华人民共和国公民的人格尊严不受侵犯。禁止用任何方法对公民进行侮辱、诽谤和诬告陷害。"

4. 住宅不受侵犯

《宪法》规定："中华人民共和国公民的住宅不受侵犯。禁止非法搜查或者非法侵入公民的住宅。"任何机关、团体或个人也不得侵占、损毁公民的住宅。这些行为不仅侵犯了公民的财产权，而且也侵犯了公民的人身自由。

5. 通信自由和通信秘密

《宪法》规定："中华人民共和国公民的通信自由和通信秘密受法律的保护。除因国家安全或者追查刑事犯罪的需要，由公安机关或者检察机关依照法律规定的程序对通信进行检查外，任何组织或者个人不得以任何理由侵犯公民的通信自由和通信秘密。"通信包括电报、电传、电话和邮件等信息传递方式。隐匿或者毁弃信件、电报等是侵犯公民的通信自由。拆阅邮件或窃听公民的电话等通信内容则是侵犯公民的通信秘密。

（五）社会经济权利

1. 财产权

《宪法》规定："公民的合法的私有财产不受侵犯。国家依照法律规定保护公民的私有财产权和继承权。国家为了公共利益的需要，可以依照法律规定对公民的私有财产实行征收或者征用并给予补偿。"

2. 劳动权

我国有劳动能力的公民有从事劳动并取得相应报酬的权利。《宪法》规定："中华人民共和国公民有劳动的权利和义务。"

3. 劳动者休息的权利

劳动者在享受劳动权的过程中，为保护身体健康、提高劳动效率，根据国家法律和制度的有关规定而享有的休息和休养的权利。

4. 获得物质帮助的权利

《宪法》规定："中华人民共和国公民在年老、疾病或者丧失劳动能力的情况下，有从国家和社会获得物质帮助的权利。"

（六）文化教育权利

1. 受教育的权利

《宪法》规定："中华人民共和国公民有受教育的权利和义务。"

【案例 2-3】齐某某、陈某某都是某某省某某市八中 1990 届初中毕业生。陈某某在 1990 年中考预考时成绩不合格，失去了升学资格。齐某某则顺利通过了预选考试，并在中考中获得 441 分，超过了委培录取的分数线。随后某某省某某市商业学校发出录取齐某某为该校 1990 级财会专业委培生的通知。但是，齐某某的录取通知书却被陈某某私下取走，并以齐某某的名义到某某市商业学校报到就读。

1993 年毕业后，陈某某继续以齐某某的名义到中国银行某某市支行工作。1999 年 1 月 29 日，齐某某在得知陈某某冒用自己的姓名上学并就业的情况后，向法院提起民事诉讼。

【分析】本案中齐某某被侵犯的权利包括姓名权、受教育权和劳动就业权，但实际上他受到侵犯的公民权利主要是受教育权，对姓名权的侵犯仅是侵犯受教育权的手段，对劳动就业权的侵犯也只是侵犯受教育权的后果。如果公民的教育权不能获得直接的宪法救济，则可以通过民事诉讼司法救济途径予以实现。我国现行宪法第 46 条规定，中华人民共和国公民有受教育的权利和义务，可见受教育权是公民的一项受到国家公权力保护的宪法权利。某某省高级人民法院依照宪法第 46 条确定侵权人的行为不合法，再依据最高人民法院的批复（以侵犯姓名权的手段来侵犯公民受教育的宪法权利，应当承担民事责任）和民事诉讼法第 53 条的规定作出被告应承担民事责任的终审判决，最终使得这一具有宪法性争议的权利纠纷案件，得到比较合理地解决。

2. 进行科学研究、文艺创作和其他文化活动的自由

《宪法》规定："中华人民共和国公民有进行科学研究、文学艺术创作和其他文化活动的自由。国家对于从事教育、科学、技术、文学、艺术和其他文化事业的公民的有益于人民的创造性工作，给以鼓励和帮助。"

（七）监督权和获得赔偿权

《宪法》规定："中华人民共和国公民对于任何国家机关和国家工作人员，有提出批评和建议的权利；对于任何国家机关和国家工作人员的违法失职行为，有向有关国家机关提出申诉、控告或者检举的权利，但是不得捏造或者歪曲事实进行诬告陷害。对于公民的申诉、控告或者检举，有关国家机关必须查清事实，负责处理。任何人不得压制和打击报复。由于国家机关和国家工作人员侵犯公民权利而受到损失的人，有依照法律规定取得赔偿的权利。"

三、我国公民基本义务

（一）维护国家统一和各民族的团结

《宪法》规定："中华人民共和国公民有维护国家统一和全国各民族团结的义务。"

（二）遵守宪法和法律

《宪法》规定："中华人民共和国公民必须遵守宪法和法律，保守国家秘密，爱护公

共财产，遵守劳动纪律，遵守公共秩序，尊重社会公德。"

（三）维护祖国安全荣誉和利益

《宪法》规定："中华人民共和国公民有维护祖国的安全、荣誉和利益的义务，不得有危害祖国的安全、荣誉和利益的行为。"

（四）保卫祖国，依法服兵役和参加民兵组织

《宪法》规定："保卫祖国、抵抗侵略是中华人民共和国每一个公民的神圣职责。依照法律服兵役和参加民兵组织是中华人民共和国公民的光荣义务。"

（五）依法纳税

《宪法》规定："中华人民共和国公民有依照法律纳税的义务。"

（六）其他基本义务

父母有抚养未成年子女的义务，成年子女有赡养扶助父母的义务。

第四节　国家机构

一、我国国家机构概述

国家机构是统治阶级为了实现其国家权力和职能，按照一定原则建立的国家机关的总称。从横向上看国家机构包括立法机关、行政机关、监察机关、审判机关、检察机关和军事机关。从纵向上看，国家机构可以分为中央国家机构和地方国家机构。

国家机构的组织和活动原则包括：民主集中制原则、法治原则、责任制原则、为人民服务原则、精简和效率原则。

全国人民代表大会和地方各级人民代表大会都由民主选举产生，对人民负责、受人民监督。国家行政机关、监察机关、审判机关、检察机关都由人民代表大会产生，对它负责，受它监督。

中央和地方的国家机构职权的划分，遵循在中央的统一领导下充分发挥地方的主动性、积极性的原则。

二、我国国家机构的结构体系

（一）人民代表大会及其常务委员会

1. 全国人民代表大会及其常务委员会

（1）全国人民代表大会。全国人民代表大会是最高国家权力机关、是全国人民的代表机关和行使国家立法权的机关，在整个国家机构体系中居于最高地位。全国人民代表大会由省、自治区、直辖市、特别行政区和军队选出的代表组成。各少数民族都应当有适当名额的代表。

全国人民代表大会会议每年举行一次，由全国人民代表大会常务委员会召集。全国人民代表大会举行会议的时候，选举主席团主持会议。全国人民代表大会每届任期为 5 年。

它的职权主要有：修改宪法、监督宪法的实施；制定和修改基本法律；选举决定和罢免国家机关领导人；决定国家重大问题；监督权；应当由最高国家权力机关行使的其他

职权。

全国人民代表大会有权罢免下列人员：中华人民共和国主席、副主席；国务院总理、副总理、国务委员、各部部长、各委员会主任、审计长、秘书长；中央军事委员会主席和中央军事委员会其他组成人员；国家监察委员会主任；最高人民法院院长；最高人民检察院检察长。

（2）全国人民代表大会常务委员会。全国人民代表大会常务委员会是全国人民代表大会的常设机关，也是行使国家立法权的机关。全国人民代表大会常务委员会对全国人民代表大会负责并报告工作，接受其监督。

全国人民代表大会常务委员会由下列人员组成：委员长、副委员长若干人、秘书长、委员若干人。全国人民代表大会常务委员会组成人员中，应当有适当名额的少数民族代表。全国人民代表大会选举并有权罢免全国人民代表大会常务委员会的组成人员。全国人民代表大会常务委员会的组成人员不得担任国家行政机关、监察机关、审判机关和检察机关的职务。

全国人民代表大会常务委员会的任期同全国人民代表大会的任期相同，每届 5 年。全国人民代表大会常务委员会委员长、副委员长连续任职不得超过两届。

全国人民代表大会常务委员会的职权主要有：解释宪法和法律、监督宪法的实施；立法权；人事任免权；重大事项决定权；监督权；全国人民代表大会授予的其他职权。

（3）全国人民代表大会各专门委员会。①常设性委员会，即各专门委员会。全国人民代表大会设立民族委员会、宪法和法律委员会、财政经济委员会、教育科学文化卫生委员会、外事委员会、华侨委员会和其他需要设立的专门委员会。在全国人民代表大会闭会期间，各专门委员会受全国人民代表大会常务委员会的领导。各专门委员会在全国人民代表大会和全国人民代表大会常务委员会领导下研究、审议和拟订有关议案。②临时性委员会，全国人民代表大会和全国人民代表大会常务委员会认为必要的时候，可以组织关于特定问题的调查委员会，并且根据调查委员会的报告作出相应的决议。调查委员会进行调查的时候，一切有关的国家机关、社会团体和公民都有义务向它提供必要的材料。

2. 地方各级人民代表大会及县级以上地方人民代表大会常务委员会

（1）县级以上地方各级人民代表大会。县级以上地方各级人民代表大会是本行政区域内地方国家机构的核心。上级人民代表大会与下级人民代表大会之间、全国人民代表大会与地方各级人民代表大会之间不存在领导与被领导的关系，而是法律监督关系。地方各级人民代表大会每届任期 5 年。

（2）县级以上地方各级人大常务委员会。县级以上地方各级人大常务委员会是本级人民代表大会的常设机关，它是地方国家权力机关的组成部分，从属于同级人民代表大会，向同级人民代表大会负责并报告工作。

（二）国家主席

中华人民共和国国家主席是我国国家机构的重要组成部分，它不是掌管一定国家权力的个人，而是一种国家机关，处于国家代表的最高地位。

中华人民共和国主席、副主席由全国人民代表大会选举。有选举权和被选举权的年满45 周岁的中华人民共和国公民可以被选为中华人民共和国主席、副主席。中华人民共和国主席、副主席每届任期同全国人民代表大会每届任期相同。

副主席协助主席工作，副主席受主席的委托，可以代行主席的部分职权。

我国国家主席主要有以下职权：根据全国人民代表大会的决定和全国人民代表大会常务委员会的决定，公布法律，任免国务院总理、副总理、国务委员、各部部长、各委员会主任、审计长、秘书长，授予国家的勋章和荣誉称号，发布特赦令，宣布进入紧急状态，宣布战争状态，发布动员令；代表中华人民共和国，进行国事活动，接受外国使节；根据全国人民代表大会常务委员会的决定，派遣和召回驻外全权代表，批准和废除同外国缔结的条约和重要协定。

（三）中央军事委员会

中央军事委员会是全国武装力量的最高军事领导机关。中央军事委员会由主席、副主席若干人和委员若干人组成。中央军事委员会每届任期同全国人民代表大会每届任期相同，均为 5 年。中央军事委员会实行主席负责制，中央军事委员会主席对全国人民代表大会和全国人民代表大会常务委员会负责。中央军委主席对中央军事委员会职责范围内的事项有做出最后决策的权力。

（四）国务院和地方各级人民政府

1. 国务院

国务院，即中央人民政府，是最高国家权力机关的执行机关，是最高国家行政机关，对外以中国政府的名义进行活动；对内居于我国行政体系之首，统一领导地方各级人民政府的工作。但是，国务院相对于最高国家权力机关来说，处于从属地位。它由全国人大产生，受它监督，向它负责并报告工作；在全国人大闭会期间受全国人大常委会的监督，向它负责并报告工作。

国务院总理人选由国家主席提名，全国人大决定；国务院副总理、国务委员、各部部长、各委员会主任、审计长和秘书长的人选由总理提名，全国人大决定。国务院的任期与全国人大相同，即 5 年。总理、副总理、国务委员连续任职不得超过两届。国务院实行总理负责制。各部、各委员会实行部长、主任负责制。

国务院的职权主要有：行政立法权；提出议案权；行政领导和管理权；行政监督权。

2018 年 3 月第十三届全国人民代表大会第一次会议审议通过了国务院机构改革方案的议案，改革后除国务院办公厅外，国务院设置的组成部门有：外交部、国防部、国家发展和改革委员会、教育部、科学技术部、工业和信息化部、国家民族事务委员会、公安部、国家安全部、民政部、司法部、财政部、人力资源和社会保障部、自然资源部、生态环境部、住房和城乡建设部、交通运输部、水利部、农业农村部、商务部、文化和旅游部、国家卫生健康委员会、退役军人事务部、应急管理部、中国人民银行和审计署。

2. 地方各级人民政府

地方各级人民政府是地方各级国家行政机关，是本级人民代表大会的执行机关。地方各级人民政府都要接受国务院的统一领导，在国务院领导下进行工作。地方各级人民政府由同级人民代表大会及其常务委员会产生，对它负责，受它监督。人民政府实行省长、市长、县长、区长、镇长、乡长负责制。任期同本级人民代表大会的任期相同。

地方各级人民政府所属工作部门。县以上地方各级人民政府根据工作需要和精干的原则，设立必要的工作部门，以便分管各方面的专门工作。

地方人民政府的派出机关。省、自治区的人民政府可以设立若干行政公署，作为省、自治区人民政府的派出机关；县、自治县的人民政府可以设立若干区公所，作为它的派出机关；市辖区、不设区的市人民政府可以设立若干街道办事处，作为它的派出机关。派出机关不是一级政府，而是上级政府进行工作的代表。

3. 基层政权和基层群众性自治组织

基层政权是指我国不设区的市、市辖区、乡、民族乡、镇的政权。基层群众自治组织指的是按居民居住地区设立的居民委员会和村民委员会。他们之间的关系是：基层政权对基层群众自治组织的工作给予指导、支持和帮助，即二者为指导与被指导的关系；基层群众自治组织协助基层人民政府开展工作，二者是协助与被协助的关系。

（五）监察委员会

中华人民共和国设立国家监察委员会和地方各级监察委员会，是国家的监察机关；国家监察委员会是国家最高监察机关。

国家监察委员会对全国人民代表大会和全国人民代表大会常务委员会负责，领导地方各级监察委员会的工作；上级监察委员会领导下级监察委员会的工作。地方各级监察委员会对产生它的国家权力机关和上一级监察委员会负责。

监察委员会由主任、副主任若干人和委员若干人组成。国家监察委员会主任由全国人民代表大会选举和罢免，副主任和委员由全国人民代表大会常务委员会根据国家监察委员会主任的提请进行任免。国家监察委员会主任每届任期同本级人民代表大会每届任期相同，连续任职不得超过两届。

地方监察委员会主任由县级以上地方同级人民代表大会选举和罢免，副主任和委员由地方监察委员会主任提请本级人民代表大会常务委员会任免；地方监察委员会主任每届任期同本级人民代表大会每届任期相同。

监察委员会依照法律规定独立行使监察权，不受行政机关、社会团体和个人的干涉。监察机关办理职务违法和职务犯罪案件，应当与审判机关、检察机关、执法部门相互配合，相互制约。

监察委员会的组织和职权由法律规定。

（六）人民法院和人民检察院

1. 人民法院

人民法院是依法独立行使国家审判权的机关。最高人民法院对全国人民代表大会和全国人民代表大会常务委员会负责。地方各级人民法院对产生它的国家权力机关负责。人民法院依照法律规定独立行使审判权，不受行政机关、社会团体和个人的干涉。

最高人民法院是最高审判机关。最高人民法院监督地方各级人民法院和专门人民法院的审判工作，上级人民法院监督下级人民法院的审判工作。各级人民法院院长的任期与本级人大每届的任期相同，均为 5 年。最高人民法院院长连续任职不得超过两届。

2. 人民检察院

人民检察院是国家的法律监督机关。人民检察院依照法律规定独立行使检察权，不受行政机关、社会团体和个人的干涉。

最高人民检察院是最高检察机关。最高人民检察院领导地方各级人民检察院和专门人民检察院的工作，上级人民检察院领导下级人民检察院的工作。最高人民检察院对全国人民代表大会和全国人民代表大会常务委员会负责。地方各级人民检察院对产生它的国家权力机关和上级人民检察院负责。

人民法院、人民检察院和公安机关办理刑事案件，应当分工负责，互相配合，互相制约，以保证准确有效地执行法律。在人民检察院内部，检察长统一领导检察院的工作。各级人民检察院检察长的任期与本级人大每届的任期相同，均为 5 年。最高人民检察院检察长连续任职不得超过两届。

思考与练习

1. 案例分析题

2020 年 12 月 15 日晚 11 时，A 县公安局接到群众举报，该县某小区居民王某在家中私自生产烟花爆竹。A 县公安局民警立即闯入王某家，不出示任何证件，不由分说将王某强行押走，拘留了 10 天才让其回家。此事过后，王某提起相关行政复议和行政诉讼均未果，于是开始了漫长的上访之路。该公安局知道此事后派一名民警到其家中进行警告，威胁其如果再上访就永无宁日。

A 县公安局侵犯了王某哪些宪法权利？

2. 材料分析题

材料 1：我国《宪法》第 131 条规定："人民法院依照法律规定独立行使审判权，不受行政机关、社会团体和个人的干涉。"

材料 2：某省人民政府所在地的市的人民代表大会常务委员会根据人民投诉的内容，要求该市中级人民法院就某一重大案件的审判结果向其报告案情，并说明理由。

材料 3：某县人民代表大会代表根据其所在选区选民反映的情况，要求该县人民法院正在承办某一具体案件的法官向其汇报该案案情，并要求其表明结论。

请根据我国人民代表大会和人民法院的关系以及宪法关于人民法院独立行使审判权的规定进行分析。

第三章 民　　法

学习目标

知识目标

- 掌握民法的概念，民事主体的类型及其民事权利能力、民事行为能力，民事权利的种类及人身权、财产权的内容，民事法律行为的有效条件
- 掌握婚姻家庭关系中的权利义务
- 掌握侵权责任、违约责任等民事责任的构成要件和承担民事责任的方式

能力素质目标

- 强化平等自愿、诚实信用等法治精神，弘扬社会主义核心价值观
- 能够运用民事法律知识分析判断民事纠纷，并提出处理意见

第一节　民法总则

一、民法的概念、性质和调整对象

民法是调整平等主体的自然人、法人和非法人组织之间的人身关系和财产关系的法律规范的总称。《中华人民共和国民法典》（简称《民法典》）于 2020 年 5 月 28 日经十三届全国人民代表大会第三次会议表决通过，于 2021 年 1 月 1 日开始实施。

一般认为，民法是权利法、私法。民法以确认和保护民事主体生存发展的各项民事权利为核心，所以民法为"权利法"。民法规范民事主体在地位平等基础上所进行的各种民事活动，与规范国家机关等公法人在管理社会事务过程中与相对人之间进行的法律活动不同，所以民法为"私法"。即使国家机关等公法人参加民事活动，也是以平等主体身份进行，而不得以行使公权的方式命令对方。随着法治的发展，在现代社会，民法已经不是纯粹的私法，更多的公法内容在民法中得以体现，如《民法典》第 9 条规定的绿色原则；再如第 1254 条规定，因不明抛掷物、坠落物致人损害的，公安机关应当依法及时调查，查清责任人。这些规定不是干预民事主体的权利行使，而是更好地保护民事主体的民事权利和社会公共利益。

民法的调整对象包括两个方面，一是平等主体之间的人身关系，二是平等主体之间的

财产关系。平等主体之间的人身关系，是指自然人、法人及其他组织之间因人身利益所发生的各种权利义务关系，如自然人之间的亲属关系、侵害人身利益导致的损害赔偿关系等。人身关系包括人格关系和身份关系。平等主体之间的财产关系是民事主体因买卖、租赁、继承等原因发生的财产关系。财产关系包括财产归属关系和财产流转关系。

二、民法的基本原则

（一）平等原则

平等原则是民法最基本的原则，也是民法区别于其他法律的根本所在，是指在民事活动中，不论民事主体有何种差别，都处于平等的法律地位，享有独立的人格，进行独立的意思表示，任何一方均不得利用自己的优势或其他因素使对方违背本意与其进行民事活动。平等原则不仅体现在形式平等上，更要体现在民事权利和民事义务的实质平等上，体现在当权利受损时获得法律保护的平等上。

（二）意思自治原则

意思自治原则也称为自愿原则，是指民事主体有权按照自己的意思设立、变更、终止民事法律关系。意思自治包括自主参与和自己责任。自主参与是指民事主体根据自己的判断和选择，自主地参与民事活动，设立、变更和终止民事法律关系，其最主要的体现是合同自由原则。自己责任是指民事主体对其行为独立地承担民事后果及民事责任。意思自治原则在私法领域的具体体现是，除法律明确禁止外，当事人自愿进行的单方、双方或多方民事行为都应允许并有效，即通常所说的"法无禁止即许可"，法律充分尊重当事人的自由。

（三）公平原则

公平原则是指在民事活动中合理确定各方的权利和义务，当事人的付出与所得应大致相当，公平合理。公平既是一个法律原则，更是一个道德观念，它要求当事人在民事活动时要兼顾各方利益，公平交易。判断是否公平，首先要看当事人是否自愿，如果自愿，即使双方得失悬殊，也属公平；其次要看双方的得失是否相当，这里的相当也只是大致，没有绝对的相当。那些一方利用优势地位或采取欺诈、胁迫等手段进行交易，明显损害对方利益的，就属于不公平。

（四）诚实信用原则

诚信原则是市场经济的"帝王原则"，是指民事主体在民事活动中，应当秉持诚实，恪守承诺，不欺诈、不作假。这一原则是道德标准在法律上的体现。

（五）公序良俗原则

公序良俗原则要求当事人在工作生活和民事活动中要遵守公共秩序、善良风俗，不得损害社会公共利益，败坏善良风俗。公序良俗事关国家、民族和人民群众的根本利益，是维系社会良好风尚的基础，所以需要法律对有损公序良俗的行为进行事前禁止和事后惩罚。

（六）绿色原则

绿色原则是指民事主体从事民事活动，应当有利于节约资源、保护生态环境。习近平总书记提出："坚持人与自然和谐共生。必须树立和践行绿水青山就是金山银山的理念，坚持节约资源和保护环境的基本国策。"经济发展不能以牺牲生态和环境为代价,任何民事活动都要坚持节约资源、保护环境,不仅要维护当代人的生态环境利益,还要维护子孙后代的生态环境利益,实现生态环境的代际平衡。

三、民事主体

(一)自然人

自然人是最重要的民事主体,是指依自然规律出生而取得民事主体资格的人。"自然人"与"公民"不同,公民是具有某国国籍的自然人。作为民事主体的自然人,不仅包括中国公民,还包括在中国境内进行民事活动的外国人、无国籍人。因此,使用"自然人"概念能够更为准确地说明民事主体的范围。

1. 自然人的民事权利能力

自然人的民事权利能力,是指法律赋予自然人享有民事权利、承担民事义务的资格。它是民事权利能力和民事义务能力的简称,是自然人参加民事活动,取得民事权利、承担民事义务的法律依据,也是自然人享有民事主体资格的标志。在我国,自然人的民事权利能力具有平等性、权利义务统一性、适用范围广泛性等特点。《民法典》规定,自然人自出生时起到死亡时止,具有民事权利能力,依法享有民事权利,承担民事义务。也就是说自然人的民事权利能力的取得始于出生、终于死亡。但是,在一些特殊情况下,需要对胎儿的利益进行保护,《民法典》规定:"涉及遗产继承、接受赠与等胎儿利益保护的,胎儿视为具有民事权利能力。但是,胎儿娩出时为死体的,其民事权利能力自始不存在。"

2. 自然人的民事行为能力

【案例3-1】张明与李飞均为9岁,是小学三年级同班同学。一日课间张明与其他同学追赶打闹时将李飞撞倒,导致李飞手腕骨折。李飞的家长要求张明的家长赔偿医疗费等经济损失。

民事行为能力是民事主体独立实施民事法律行为的资格。具有民事权利能力,是自然人参与民事活动的资格,但能不能亲自实施民事行为,还受自然人的智力、认识能力等客观条件的制约。换言之,智力不健全者,若任其独立实施民事行为,可能会于己不利,也可能会损害他人。所以,有民事权利能力者不一定就有民事行为能力,两者确认的标准不同。民事行为能力就是自然人认识和判断事物的能力。根据《民法典》的规定,自然人的民事行为能力包括三种情况。

(1)完全民事行为能力。是自然人能够独立进行民事活动的能力。年满18周岁的成年人能够独立进行民事活动,独立承担民事责任,是完全民事行为能力人。16周岁以上不满18周岁,以自己的劳动收入为主要生活来源的人,法律将其视为完全民事行为能力人。

(2)限制民事行为能力。是指自然人的行为能力受到一定的限制,只能进行与其年龄、智力和精神状态相适应的民事行为或者纯获利益的民事行为。限制民事行为能力人包括两种人:一是8周岁以上的未成年人。这类未成年人已达到一定的智力水平,有一定的识别和判断能力，法律允许他们进行日常生活所必需的民事活动，但是，重大、复杂的民事行为应由他们的代理人代为进行或征得代理人同意后实施。二是不能完全辨认自己行为的成年人。由于精神、智力等方面的障碍，此类成年人对重大、复杂的民事活动缺乏判断能力和自我保护能力，但其并未完全丧失意思能力，能够进行与其精神健康和智力状况相适应的民事活动。案例 3-1 中，由于张明与李飞均系限制民事行为能力人，对损害赔偿的法律事务不能正确认识和判断，故由双方的监护人作为法定代理人代为主张和应对。

（3）无民事行为能力。是指自然人不具有以自己的行为取得民事权利、承担民事义务的能力。包括两种人：一是不满 8 周岁的未成年人；二是不能辨认自己行为的成年人。由于无民事行为能力人不具备意思能力，如果确有必要进行民事活动，应由他们的法定代理人代为进行。

民事行为能力对照表

类别	具体类型	可以实施哪些民事法律行为
完全民事行为能力人	年满 18 周岁的成年人	任何合法的民事法律行为（包括单方行为和合同行为）
	已满 16 周岁不满 18 周岁，以自己劳动收入为主要生活来源的未成年人	
限制民事行为能力人	8 周岁以上的未成年人	纯获利益的民事法律行为或者与其年龄、智力、精神健康状况相适应的民事法律行为
	不能完全辨认自己行为的成年人	
无民事行为能力人	不满 8 周岁的未成年人	无（实施任何民事法律行为，均无效）
	不能辨认自己行为的成年人	

（二）法人

法人是指具有民事权利能力和民事行为能力，依法独立享有民事权利和承担民事义务的组织。法人的民事权利能力和民事行为能力受法人的性质或者经营范围所决定，开始于法人的成立，终止于法人的终止。

法人具有如下特征：一是依法成立。这是法人与自然人最主要的区别，只有那些具备法定条件，并得到国家认可或批准的社会组织，才能取得法人资格。二是拥有独立的财产。法人的财产由出资财产和经营积累的财产组成。享有独立的法人财产权，是法人作为独立民事主体的必备条件，也是法人独立承担民事责任的物质基础。三是有自己的名称、组织机构和场所。四是能够独立承担民事责任。法人作为独立的民事主体，应以其全部财产对其债务承担民事责任。这是法人区别于非法人组织的一大特点。例如，甲、乙、丙三人各投资 10 万元成立 A 公司，后 A 公司因经营不善欠债 50 万元。此时，A 公司应以其全部财产承担 50 万元的债务，而投资人甲、乙、丙仅以各自出资的 10 万元对公司承担责任，即使公司财产不足以偿还债务，投资人也无须以自己的其他财产偿还。需要注意的是公司法人独立承担有限责任并不绝对，根据《公司法》的规定，公司股东滥用公司法人独立地位和股东有限责任，逃避债务，严重损害公司债权人利益的；或者一人有限公司的股东不能证明公司财产独立于自己财产的，股东应对公司债务承担连带责任。上述规定，理论上称之为"刺破公司的面纱"。

　　根据《民法典》的规定，法人分为营利法人、非营利法人和特别法人。营利法人是指以取得利润并分配给股东等出资人为目的而成立的法人，常见的企业法人都是以营利为目的的法人。非营利法人是指为公益目的或其他非营利目的而成立，不向出资人、设立人或会员分配所取得利润的法人，如学校、医院等为公共利益设立的事业单位和法学会、医学会等为公益目的设立的社会团体，以及基金会、社会服务机构等，就属于非营利法人。特别法人是指机关法人、农村集体经济组织法人、城镇农村的合作经济组织法人、基层群众自治组织法人。

　　（三）非法人组织

　　非法人组织是指不具有法人资格，但可以以自己的名义参与民事活动，享有一定民事权利并承担相应民事义务的社会组织，亦称非法人团体。非法人组织是依法成立的组织，有自己的名称、组织机构、组织规则、一定的财产和业务活动场所，因此，其具有民事权利能力和民事行为能力，能够独立进行民事活动。但是，非法人组织不能独立承担民事责任，如果组织的财产不足以偿还债务时，设立组织的个人或法人要对其债务承担无限责任或无限连带责任。非法人组织包括个人独资企业、合伙企业、不具有法人资格的专业服务机构等。

四、民事权利

　　"权利"的概念，起源于古罗马法，有正义、公平的含义。民事权利是民事主体在民事领域依法享有的实施一定的行为或要求他人实施一定行为的权利。民事权利与民事权益有所区别，民事权益的概念大于民事权利，民事权益包括民事权利和民事利益。我国法律不仅保护民事主体的民事权利，还保护其民事利益。

　　依照是否与主体的人身利益相关，民事权利分为人身权和财产权。

　　人身权，是以主体的人身利益为内容的、与主体的人身密不可分的民事权利。包括人格权和身份权。人格权如生命权、健康权、名誉权、隐私权、肖像权、姓名权、名称权等；身份权如基于婚姻家庭关系而形成的配偶权、亲属权等。

　　财产权，是以主体的财产利益为内容的民事权利，主要包括物权、债权、股权、知识产权、继承权、虚拟财产权等。财产权一般不具有专属性，可以在民事主体之间转让，也可以放弃和继承。但是，也存在专属于民事主体的财产权，如养老金债权、要求赡养人支付赡养费的债权，不能转让。财产权中的知识产权同时还具有人身权的属性，如著作权中的署名权，体现了权利人特定身份，不能转让或冒名顶替。

五、民事法律关系

　　【案例3-2】张某与李某是朋友，张某借李某人民币5000元，约定借款期限1年。

到期后李某催要借款，张某拒不返还。张某称李某曾丢失张某的手机一部，要求以借款折抵手机损失。李某承认曾借用张的手机，但是该手机已不慎丢失，且丢失手机与借款是两回事。张某仍然坚持不还借款。李某一气之下，找几个朋友将张某打伤，致使张某住院治疗，花费医疗费 3000 元。试分析本案中有几个民事法律关系。

民事法律关系是民事主体在民事活动中依法形成的以民事权利和民事义务为内容的社会关系，如买卖、租赁、借贷、委托、承揽等法律关系。对民事法律关系，要从以下四个方面进行理解：一是平等民事主体之间的权利义务关系；二是在民事活动中形成的法律关系；三是以民事权利和民事义务为内容的社会关系；四是合法的权利义务关系。案例 3-2 中存在三个民事法律关系，①张某与李某之间的借款合同关系，李某有权要求张某偿还借款；②丢失手机的损害赔偿关系，张某有权要求李某赔偿手机丢失的损失；③人身损害赔偿关系，李某及其朋友应赔偿因侵权致张某支出的医疗费等损失。三个法律关系独立存在，不能简单折抵。当然，前两个法律关系中，张某和李某互为权利义务人，如果最终双方给付的金钱数额确定后，可以进行折抵，折抵之后的剩余部分，一方向对方支付。但是，由于第三个法律关系中，李某一方还出现了李某的朋友，赔偿义务人为多人，且人身损害赔偿具有特殊性，就不能简单地和前两个法律关系中的金钱给付折抵了。可见，正是通过对上述不同法律关系的内容进行分析，才能准确判断法律关系的性质，进而找到与之相对应的法律规范进行处理。

民事法律关系，包括主体、客体和内容三个方面的要素。民事法律关系的主体是指在民事法律关系中享有权利和承担义务的人。一方为权利人，一方为义务人。在多数情况下，往往一方既是权利人，又是义务人，如买卖合同中，买方作为权利人有权要求对方交货，而作为义务人有义务付款。民事法律关系的客体是指民事主体得以结成相互关系的利益对象，是主体享有的民事权利和负担的民事义务所指向的事物。民事法律关系的客体依利益的表现形式，可分为物、行为、智力成果和人身利益。如买卖关系的客体就是当事人之间的交付行为，也称为"给付"行为。民事法律关系的内容是指当事人在民事活动中所享有的具体权利和承担的具体义务。

六、民事法律行为

民事法律行为，是指民事主体通过意思表示设立、变更、终止民事法律关系的行为。《民法典》规定："民事法律行为可以采用书面形式、口头形式或者其他形式；法律、行政法规规定或者当事人约定采用特定形式的，应当采用特定形式。"口头形式具有简便、迅速的优点，但由于缺乏客观记载，一旦发生纠纷，往往难以取证。因此，这种形式大多适用于即时清结或标的数额较小的民事法律行为。比较重大的民事行为，一般都采取书面形式，有的还需要审批、登记或者公证等特殊形式。另外，随着录音录像技术的普及，视听资料形式经常被采用，该形式具有信息量大、内容丰富等优点，也具有容易被伪造、篡改、偷拍偷录的缺点，所以，采取视听资料形式时应该更加慎重。

（一）民事法律行为的有效条件

【案例 3-3】 甲与乙是朋友，乙因结婚急需用钱，向甲借款 5 千元。在乙的婚宴上，其他朋友对甲开玩笑说："都是哥们儿，这 5 千元还借什么，干脆给乙算了。"在朋友的起哄下，甲随口讲："算了就算了。"乙笑着说："那我就不还了，算你送的。"数月后，甲因急事需用钱，向乙催要借款。乙拒绝返还，辩称甲是将钱赠送，甲说那只是玩笑话。后甲多次催要未果，遂诉至法院，要求乙归还借款。请分析甲放弃债权的行为是否有效。

根据《民法典》的规定，民事法律行为应具备以下条件：一是行为人具有相应的民事行为能力，即行为人认识、判断事物的能力同其所为的民事法律行为相适应。二是意思表示真实。行为人表现于外部的意思与其真实意愿相一致，是在行为人意志自由、并认识到自己意思表示的法律后果的前提下所进行的意思表达。在案例 3-3 中，根据当时的场合，对于甲所作出的放弃债权的意思表示，完全可以判断出是在特定场景下的玩笑话，与其内心的真实意思是不一致的，并且，从以后甲向乙追要欠款的行为也可得到印证。因此，甲放弃债权的行为不发生法律效力，乙应归还欠款。三是不违反法律、行政法规的强制性规定，不违背公序良俗。

（二）无效的民事法律行为、可撤销的民事法律行为、效力待定的民事法律行为

1. 无效的民事法律行为

无效的民事法律行为，是指已经成立，但严重欠缺民事法律行为的有效条件，自始不能产生行为人预期后果的民事法律行为。无效的民事法律行为也能产生一定的法律后果，但由于其欠缺民事法律行为的根本性有效条件，因而不能产生行为人所预期的后果，甚至产生相反的法律后果。依据《民法典》的规定，无效的民事法律行为包括以下几种：一是不具有相应民事行为能力的人所实施的民事法律行为。二是虚假的民事法律行为，指行为人与相对人都知道自己所表示的意思并非真实意愿，但通谋作出与真意不一致的意思表示。三是违反法律、行政法规的强制性规定的民事法律行为。但是，该强制性规定不导致该民事法律行为无效的除外。四是违反公序良俗的民事法律行为。社会主义核心价值观是公序良俗的重要内容，民事法律行为不得违背社会主义核心价值观。

2. 可撤销的民事法律行为

可撤销的民事法律行为，是指虽已成立并生效，但因意思表示不真实，法律允许遭受损害的一方通过行使撤销权使该行为归于无效的民事法律行为。可撤销的民事法律行为，只是相对无效，撤销与否，取决于当事人的意愿。这种民事法律行为已发生法律效力，但撤销权一旦行使就具有溯及力，自该民事法律行为成立之时，其效力归于消灭。《民法典》第 147、148、149、150 和 151 条分别规定了基于重大误解和受欺诈、胁迫实施的民事法律行为，以及一方乘人之危使对方违背本意实施的民事法律行为，受损害一方有权请求人民法院或仲裁机构予以撤销。

3. 效力待定的民事法律行为

效力待定的民事法律行为，是指民事法律行为虽已成立，但是由于行为人欠缺行为能

力或代理权限而不能确定其是否生效，只有通过一定的行为方能确定其效力的行为。这种行为的效力在被最终确定前，既非有效，又非无效，属悬而未决的待定状态。《民法典》规定了两种效力待定的民事法律行为：一是限制民事行为能力人实施的与其年龄、智力和精神健康状况不相适应的民事法律行为，二是无权代理人以本人名义实施的民事法律行为。对于这两种行为，相对人可以催告限制行为能力人的法定代理人或者本人在 30 日内追认，法定代理人或本人追认的，该行为有效；法定代理人或者本人没有追认或拒绝追认的，该行为不发生法律效力。

4. 民事法律行为无效和被撤销的法律效果

有效的民事法律行为能达到行为人所期望的法律效果。被确认无效和被撤销的民事法律行为也能引起一定的法律效果，但这种法律效果并不符合行为人的愿望。《民法典》规定："民事法律行为无效、被撤销或者确定不发生效力后，行为人因该行为取得的财产，应当予以返还；不能返还或者没有必要返还的，应当折价补偿。有过错的一方应当赔偿对方由此所受到的损失；各方都有过错的，应当各自承担相应的责任。法律另有规定的，依照其规定。"

七、代理

(一) 代理的概念和适用范围

代理，是指代理人在代理权限内，以被代理人的名义同第三人实施的由被代理人承担法律后果的民事法律行为。代理是一种民事法律行为，也是一项法律制度。在代理关系中有三方当事人：代理人、被代理人与第三人，三方当事人之间有三方面的法律关系：一是代理人与被代理人之间基于委托授权或法律规定而形成的代理关系，这种关系为代理的内部关系；二是代理人依据代理权与第三人之间的代理行为关系，这种关系为代理的外部关系；三是被代理人与第三人之间因代理行为而形成的权利义务关系，这种关系为代理的结果关系。

代理的适用范围非常广泛，无论是自然人、法人或其他组织，一般都可以通过代理人实施民事法律行为和其他有法律意义的行为，实现自己的民事权利和履行自己的民事义务。代理的适用范围包括：①代理各种民事法律行为。这是最常见的代理行为，包括各种设定或消灭债权债务关系的法律行为，如代签合同、代理履行债务等。②代理民事、行政诉讼行为。自然人、法人通过代理人进行民事或行政诉讼，是保障和实现诉讼权利的重要手段。委托代理人、法定代理人均可代理被代理人参加诉讼活动。③代理实施某些财政、行政行为。尽管代理人所代理的某些行政、财政行为不是民事法律行为，而是行政法上的行为，但委托人与受托人之间存在的委托合同关系仍属民事代理关系。如代理专利申请、商标注册，代理纳税、代理法人登记等。

尽管代理的适用范围很广，但还是受法律规定和当事人约定的限制。具体来讲，下列民事行为不得代理：①具有人身性质的民事法律行为。具有人身性质的民事法律行为应由当事人亲自实施，而不能适用代理，如立遗嘱、结婚、离婚等行为。②被代理人无权进行的行为。代理人所代理的行为必须是被代理人有权进行的，这是代理行为的前提。侵权行为、无效行为不能代理。③双方当事人约定应由本人亲自实施的民事行为。双方当事人约定必须由本人亲自实施的行为，必须遵从约定，不适用代理。如律师接受当事人的委托办理案件过程中，不能擅自再行委托他人办理。

（二）代理的分类

1. 委托代理和法定代理

以代理权产生根据为标准，可将代理分为委托代理、法定代理。委托代理是指代理人根据被代理人的委托而进行的代理。委托代理人所享有的代理权由被代理人授予，所以委托代理又称授权代理。委托代理一般产生于代理人与被代理人之间存在的基础法律关系之上，这种法律关系可以是委托合同，也可以是职务行为。结合《民法典》的规定，授予代理权的形式可以是口头形式，也可以是书面形式，法律规定采用书面形式的，应当用书面形式。采取书面形式的，授权委托书应当载明代理人的姓名或者名称、代理事项、权限和期限，并由被代理人签名或者盖章。法定代理是指根据法律的直接规定为无民事行为能力人和限制民事行为能力人设定的代理，产生的根据是代理人与被代理人之间存在的监护关系，根据《民法典》的规定，无民事行为能力人、限制民事行为能力人的监护人是其法定代理人。

2. 本代理与再代理

以代理权是由被代理人授予，还是由代理人转托为标准，可将代理分为本代理与再代理。本代理是指基于委托人的直接授权或依法律规定而产生的代理，又称原代理。再代理是指代理人为了被代理人的利益将其享有的代理权转托他人而产生的代理，故又称复代理、转代理。因代理人的转托而享有代理权的人，称为再代理人。在委托代理中，代理人一般不得转托他人，因为委托代理是基于双方的信赖关系产生，但是紧急情况下，为保护被代理人的利益而转托他人的，应当允许，在代理事务完成后代理人应及时向被代理人报告有关情况。在法定代理中，出于维护被代理人利益的需要，代理人可以直接进行转委托而形成再代理。

（三）代理权的行使

代理权的行使，是指代理人在代理权限范围内，以被代理人的名义依法独立、有效地实施民事法律行为，以达到被代理人所希望的或者客观上符合被代理人利益的法律效果。代理人在行使代理权的过程中应当遵循以下原则：①代理人应在代理权限范围内行使代理权，不得无权代理；②代理人应亲自行使代理权，不得任意转托他人代理；③代理人应积极行使代理权，尽勤勉和谨慎的义务。

代理人行使代理权时，不得违背代理权设定宗旨、代理行为的基本准则以及诚实信用原则，实施有损被代理人利益的行为，否则，就构成滥用代理权。滥用代理权包括以下三种行为：①自己代理，是指代理人以被代理人的名义与自己进行民事法律行为。②双方代理，是指一人同时担任双方的代理人实施同一民事行为。不论自己代理还是双方代理，代理人同时代表双方利益，难免顾此失彼，难以达到利益平衡，也有损信赖关系。因此，双方代理应予禁止，原则上是无效行为。③恶意串通，是指代理人与第三人恶意通谋，双方获利，而使被代理人利益受损的行为。该行为与代理人的职责相悖，因此应予禁止。如果该行为给被代理人造成损失的，应由代理人和第三人负连带损害赔偿责任。

(四) 无权代理和表见代理

无权代理是指没有代理权而以他人的名义与第三人进行民事活动。无权代理分为狭义的无权代理和表见代理。对于狭义的无权代理行为,相对人有权催告本人对无权代理人的行为进行追认,本人追认的,该无权代理行为转化为有权代理;本人不予追认或没有表态的,视为拒绝,无权代理的行为后果由无权代理人承担。

关于表见代理,《民法典》规定:"行为人没有代理权、超越代理权或者代理权终止后,仍然实施代理行为,相对人有理由相信行为人有代理权的,代理行为有效。"法律设立表见代理的意义,在于确保交易安全和市场信用,保护善意第三人的合法利益。因为表见代理具有外表授权的特征,致使相对人有理由相信行为人有代理权而与其进行民事法律行为,法律使之发生与有权代理相同的法律效果。实践当中,经常有公司业务员辞职或被辞退后仍然持有公司盖章的空白介绍信、空白授权委托书、空白合同,如果该业务员仍然以这些文件和对方签订合同,对方出于善意,就构成有理由相信该业务员有代理权,对方就可以主张因此签订的合同对该公司具有法律效力,要求该公司履行合同。当然,因此给该公司造成损失的,无权代理人应予赔偿;并且无权代理人的行为可能涉嫌诈骗犯罪。

八、诉讼时效

【案例3-4】李某与刘某是朋友,2017年3月5日李某因买房向刘某借款30万元。当时,李某向刘某写有一张借据,借据上写明在2018年3月5日前还清。到还款时间,李某未向刘某还款,刘某碍于情面也不好意思提及此事。直到2021年3月7日,刘某无奈只好向李某索要欠款。不料,李某却声称并未向刘某借过钱。刘某大怒,遂将李某起诉至人民法院,要求李某归还借款,李某辩称本案已经超过3年诉讼时效。

诉讼时效,是指权利人在法定期间内不行使权利,如果起诉之后被告提出时效抗辩,则法院不再强制被告履行义务的法律制度。法律规定诉讼时效的目的在于督促权利人及时行使权利。诉讼时效为法定期限,不允许当事人协商变更。超过诉讼时效,权利人仍然可以起诉,其诉权并不消灭;同时,其实体权利也不消灭,如果债务人自愿偿还,权利人仍然有权接受。另外,即使超过了诉讼时效,如被告不提时效抗辩,则法院不能主动适用诉讼时效驳回原告的诉讼请求。

(一) 诉讼时效的种类

1. 一般诉讼时效

一般诉讼时效,是指由民事基本法统一规定,普遍适用于各种民事法律关系的诉讼时效。《民法典》规定,一般诉讼时效的期间为3年。

案例3-4中,李某应该偿还借款的时间为2018年3月5日前,所以从2018年3月4日李某未偿还借款时就开始计算3年的诉讼时效,直至2021年3月5日,在此期间刘某没有行使过权利,在2021年3月7日主张权利及此后提起诉讼时已经超过了诉讼时效。

当李某提出诉讼时效抗辩时，人民法院就不能再判令李某偿还借款，而是应该驳回刘某的诉讼请求。

2. 特别诉讼时效

特别诉讼时效，是指法律规定的仅适用于某些特殊民事法律关系的诉讼时效。如《民法典》规定，因国际货物买卖合同和技术进出口合同争议提起诉讼或者申请仲裁的时效期间为 4 年。

3. 权利最长保护期限

《民法典》规定，"诉讼时效期间自权利人知道或者应当知道权利受到损害以及义务人之日起计算。法律另有规定的，依照其规定。但是，自权利受到损害之日起超过二十年的，人民法院不予保护，有特殊情况的，人民法院可以根据权利人的申请决定延长。"可见，20 年是权利的最长保护期，从权利被侵害之日起超过 20 年的，人民法院不予保护。

（二）诉讼时效期间的起算

诉讼时效期间自权利人知道或者应当知道权利受到损害以及义务人之日起计算。未成年人遭受性侵害的损害赔偿请求权的诉讼时效期间，自受害人年满十八周岁之日起计算。对于有履行期限的债务，从履行期限届满之日起算；对于侵权行为，从侵权之日起算，如果伤害不明显或不知侵权人的，应从医院确诊之日或知道侵权人之日起算。

（三）诉讼时效的中止、中断

1. 诉讼时效的中止

诉讼时效的中止，是指在诉讼时效期间的最后 6 个月内，因不可抗力或其他障碍致权利人不能行使请求权的，暂时停止计算诉讼时效期间。待引起中止的原因消除之日起满六个月，诉讼时效期间届满。诉讼时效制度的目的，是督促权利人及时行使权利，如果因客观原因不能行使权利而导致时效期间届满，则有违时效制度设立的目的。因此，法律规定时效中止的原因是对权利人的一种特殊保护，不因客观原因导致不能行使权利而超过时效。

2. 诉讼时效的中断

诉讼时效的中断，是指在诉讼时效的进行期间，因发生法定事由，使已经经过的时效期间统归无效，重新开始计算诉讼时效期间。引起时效中断的法定事由是当事人的主观原因，包括权利人提起诉讼、提出请求或者义务人履行义务等情况。法律规定诉讼时效的目的在于督促权利人积极行使权利，既然权利人行使了权利，就有必要继续保护其利益。

（四）不适用诉讼时效的情形

《民法典》规定，下列请求权不适用诉讼时效的规定：

①请求停止侵害、排除妨碍、消除危险；

②不动产物权和登记的动产物权的权利人请求返还财产；

③请求支付抚养费、赡养费或者扶养费；

④依法不适用诉讼时效的其他请求权。

第二节 物 权

一、物权的概念和效力

物权，是指权利人依法对特定的物享有直接支配和排他的权利，包括所有权、用益物权和担保物权。物权为权利人依法在特定物之上所享有的权利，这是物权区别于债权的关键之处。债权是权利人要求义务人为或不为一定行为的权利，其权利并非建立在特定物之上，而是建立在合同或法定的权利义务关系之上。

物权结构表

物权	所有权（自物权）	单独所有权	国家所有权、集体所有权、个人所有权、企业法人所有权等	
		共有	按份共有	合伙、建筑物区分所有权之共有部分共有权等
			共同共有	夫妻共有、家庭共有等
	他物权	用益物权	建设用地使用权、宅基地使用权、土地承包经营权、地役权、居住权等	
		担保物权	抵押权、质押权、留置权	

之所以区分物权和债权，就在于法律赋予了物权一定的特殊效力，主要表现在以下四个方面：①支配效力，体现为权利人对物的直接占有和使用，以实现物的效用。②排他效力，表现在两个方面，一是指物权人有权排除他人一切妨害其行使物权的行为。当物被他人不法侵害时，物权人有权要求侵权人返还原物、停止侵害、排除妨害、恢复原状。二是一物之上的物权具有排斥同种性质、同种效力的其他物权的效力，如一物之上只能有一项所有权，虽然可以有两个以上的抵押权，但是有顺位先后之分。③优先效力，指物权有优先实现的效力，当物权和债权同时存在时，物权优先于债权获得保护；当有几个物权同时存在时，某些物权有优先于其他物权实现的效力；物权人转让其物时，其他物权人有优先购买的权利。④追及效力，是指当物被无权处分的人转让之后，除法律特别规定外，物权人有权予以追回的权利，如手机被盗之后，即使被转手出卖，权利人亦有权向最后的占有人要求返还。

二、物权变动

【案例3-5】张某与陈某签订房屋买卖协议，约定将张某位于某市的90平方米房屋一套卖给陈某，价款70万元，合同约定："买方付清房款之日即取得该房屋所有权。"由于该房屋尚未取得不动产权证书，开发商正在办理当中，所以双方还约定等张某取得房产不动产权证书后即为陈某办理过户手续。随后不久，陈某交付了房款，张某也交付了房屋。三年之后，张某取得了房屋的不动产权证书，陈某要求张某为其办理过户，但是张某声称双方的房屋买卖协议无效，要求陈某返还房屋，理由是其出卖房屋时尚未取得不动产权证书，不符合出卖房屋的法定条件。据了解，现在该套房屋市场价为120万元。请分析买方是否取得了房屋所有权及买方如何维护自己的权利。

物权变动是指物权的取得、转让、变更和丧失的过程，即当事人之间就物权的权利归属和利用所发生的法律关系。物权变动的原因可以分为法律行为和非法律行为两种。

因法律行为发生的物权变动是指当事人之间基于意思表示一致而形成合意并经法定物权变动的形式所发生的物权变动。该物权变动是在原物权人物权的基础上，由新物权人通过一定的方式取得该物权。如基于买卖、交换、互易、赠与等方式发生的物权变动。在因法律行为发生的物权变动中，动产物权变动的公示形式为交付，不动产物权变动的公示形式为变更登记。

交付是因法律行为导致动产物权变动的法定公示形式，是指动产在当事人之间进行了占有的转移。《民法典》规定："动产物权的设立和转让，自交付时发生效力，但是法律另有规定的除外。"如甲乙买卖一相机，自甲将相机交付给乙时乙取得相机的所有权，交付之前的所有权归甲，交付之后的所有权归乙。另外，机动车、船舶、航空器等特殊动产也需要办理登记手续，如汽车需要在车辆主管部门办理车辆权属登记并领取机动车辆所有权证书，买卖汽车也需要在登记部门办理过户手续。但是这些动产的登记不是物权取得和变动的公示形式，而是对抗第三人的法定形式。《民法典》规定："船舶、航空器和机动车等的物权的设立、变更、转让和消灭，未经登记，不得对抗善意第三人。"可见，交付仍然是这些动产物权变动的公示形式，只是没有登记的，不得对抗善意第三人。需要注意的是法律对善意第三人有严格的规定。

不动产登记指有关不动产物权设立、变更、转让和消灭，都应该依法在法定登记机关进行记载的过程。《民法典》规定："不动产物权的设立、变更、转让和消灭，依照法律规定应当登记的，自记载于不动产登记簿时发生效力。"登记作为不动产物权变动的法定公示形式，是由不动产的性质决定的。因不动产一般价值重大，多涉及土地等自然资源，且不像动产那样可以直接进行交付，为合理开发和使用自然资源，实现资源的合理配置和可持续发展；为确保不动产交易的安全与便捷，确保不动产物权人的权利，法律设计了登记制度。案例3-5中当事人之间"买方付清房款之日即取得该房屋所有权"的约定因不符合法定的房屋所有权物权变动的公示形式，属无效内容，买方并不能因此取得房屋所有权。但是，由于双方的买卖合同有效，买方可以根据合同提起诉讼，要求卖方履行合同，为其办理房屋过户手续。

非基于法律行为发生的物权变动是法律直接规定某种非法律行为的法律事实所引起的物权变动。包括生产、继承、司法裁判、行政决定等所引起的物权变动。在非基于法律行为发生的物权变动中，不以交付或登记作为物权变动的公示形式，如在继承中，继承人自继承开始时取得遗产的所有权；再如农民因生产而取得粮食的所有权。

三、所有权

(一) 所有权

《民法典》规定："所有权人对自己的不动产或者动产，依法享有占有、使用、收益和处分的权利。"财产所有权必须通过合法方式取得，否则即使当事人取得了财产的占有，也不能取得财产的所有权。财产所有权的取得方式分为原始取得和继受取得两种。原始取得的方式主要是生产、没收、征收、收取天然孳息等，继受取得主要是基于买卖、交换、赠与、继承等方式从原所有权人处取得所有权。

(二) 善意取得

【**案例 3-6**】张甲与李乙为好朋友，李乙一次外出，将自己的名贵手表交张甲保管。张甲遂将手表戴在手上，向其女朋友王丙炫耀，谎称是自己的手表，王丙非常喜欢该表，要求张甲赠送。张甲不得已将表送给王丙。后李乙得知情况，要求王丙返还自己的手表。王丙以善意取得为由拒不返还。请分析王丙是否应该返还手表。

善意取得，指无权处分他人财产的占有人，在将财产不法转让给第三人以后，如果该第三人在受让该财产时出于善意，就可以依法取得该财产的所有权。这样，受让人在取得该财产的占有或登记时就取得了财产的所有权，而不必向原所有权人返还原物，原所有权人也无权要求受让人予以返还。善意取得是所有权原始取得的一种方式，其目的在于保护善意受让人的利益，以维护交易的安全和市场秩序。善意取得应当具备如下条件：①善意取得的标的物为依法可以自由流通的动产或不动产，禁止流通物或限制流通物，不适用善意取得；②让与人对该财产没有处分权；③受让人取得财产时须为善意，即受让人取得财产时主观上并不知道对方没有处分权；④受让人必须通过交易的方式取得财产。案例 3-6 中王某因受赠而不是交易方式获得手表，不能适用善意取得；⑤转让的动产已经交付或不动产已经办理了变更登记。

(三) 财产共有

财产共有，是指对一项财产或者财产的集合，由两人以上共同拥有所有权。实际生活中财产共有的情况很多，如合伙当中的财产共有、家庭财产共有、夫妻财产共有等。财产共有包括按份共有和共同共有。按份共有是指两个以上的共有人按照各自的份额分别对共有物享有权利和承担义务的一种财产共有关系，如个人合伙、合伙购买等。共同共有是指两个以上的共有人不分份额地对共有财产享有权利和承担义务的共有关系。《民法典》规定，不能确定是共同共有还是按份共有的，除共有人有家庭关系的外，应视为按份共有。按份共有和共同共有的区别在于共有人对共有财产是根据份额享受权利、承担义务还是不分份额地享有权利、承担义务；二者的共同之处是因共有财产关系对外承担债务时共有人需要承担连带责任。

(四) 建筑物区分所有权

【**案例 3-7**】李某在某高档小区购买楼房一套。该小区环境优美，物业服务也很规范，李某非常满意。后来，物业公司欲将临街的一片绿地改建为房屋对外出租，遭到包括李某在内的全体业主反对。物业公司称业主购房时并没有出资购买绿地，该绿地是开发商留给物业公司的，物业公司有权处分。物业公司拿出开发商与其签订的将绿地交其管理的协议。但是全体业主称对该协议不知情，认为该协议无效。请思考该绿地的归属。

建筑物区分所有权制度是近现代民法的一项重要的不动产制度，它是随着现代高层复合式建筑物的出现而产生的。在城市楼房之内，往往有多个不同的房屋所有权人或者使用权人，他们分别对各自独立的房间享有权利，而整个楼房却是一体的、不可分割的，所以，这些主体之间必然会基于这种关系而产生一定的权利义务，这就是所谓建筑物区分所有权关系。并且，现代意义上的建筑物区分所有权的权利范围不仅局限于一栋楼房，还扩展到整个规划的物业小区，如业主对小区绿地、道路等公共设施的权利。

建筑物区分所有权是指由区分所有建筑物的专有部分所有权、共有部分的共有权（也称共有部分持份权）以及因共同关系所产生的成员权共同构成的特别所有权。《民法典》规定："业主对建筑物内的住宅、经营性用房等专有部分享有所有权，对专有部分以外的共有部分享有共有和共同管理的权利。"建筑物区分所有权由专有部分所有权、共有部分共有权和成员权三个权利构成。专有部分所有权，是指业主对建筑物中的各个独立部分所享有的所有权。共有部分共有权是业主对共有共用的楼道、走廊、外墙、地基、楼顶等享有的权利。《民法典》规定，除城市公共绿地和明示属于个人的外，建筑区划内的绿地属于业主共有。案例 3-7 中的公共绿地应归全体业主共有，物业公司无权擅自处分。成员权是指业主作为成员之一享有的对共同事务进行管理的权利。

四、用益物权

用益物权是指非所有权人对他人所有的物，在一定范围内进行占有、使用、收益以及处分的权利。用益物权具有如下特征：①用益物权的权利人为非所有权人；②用益物权是在占有他人之物的前提下，以实现对物的使用、收益为目的；③用益物权为定限物权；④用益物权的标的主要是不动产。用益物权主要是土地承包经营权、建设用地使用权、宅基地使用权、地役权、居住权、国有自然资源使用权、采矿权等，下面简要介绍几种。

土地承包经营权，是指农村集体经济组织成员、其他自然人或有关组织，根据承包经营合同取得集体或者国家所有的耕地、山林、草原、滩涂、水面等土地的使用权。《民法典》规定，土地承包经营权自土地承包经营合同生效时设立。耕地的承包期为 30 年，草地的承包期为 30 年至 50 年，林地的承包期为 30 年至 70 年。土地承包经营权人可以自主决定依法采取出租、入股或者其他方式向他人流转土地经营权。土地经营权人有权在合同约定的期限内占有农村土地，自主开展农业生产经营并取得收益。流转期限为 5 年以上的土地经营权，可以向登记机构申请土地经营权登记。

建设用地使用权，是指为在国家或集体所有的土地上建造并拥有建筑物以及其他附着物而使用他人土地的权利。建设用地使用权主要有如下特征：权利主体为土地所有权人之外的人。①国家和农村集体使用属于自己所有的土地不构成用益物权，但是如果国家授权国家机关、企事业单位以及个人使用国有土地或者集体授权其他主体使用集体土地进行建设的，则这些使用权人取得的就是建设用地使用权。②建设用地使用权以使用土地进行建设为目的，如果是用于农业生产，则属于土地承包经营权或者土地经营权。③建设用地使用权的取得以登记为法定条件。④建设用地使用权有期限，居住用地 70 年，工业用地 50 年，教育、科技、文化、卫生、体育用地 50 年，商业、旅游、娱乐用地 40 年，综合或者其他用地 40 年。

宅基地使用权是指农村集体经济组织成员依法使用集体土地建造住房而使用集体土地的权利。根据现行法律规定，只有本集体的成员才有权在本集体土地上享有宅基地使用权，并且以户为单位，实行一户一宅制度，每户的面积不得超过相关规定。宅基地使用权由集体成员提出申请，经法定程序批准后才能取得，方可建造房屋，且宅基地使用权不得转让。

居住权是指居住权人为了满足生活居住的需要，按照合同约定或遗嘱，对他人的住宅享有的占有、使用的用益物权。如某夫妻二人将自己名下的一套房屋过户给了儿子，但是和儿子约定有权在该房屋居住到老；再如父母出资给子女买房，同时与子女约定有权一直居住该房屋，都是典型的居住权。《民法典》规定，设立居住权应向登记机构申请登记，自登记时居住权设立。居住权无偿设立，但是当事人另有约定的除外。居住权不得转让、继承。设立居住权的住宅不得出租，但是当事人另有约定的除外。居住权期限届满或者居住权人死亡的，居住权消灭。居住权消灭的，应当及时办理注销登记。

五、担保物权

担保物权，是指为确保债权人债权的实现，而以债务人或者第三人的特定物或权利为标的提供担保，当债务人不履行到期债务或者发生当事人约定的实现担保物权的情形时，债权人有权就该担保物通过法定方式变价并优先受偿的权利。设置担保物权的目的之一在于确保债权人债权的实现；之二是通过这种方式，使债务人获得贷款或其他交易的机会，以实现赢利的目的，进而促进经济的发展。担保物权主要包括抵押权、质押权和留置权。

抵押权，是指债务人或者第三人用特定财产为债权人提供担保，当债务人不履行到期债务或发生当事人约定的实现抵押权的情形时，债权人依法享有的就该财产变价并优先受偿的权利。提供担保财产的债务人或者第三人为抵押人，债权人为抵押权人，提供担保的财产为抵押物。《民法典》规定，下列财产可以抵押：建筑物和其他土地附着物；建设用地使用权；海域使用权；生产设备、原材料、半成品、产品；正在建造的建筑物、船舶、航空器；交通运输工具；法律、行政法规未禁止抵押的其他财产。

质押权，简称质权，是指为担保债权的实现，债务人或者第三人将其动产或财产权利的凭证交给债权人占有，或办理权利出质登记，以此作为债权的担保，当债务人到期不履行债务或者发生当事人约定的实现质权的情形时，债权人有权就该动产或者财产权利优先获得偿还。债权人称为质权人，提供质物的债务人或者第三人是质押人、出质人，质押的物或者财产权利被称为质物。质物包括两种，一是动产，如汽车、机器设备、货物、金银首饰等；二是财产权利，如汇票、本票、支票、股权、基金份额、商标权、专利权等。设立质权，当事人应当采取书面形式订立质押合同，合同自订立时生效。质权自出质人将动产质物移交于质权人或就权利质押办理出质登记时设立。

留置权是指债权人合法占有债务人的动产，当债务人到期不履行债务时，债权人依法扣留该财产，以该财产折价或者以拍卖、变卖所得价款优先受偿的权利。债权人即留置权人，被留置的动产为留置物。留置权属于法定担保物权，不需要当事人提前在合同中约定。留置权一般适用于运输、保管、加工承揽等合同。留置权人留置对方财产后，应当先通知债务人，并给债务人必要的期限，到期之后债务人仍不履行债务的，债权人可与债务人协商以留置的动产折价、拍卖、变卖所得价款优先受偿。

第三节 合 同

一、债权概述

债权，是指权利人享有的请求义务人履行特定义务的权利。《民法典》规定："民事主体依法享有债权。债权是因合同、侵权行为、无因管理、不当得利以及法律的其他规定，权利人请求特定义务人为或者不为一定行为的权利。"债权人有权请求债务人按照约定或法定履行其义务；债务人有义务按照约定或法定为特定的行为，以满足债权人的请求。

与物权相比较，①债权主要反映财产的流转关系；物权更多反映财产的归属关系。②债权关系中，债权人和债务人都是特定的人；而物权关系中，一般是权利人特定，义务人不特定。③债的发生更具多样性，如合同、侵权行为、不当得利、无因管理等。在合同之债中，更强调契约自由原则，即只要不违反法律的禁止性规定，则允许当事人对合同的内容自愿协商确定，充分尊重当事人的意愿。而物权关系只能依合法的行为取得，并且其种类、内容具有法定性。④债的客体是给付，即债务人应为的特定行为。而给付又是与物、智力成果以及劳务等相联系的，也就是说物、智力成果、劳务等都是给付的客体。而物权关系的客体原则上为物。⑤债具有平等性和相容性；而物权具有优先效力和排他性。具体而言，在同一标的物上不仅可以成立数个内容相同的债，并且债与债之间的相互关系是平等的。在同一物上有数个物权关系时，其效力有先后之分。

物权、债权对照表

类别	权利人	义务人	客体	排他效力	优先效力	追及效力	发生原因
物权	特定	不特定	物	具有	具有	具有	合法原因
债权	特定	特定	给付行为	不具有	不具有	不具有	合法原因和非法原因

二、债的发生根据

债的发生根据主要包括合同、侵权行为、不当得利和无因管理。

合同是最常见、最重要的债的发生根据。

侵权行为，是指不法侵害他人的合法权益，应负民事责任的行为。任何民事主体的合法权益均受法律保护，侵害人实施了不法行为，给受害人造成损害的，侵害人就应承担相应的民事责任。因此，侵权行为使侵害人和受害人之间产生债权债务关系，此种债称为侵权之债。

不当得利，是指没有合法根据获得利益，而使他人利益受到损害的事实。因为这种利益的获得没有合法根据，所以不当得利人应将所得利益返还给受到损害的人。利益受到损害的人也有权要求不当得利人返还所得利益。

无因管理，是指没有约定或法定义务，为避免他人利益受损而对他人的事务进行管理或者服务的行为。根据法律的规定，无因管理一经成立，管理人有权要求本人偿还管理所支出的必要费用，本人也有义务偿还。

三、债的担保

根据《民法典》的规定，债的主要担保方式包括抵押、质押、留置、保证和定金。因抵押、质押和留置属于物权担保方式，在物权部分已作阐述，故本节只分析保证和定金两种担保方式。

（一）保证

保证，是指债务人以外的第三人作为保证人担保债务人履行债务的担保方式。《民法典》规定："保证合同是为保障债权的实现，保证人和债权人约定，当债务人不履行到期债务或者发生当事人约定的情形时，保证人履行债务或者承担责任的合同。"保证合同的当事人包括保证人和债权人。具有代为清偿能力的法人、其他组织或者自然人，可以作保证人。但是，机关法人不得为保证人，但是经国务院批准为使用外国政府或者国际经济组织贷款进行转贷的除外。以公益为目的的非营利法人、非法人组织不得为保证人。保证合同应当约定：被保证的主债权的种类、数额；债务人履行债务的期限；保证的方式；保证担保的范围；保证的期间；双方认为需要约定的其他事项。保证合同应当采用书面形式签订。

保证的方式有一般保证和连带责任保证两种方式。一般保证，是指保证人仅对债务人不履行债务负补充责任的保证方式。连带责任保证，是指保证人在债务人不履行债务时与债务人负连带责任的保证方式。一般保证和连带责任保证的最主要的区别是保证人是否享有先诉抗辩权。先诉抗辩权，是指保证人于债权人就主债务人的财产强制执行仍不能实现债权之前，有拒绝债权人要求其承担保证责任的权利。一般保证的保证人享有先诉抗辩权，而连带保证的保证人不享有先诉抗辩权。《民法典》规定："当事人在保证合同中对保证方式没有约定或者约定不明确的，按照一般保证承担保证责任。"

（二）定金

定金是指由当事人约定，在合同履行前，由一方预先给付对方一定的金钱作为债权的担保。给付定金的一方不履行债务或者履行债务不符合约定，致使不能实现合同目的的，无权请求返还定金；收受定金的一方不履行债务或者履行债务不符合约定，致使不能实现合同目的的，应当双倍返还定金。定金的数额由当事人约定，但不得超过主合同标的额的20%。定金合同自实际交付定金时成立。

四、合同

【案例3-8】某超市在自己的海报上刊登促销广告，声称在五一的七天假期期间，以每斤2元促销鸡蛋，每天限售200斤，每人限购2斤。5月1日顾客刘某排队购买促销鸡蛋。当轮到刘某购买时，销售人员告知刘某为第101名顾客，当天的促销鸡蛋已经卖完。刘某及在刘某之后的顾客非常生气，质问超市工作人员为什么不提前就不让他们排队，导致他们白排了半个多小时的队，认为只要超市让他们排队就成立合同关系，坚持要求超市按照每人2斤每斤2元卖给他们鸡蛋。

根据《民法典》的规定，"合同是民事主体之间设立、变更、终止民事法律关系的协议。婚姻、收养、监护等有关身份关系的协议，适用有关该身份关系的法律规定；没有规定的，可以根据其性质参照适用本编规定。"

（一）合同订立的一般程序

合同的订立，是指缔约人为意思表示并达成合意的过程。合同订立，一般包括要约和承诺两个阶段。

1. 要约

（1）要约的构成要件。

要约是希望和他人订立合同的意思表示。发出要约的人称为要约人，接受要约的人称为受要约人、相对人或承诺人。要约应具有以下要件：

①要约是由具有订约能力的特定人作出的意思表示。要约人应当具有订立合同的行为能力，无行为能力人或依法不能独立实施某种行为的限制行为能力人发出欲订立合同的意思表示，不构成要约。

②要约必须向要约人希望与其缔结合同的受要约人发出。

③要约必须具有订立合同的意图。

④要约的内容必须具体确定。"具体"是指要约应当包含依合同性质应当具备的必要条件。"确定"是指要约的内容必须明确，而不能含糊不清或自相矛盾，使受要约人不能通过要约了解要约人的真实意图而无法承诺。

（2）要约邀请。

《民法典》规定："要约邀请是希望他人向自己发出要约的表示。拍卖公告、招标公告、招股说明书、债券募集办法、基金招募说明书、商业广告和宣传、寄送的价目表等为要约邀请。商业广告和宣传的内容符合要约条件的，构成要约。"案例3-8中超市的促销广告内容非常明确具体，符合要约的条件，应为要约而不是要约邀请。

（3）要约的法律效力。

①要约的生效。要约到达受要约人时生效。所谓到达，是指要约到达受要约人能够控制的地方。口头方式发出要约的，对方听到之时即到达；信件方式的，对方接到信件时即到达；数据电文形式的，数据进入对方指定系统时即到达。

②要约的约束力。要约对要约人的约束力，是指要约一经发出，要约人即受到要约的约束，不得随意撤回、撤销或变更；要约对受要约人的约束力，是指要约一经生效，受要约人即取得承诺的权利和资格。

③要约的存续期间。即要约的有效期间，在存续期间内受要约人可以为有效承诺，因此存续期间又称承诺期间。要约中定有存续期间的，受要约人须在此期间承诺才为有效承诺；要约未定存续期间的，在口头对话缔约人间，只有受要约人立即承诺才为有效承诺；在非口头对话缔约人间，只有受要约人在合理期间作出承诺并到达要约人才为有效承诺。

④要约的撤回和撤销。要约的撤回，是指要约发出后生效之前，要约人发出撤回要约的通知使要约不发生法律效力的行为。撤回要约的通知须先于或同时于要约到达受要约人，才会产生撤回的效力。要约的撤销，是指要约生效之后，要约人发出撤销的通知使该要约的效力归于消灭的行为。撤销要约的通知必须于受要约人发出承诺通知前到达受要约人，才会产生撤销的效力。但下列情况，要约不可撤销：一是要约人确定了承诺期限或者以其他形式明示要约不可撤销的；二是受要约人有理由认为要约是不可撤销的，并已经为履行合同作了合理准备工作的。

⑤要约的失效。是指要约的法律效力归于消灭，要约人和受要约人不再受其约束。要约在下列情况下失效：一是要约存续期间届满受要约人未作出承诺；二是要约人依法撤销要约；三是受要约人对要约的内容作出实质性变更；四是受要约人拒绝要约。

2. 承诺

（1）承诺的构成要件。

承诺，是受要约人作出的同意接受要约中的条件以成立合同的意思表示。在商业活动中，承诺又称接盘。承诺应具有以下要件：

①承诺必须由受要约人向要约人作出。

②承诺不得对要约内容作出实质性变更。只有承诺的内容与要约的内容一致，即缔约双方达成合意，合同才能成立。承诺的内容与要约的内容一致是指受要约人必须同意要约的实质内容，而未对要约的内容作出任何实质性的扩张、限制或变更。《民法典》规定，有关合同标的、数量、质量、价款或者报酬、履行期限、履行地点和方式、违约责任和解决争议的方法等的变更，是对要约内容的实质性变更。承诺对要约的内容作出非实质性变更的，不影响承诺的效力，但要约人及时表示反对或者要约表明承诺不得对要约的内容作出任何变更的除外。

③承诺必须在要约的存续期间内作出并到达要约人。

④承诺的方式必须符合要约的要求。案例 3-7 中刘某及其后排队的顾客不能要求超市按照促销价卖给他们鸡蛋，因为他们排队时没有排到前 100 名，所以他们的排队行为不构成承诺，与超市的促销合同也不能成立。

（2）承诺的效力。

①承诺生效与合同成立。承诺通知到达要约人时生效。承诺不需要通知的，根据交易习惯或者要约的要求作出承诺的行为时生效。承诺生效时合同成立，但法律有特别规定或者当事人有特别约定的除外。

②承诺的撤回。承诺的撤回，是指承诺发出后生效前，受要约人阻止承诺发生法律效力的行为。撤回承诺的通知必须先于或同时于承诺到达要约人。

（3）合同成立的时间和地点。

承诺生效时合同成立。但如果为要式合同，缔约人履行完法定或约定手续的时间为合同成立的时间。例如：当事人采用合同书形式订立合同的，自双方当事人签字或者盖章时合同成立。当事人采用信件、数据电文等形式订立合同，要求签订确认书的，签订确认书时合同成立。但法律、行政法规规定或者当事人约定采用书面形式订立合同，当事人未采用书面形式或虽采用书面形式但尚未签字盖章之前，一方已经履行主要义务，对方接受的，该合同成立，接受履行时为合同成立的时间。

承诺生效的地点为合同成立的地点。采用数据电文形式订立合同的，收件人的主营业地为合同成立的地点；没有主营业地的，其经常居住地为合同成立的地点。当事人另有约定的，按照其约定。当事人采用合同书形式订立合同的，双方当事人签字或者盖章的地点为合同成立的地点。

（二）合同的内容

根据《民法典》的规定，合同一般应具备如下内容：

（1）当事人的名称或者姓名和住所。

（2）标的。即合同当事人的权利义务指向的对象。

（3）质量和数量。标的的质量和数量是确定合同标的的具体条件。标的的质量是指标的的技术指标、规格、型号等。标的的数量是指明标的的多少，应选择双方认可的计量方法计算。

（4）价款或酬金。价款是取得标的物所应支付的代价，酬金是获得服务所支付的代价。价款或酬金应明确约定。除此之外，对合同履行中需要支出的费用如运费、保险费、装卸费、保管费、报关费等应由谁支付也应明确约定。

（5）履行期限、地点和方式。履行期限是当事人履行合同义务的时间，可以是即时履行、定时履行、定期履行等；履行地点是当事人履行合同义务的场所，可以是债务人住所地、债权人住所地等，履行地点关系到费用由谁负担、风险由谁承受等重大利益问题，还是确定诉讼管辖的依据之一；履行方式是当事人履行合同义务的方法，事关当事人的合同目的能否实现，是一次履行还是分次履行，是交付实物还是交付标的物的所有权凭证等，合同应写明。履行期限、地点和方式没有约定或约定不明时，可以适用相关法律的有关规定填补漏洞，但不影响合同的成立。

（6）违约责任。违约责任是指违反法定的或约定的合同义务应当承担的民事责任。违约责任可以由当事人进行约定，例如，双方约定免责条款、违约责任方式、赔偿范围等，以明确责任，促使当事人履行债务，并为违约时解决纠纷提供依据。当然，违约责任是法定责任，即使合同中没有约定，违约方仍应按法定方式承担违约责任。

（7）解决争议的方法。解决争议的方法，是指发生合同纠纷时采用何种方式来解决。当事人可以约定采用诉讼或仲裁方式，还可在法定范围内就管辖法院作出约定。此种条款具有独立性，即使合同被宣布无效或被撤销，该条款仍然有效，当事人仍可依据该条款解决纠纷，理论上称之为"解决争议条款的独立性"。

（三）合同的履行

合同的履行是指当事人按照合同的约定，及时、全面地完成合同义务，使双方的合同权利得以实现的过程。合同履行一般应当由当事人亲自履行，金钱债务和交付种类物的合同可以由第三人代为履行，双方也可以约定由第三人代为履行合同义务。合同履行应坚持全面履行、协助履行的原则。全面履行也叫适当履行，是指当事人严格按照约定的时间、地点、数量、质量、方式等履行自己的合同义务。协助履行是指在合同履行中，双方应互相帮助，为对方履行合同提供便利。

五、违约责任

【案例 3-9】 A 公司与 B 公司签订总额为 50 万元的买卖合同，由 A 公司购买 B 公司一批货物。双方在合同中约定 A 公司向 B 公司交付定金 1 万元，还约定违约金依货款总额的 4% 计算。合同签订后 A 公司如期交付了定金。后来，B 公司交付的货物不合格，导致 A 公司损失 4 万元。请分析 A 公司有权采取哪些救济措施？

违约责任，是指合同当事人不履行或者不适当履行合同义务所应承担的法律责任。违约责任具有相对性、任意性和补偿性的特点。其相对性是指违约责任只能由合同当事人之间进行追究，合同之外的第三人不能主张，也不能向第三人主张。其任意性是指违约责任的方式可以由当事人在合同中约定，体现意思自治。其补偿性是指违约责任的功能主要在于弥补受损一方的损失，但是不排除个别违约责任方式具有一定的惩罚性。

（一）违约责任的归责原则

我国《民法典》采用了严格责任为主、过错责任为辅的二元归责原则。

1. 严格责任原则

严格责任原则，是指当事人违反合同义务，就应当承担违约责任。《民法典》规定："当事人一方不履行合同义务或者履行合同义务不符合约定的，应当承担继续履行、采取补救措施或者赔偿损失等违约责任。"可见，法律规定违约责任只有一个条件，即违约行为，而不考虑违约方是否存在过错，也不考虑是否造成实际的损失，除非具备免责事由。严格责任是无过错责任原则在合同法领域的体现。

2. 过错责任原则

《民法典》在采严格责任的同时，对一些特殊情况作了不同的规定，采取了以过错作为违约责任的承担条件。如赠与人故意不告知受赠人赠与的财产存在瑕疵或者保证无瑕疵，造成受赠人损失的，应当承担赔偿责任。

（二）违约责任的构成要件

违约责任的构成要件是指违约责任成立所必须具备的条件。它一方面取决于归责原则，另一方面也取决于责任形式，如在严格责任原则下，违约责任的构成要件只有一个，即违约行为；在过错责任原则下，还需违约方主观上有过错；再如赔偿损失责任的构成要件有：违约行为、经济损失、违约行为与经济损失之间的因果关系。

违约行为可分为预期违约和实际违约。预期违约是指一方于合同履行期届满前明确表示或以行为表明不履行合同义务的行为。实际违约是指在履行期限到来以后，当事人无正当理由不履行或不完全履行合同义务，包括：①不能履行，即债务人在客观上已经没有履行能力，或者在法律上已经不能履行。②拒绝履行，即债务人能够履行却明确表示不履行或者其行为表明不履行合同。③不适当履行，即债务人虽然履行了债务，但在履行的标的、期限、地点、方式等方面不符合合同的约定。

（三）违约责任的形式

1. 继续履行

继续履行，是指在一方违反合同义务时，对方请求违约方继续履行合同债务的责任形式。适用继续履行应具备两个条件：①须有合同债权人的请求；②债务履行仍有可能和必要。如果强制债务人继续履行费用过高或依合同性质不宜继续履行时，法院不得作出继续履行的裁决。例如提供劳务的合同，如果强制履行就意味着要对债务人的人身进行强制，这是法律不允许的。

2. 采取补救措施

采取补救措施，是指违约方采取修理、更换、重作、退货、减少价款或者报酬等方式承担的违约责任。

3. 赔偿损失

赔偿损失，是指债务人应赔偿因其违约给对方造成的实际损失的责任方式。赔偿损失一般以金钱来计算，但也可以实物来替代。损失赔偿额应当相当于因违约所造成的实际损失，包括合同履行后可以获得的利益，但不得超过违约方订立合同时预见到或者应当预见到的因违反合同可能造成的损失。

4. 支付违约金

违约金，是指由当事人约定，违约方向对方支付一定的金钱作为违约责任的承担方式。若当事人没有约定违约金，则不能主张此种违约责任。《民法典》规定，违约金低于造成的损失的，当事人可以请求人民法院或仲裁机构予以增加；约定的违约金过分高于造成的损失的，当事人可以请求人民法院或仲裁机构予以适当减少。

5. 适用定金罚则

如果当事人在合同中约定了定金并实际交付的，则一方违约时，对方可以主张定金罚则。

以上五种违约责任形式，一般是可以并用的，但是，当事人既约定违约金，又约定定金的，只能选择适用其一。案例 3-9 中，A 公司只能选择违约金或定金罚则，而不能同时适用。当选择违约金时，违约金数额为 2 万元，不足 4 万元的损失，其可以再要求 B 公司赔偿损失 2 万元，也可以要求增加违约金到 4 万元；当选择定金罚则时，可要求 B 公司双倍返还定金 2 万元，实际上其只获得了 1 万元的赔偿，与实际损失 4 万元还相差 3 万元，还可以要求赔偿损失 3 万元。

第四节 人 格 权

人格权与身份权共同构成人身权。人身权是专属于民事主体与其自身不可分离的、不具备直接财产内容的民事权利。人身权由法律直接赋予,无需民事主体特别约定;人身权与主体的人身同在,不得转让和放弃。《民法典》将人格权单独作为一编进行规定,体现了法律对民事主体尤其是自然人人格利益的特殊保护,是新时代中国特色社会主义法治以人为本的体现,更加尊重和保护人民群众的人格尊严、人身自由、人格平等及各种具体的人格权益。

一、人格权的概念和特征

人格权是人身权中的重要内容,是指由法律确认和保护的、民事主体维持其法律人格所必需的以人格利益为内容的权利。人格权有如下基本特征:

1. 人格权是由法律确认的民事主体固有的权利

对于财产权利,民事主体要取得,必须通过特定的法律行为或法律事实才能取得。而人格权则是由法律确认的民事主体与生俱来的权利,自然人和法人在其取得法律人格时起,直至死亡或消灭,都自然地享有人格权。无论民事主体是否意识到,人格权都客观地存在,即使民事主体不知其享有某种人格权,但一旦权利遭到侵害,法律同样给予保护。

2. 人格权与权利主体的人身紧密联系、不可分离

人格权是以自然人的人身或法人、其他组织体(即法律人格)为依附的,人格权不能离开民事主体而存在,没有了民事主体,人格权将成为无源之水、无本之木,无所依附。《民法典》明确规定,人格权不得放弃、转让或者继承。人格权是与权利主体的人身紧密结合、不可分割、不得转让、不得继承,在某些特殊情形下,民事主体可以转让其具体人格利益中的某一部分内容,但其权利本身不能转让。如自然人的肖像权,权利人可以将肖像的使用权部分地转让给他人,但肖像权不能全部转让他人。只有法人的名称权可以全部转让,这是人格权专属性的一个例外。

3. 人格权不具备直接的财产内容

人格权的客体与财产权的客体有着明显的不同,财产权以直接的财产利益为客体,人格权则仅以民事主体自身的人格利益为客体。人格权的这一特征表明,人格权是不能用金钱来计算和衡量的,但并不能因此说人格权没有丝毫的财产内容,有些人格利益,可以间接地给权利人带来财产利益,如自然人可以通过允许他人使用自己的肖像而获得使用费,法人可以通过转让其名称而获得转让费。另外,虽然人格权没有直接的财产内容,但是当人格利益受到损害时,权利人有权要求侵权人给予经济赔偿,如权利人的身体健康受到侵害时,有权要求侵权人赔偿医疗费、误工费等;当身体健康、名誉、隐私等受到严重损害给权利人造成精神痛苦的,权利人还有权要求精神损害赔偿,该精神损害赔偿的抚慰金是以财产的方式弥补受害人的精神痛苦。需要说明的是,赔偿医疗费、误工费、精神损害抚慰金等不是人格权间接带来的财产利益,也不能说受害人的精神痛苦与该赔偿数额价值相等,只是受害人因人格利益受损而遭受的实际经济损失的填补和对受害人精神痛苦的一种

补偿。

二、人格权的分类和内容

人格权分为一般人格权和具体人格权。民法典以此划分为基石构建了人格权体系，有利于民事主体的权利保护，并且使得立法具有开放性，为今后新型人格利益的出现提供基础和条件，为其保护提供可能。

（一）一般人格权

一般人格权是基本的人格权，具有抽象性的特点，对于具体的人格权有指导意义和补充功能，是具体人格权存在的基础。一般人格权的主要内容包括以下四个方面：

1. 人格平等

人格平等区分于财产法上的平等，主要指的是精神利益的平等，无关性别，不分年龄、种族、民族、贫富等，民事主体之间都是平等的。人格平等首先体现为民事主体资格上的平等，也就是民事权利能力一律平等。实践中出现的侵犯受教育权、平等就业权、歧视女性等行为都是对人格平等的违反；其次，人格平等还体现为人格权享有和保护上的平等。一般人格权体现人的基本精神利益，每个民事主体都享有，而且被侵犯后可以得以平等地保护。

2. 人格独立

人格独立，是指任何民事主体都享有平等的主体资格，不受他人支配、干涉和控制。其基本含义是民事主体彼此相互独立，任何人不得对他人的意思和民事法律行为加以侵犯。每个民事主体都有权根据自己的独立判断和选择，自主地参与市民生活，根据自己的意愿设立、变更和终止民事法律关系，同时要独立地为自己的行为承担责任。实践中强行干涉他人遗嘱自由、婚姻自主等行为就是对人格独立的侵犯。

3. 人格自由

人格自由，指任何主体均享有的保持和发展自我人格的自由，不受约束和控制。人格是作为人的资格，只有保持自己的人格才能成为独立的民事主体。同时民事主体在其生存期间可以采取各种方式发展并完善自己的人格，使自己成为更完善的、为社会做更多的贡献的人。权利主体享有充分的自由来发展自己的人格，完善自己的人格。实践中，禁止他人接受教育、与人交往等行为干预了他人发展人格的自由，是对人格自由方面的侵权行为。

4. 人格尊严

人格尊严，是指公民基于自己所处的社会环境、家庭关系、声望地位等各种客观条件而对自己或他人的人格价值和社会价值的认识和尊重。它有两方面的含义，是一种主观状态与客观状态相结合的产物。首先，人格尊严是自然人对自身价值的认识，这也是人格尊严的主观方面；其次，人格尊严又是社会公众对特定主体的最起码的做人的资格的尊重，这是人格尊严的客观方面。也就是说，人格尊严既包括自然人对自身价值的认识，也包括社会公众对其做人资格的评价。在公众场合公然辱骂他人、丑化他人形象、践踏他人人格等多种行为都是对人格尊严的侵犯。

（二）具体人格权

【案例 3-10】 甄某与赵某系同村村民。某年 3 月 7 日，派出所民警来到甄某家，告知赵某家丢了 500 元钱，赵某指认是他偷的，甄某对此予以否认。后来民警又将甄某带到派出所讯问。同年 4 月 9 日，真正的小偷被抓获。甄某认为，由于赵某虚假指控他是小偷并四处宣扬，给其名誉造成了损害，遂起诉要求赵某书面向其赔礼道歉、恢复名誉并赔偿精神损失费 500 元。问赵某的行为是否侵犯了甄某的名誉权？

1. 生命权

生命权，是以自然人的生命安全利益为内容的权利。《民法典》规定："自然人享有生命权。自然人的生命安全和生命尊严受法律保护。任何组织或者个人不得侵害他人的生命权。"生命权是自然人最基本的权利。人的生命权包括生命安全维护权和生命利益支配权。生命安全维护权指人维护生命延续、保护生命不受非法侵害的权利，具体包括三个方面的内容：①法律保护自然人的生命安全利益，禁止他人非法剥夺生命，以使人的生命得以按照自然规律延续；②防止生命危害发生，有危及生命安全的危险或行为发生时，生命权人有权采取紧急避险、正当防卫等措施，保护自己的生命不受侵害；③生命权人有权改变生命危险环境，当环境对生命构成危险，生命权人有权要求改变环境、消除危险。生命利益支配权是指人有权支配自己的生命，但是这一权利是有限度的，即人不能随意结束自己的生命，法律不能将自杀规定为权利。

2. 健康权

健康权，是指自然人享有的以维护其生理机能正常运作和功能完善发挥的权利。《民法典》规定："自然人享有健康权。自然人的身心健康受法律保护。任何组织或者个人不得侵害他人的健康权。"健康权具有如下特征：①健康权以人体生理机能的正常运作和功能正常发挥为具体内容。这是健康权区别于身体权的重要特征；②健康权以维持人体的正常生理活动为根本利益。这是健康权与生命权的重要区别。健康权的内容主要包括健康维护权和劳动能力保持权两个方面。当身体健康受到不法侵害时，权利人有权要求侵权人承担停止侵权、支付医疗费、赔偿损失等责任。

3. 身体权

身体权，是指自然人维护其身体完整并支配其肢体、器官和其他组织的具体人格权。《民法典》规定："自然人享有身体权。自然人的身体完整和行动自由受法律保护。任何组织或者个人不得侵害他人的身体权。"身体权包括两个方面：①身体完整维护权，即人都有权维护自己的身体完整，他人不得侵犯这种完整。②身体组织及器官的支配权。在不违反法律和伦理的情况下，自然人有权支配自己的身体、器官或组织，如捐献血液、骨髓、角膜甚至大型器官如肾脏等，但这种支配是有限制的，其前提一是不能进行有偿转让，二是捐献角膜或其他不可或缺的器官只能以遗愿方式死后进行。对于自然人的身体组成部分，只有自己可以支配，其他任何人均无权决定。

4. 姓名权

姓名权，是指自然人依法享有的决定、使用和改变自己的姓名，并排除他人干涉和侵害的权利。《民法典》规定："自然人享有姓名权，有权依法决定、使用、变更或者许可他人使用自己的姓名，但是不得违背公序良俗。"姓名权具有以下内容：①姓名决定权，指自然人有权决定自己的姓名，其他人无权干涉。自然人对自己姓名的决定权，不仅包括有权决定名字，而且有权决定姓氏，有权选择从父姓、从母姓。自然人出生时，由于本人无法亲自行使姓名决定权，该权利一般由监护人代为行使；②姓名使用权，是指自然人依法使用自己姓名的权利；③姓名变更权，是指自然人成年后依照有关规定改变自己的正式姓名而不受他人干涉的权利。自然人变更姓名须按一定程序办理。我国《户口登记条例》规定："未满 18 周岁的公民要由本人的父母、收养人向户口登记机关申请变更登记。18 周岁以上的公民要由本人向户口登记机关申请变更登记。"

5. 名称权

名称权，是指自然人以外的法人或其他组织享有的决定、使用、变更和转让自己的名称并排除他人非法干涉的权利。《民法典》规定："法人、非法人组织享有名称权，有权依法决定、使用、变更、转让或者许可他人使用自己的名称。"名称权的性质是人格权，是具有法律人格的标志，不享有名称权，民事主体资格不能成立。同时，名称权的客体具有明显的财产利益因素，表现为企业名称具有很高的商业价值，驰名的企业名称会与企业信誉相得益彰，为企业带来较高的商业利润。不仅如此，名称权具有与自然人姓名权的显著区别，这就是企业的名称具有可转让性。

6. 肖像权

肖像，是指以一定的物质形式再现出来的自然人的形象。肖像权，是指自然人对自己的肖像享有再现、使用并排斥他人侵害的权利。《民法典》规定："自然人享有肖像权，有权依法制作、使用、公开或者许可他人使用自己的肖像。肖像是通过影像、雕塑、绘画等方式在一定载体上所反映的特定自然人可以被识别的外部形象。"肖像权人对自己的肖像，享有三个方面的权利：①肖像制作权，是指自然人决定是否制作、以何种手段制作自己肖像的权利；②肖像使用权，即自然人有权使用自己的肖像以获得精神满足和取得财产利益；③维护肖像完整权，即自然人有权维护自己肖像的完整性并有权禁止他人毁坏、修改及玷污。肖像权受到侵害时，肖像权人有权维护自己的肖像利益。

7. 名誉权

名誉权，是指民事主体就自己获得的社会评价享有利益并排除他人干涉的权利。《民法典》规定："民事主体享有名誉权。任何组织或者个人不得以侮辱、诽谤等方式侵害他人的名誉权。名誉是对民事主体的品德、声望、才能、信用等的社会评价。"名誉，也称名声，是指社会对人的品德、才能及其他素质的综合评价。每个主体，包括自然人、法人和其他组织，都享有自己的名誉利益，有权维护自己的社会评价。对法人和其他组织来说，是指其经营状况、履约能力、商业信用、经济效益等。名誉权虽然不具有直接的财产价值，也不能产生直接的经济利益，但却与财产利益有着密切联系。作为自然人，良好的名誉对其就业、晋级、提薪都有正面影响；作为企业法人或非法人团体，名誉在一定意义上就代表了企业的利润和效益，其与企业财产的关系尤为密切。侵害名誉权的行为主要表现为编造虚假事实，使他人的社会评价降低。侵权人应当承担停止侵权、恢复名誉、赔礼道歉、赔偿损失等民事责任。案例 3-10 中赵某虚假指控并散布虚假消息的行为就侵害了甄某的名誉权，应承担停止侵权、赔礼道歉等民事责任。

8. 荣誉权

荣誉权，是指民事主体对自己的荣誉受有利益并排除他人非法侵害的权利。《民法典》规定："民事主体享有荣誉权。任何组织或者个人不得非法剥夺他人的荣誉称号，不得诋毁、贬损他人的荣誉。"荣誉同名誉一样，也是一种社会评价，但这种评价是特定民事主体在社会生活中有突出表现，政府、单位、团体或其他组织所给予的积极、正式的评价，如劳动模范、优秀团员、先进集体等。荣誉利益是因获得荣誉而产生的精神与物质利益，如受人敬仰以及自我精神上的满足感、因荣誉而获得物质待遇等。

9. 隐私权

隐私权，是指自然人享有的私人生活安宁与私人信息不受他人知悉或披露的权利。《民法典》规定："自然人享有隐私权。任何组织或者个人不得以刺探、侵扰、泄露、公开等方式侵害他人的隐私权。隐私是自然人的私人生活安宁和不愿为他人知晓的私密空间、私密活动、私密信息。"对于自然人的隐私，他人无权窥探、获悉及传播，否则即构成侵权，如偷拆他人信件、对他人进行偷拍等。对于侵害隐私权的行为，应承担停止侵权、赔礼道歉、赔偿损失等民事责任。

10. 个人信息

个人信息是以电子或者其他方式记录的能够单独或者与其他信息结合识别特定自然人的各种信息，包括自然人的姓名、出生日期、身份证件号码、生物识别信息、住址、电话号码、电子邮箱、健康信息、行踪信息等。个人信息的特征是：第一，个人信息的利益主体是自然人。法人和非法人组织没有个人信息。对于公司企业享有的商业秘密等重要信息由反不正当竞争法等法律加以保护。第二，个人信息的利益客体为个人的信息资料。该信息资料具有可识别性，它和特定人相关，可以通过该个人资料信息锁定识别某人。第三、个人信息的利益内容是自然人对个人信息资料的自我决定。个人信息作为个人的资料信息，其固定、保存、传播、利用等权利都应由自然人自己享有，他人不得非法干涉和侵害。《民法典》规定，自然人的个人信息受法律保护。个人信息中的私密信息，适用有关隐私权的规定；没有规定的，适用有关个人信息保护的规定。

第五节　婚姻家庭

一、婚姻家庭概述

（一）婚姻家庭的概念

婚姻是男女双方以共同生活为目的，以夫妻间的权利义务为内容的合法结合。即婚姻是男女两性的结合，同性不能结合成婚姻；婚姻是男女双方具有配偶身份的结合；这种结合须为当时的社会制度所确认，受法律保护。

家庭是指由一定范围的亲属所构成的生活单位。家庭是一个生活单位，由一定范围的亲属所构成，组成家庭的亲属包括因婚姻、血缘和法律拟制而产生的亲属。

婚姻是家庭的基础，婚姻双方构成了最初的家庭关系，通过生育、法律拟制行为又形成了父母子女、兄弟姐妹、祖孙等其他家庭成员之间的关系。

（二）婚姻家庭的基本原则

1. 婚姻自由原则

婚姻自由是指婚姻当事人有权按照法律的规定自主自愿的决定本人的婚姻，不受任何人的强迫或干涉。婚姻自由是法律赋予公民的一项权利，包括结婚自由和离婚自由两个方面的内容。婚姻自由不是绝对的，而是相对的，行使这项权利须受法律和道德的约束。禁止包办、买卖婚姻和干涉他人婚姻自由的行为。禁止借婚姻索取财物。

2. 一夫一妻原则

一夫一妻，是指一男一女结为夫妻互为配偶的婚姻形式，也叫个体婚制。一夫一妻即一个人只能有一个配偶，任何人不能同时有两个或两个以上的配偶；有配偶者只能在婚姻终止，即配偶死亡（包括宣告死亡）或者离婚后，始得再行结婚。禁止重婚，禁止有配偶者与他人同居。

3. 男女平等原则

男女平等，是指男女两性在婚姻家庭关系中处于平等的地位，享有平等的权利，负有平等的义务。它是宪法中男女平等在婚姻家庭中的具体体现。包括：男女在婚姻上权利义务平等；不同性别的家庭成员在家庭关系上法律地位平等。

4. 保护妇女、未成年人、老年人、残疾人的合法权益原则

在坚持男女平等的同时，还特别强调对妇女权益的保护，是对男女平等原则的必要补充。婚姻家庭中还涉及未成年人、老年人、残疾人这样的弱势群体，对弱势群体的保护是实现家庭职能和社会公平的需要。禁止家庭暴力。禁止家庭成员间的虐待和遗弃．

5. 树立优良家风，弘扬家庭美德，重视家庭建设原则

婚姻以爱情为基础，夫妻之间应当互相忠实，互相尊重，互相关爱；家庭是社会的细胞，家庭的和谐稳定有利于社会的和谐稳定，家庭成员之间应当敬老爱幼，互帮互助，维护平等、和睦、文明的婚姻家庭关系。

二、结婚

结婚即婚姻的成立，是指男女双方依照法律的规定和程序，确立夫妻关系的一种法律行为。婚姻关系必须符合法律规定的条件和程序才能有效成立，否则不具有婚姻的法律效力。

（一）结婚的必备条件

必备条件又称积极条件，是指当事人结婚时必须具备的条件。根据《民法典》的规定，结婚需具备三个方面的条件，这三个条件必须同时具备，缺一不可。

1. 男女双方完全自愿，即具有结婚的合意

《民法典》规定："结婚应当男女双方完全自愿，禁止任何一方对另一方加以强迫，禁止任何组织或者个人加以干涉。"这是婚姻自由原则在结婚制度中的具体体现，是结婚的首要条件。是否结婚、与谁结婚决定权属于当事人本人，凡违背当事人意愿的婚姻均不

符合结婚的必备要件。

2. 必须达到法定婚龄

结婚必须达到法定婚龄是世界各国婚姻立法的通例，《民法典》规定："男不得早于二十二周岁，女不得早于二十周岁。"法定婚龄是法律规定的最低结婚年龄，具有强制性，当事人必须遵守。违背法定婚龄的规定，不到法定婚龄结婚的行为是违法行为，也是无效的婚姻。

3. 符合一夫一妻制

一夫一妻是婚姻家庭的基本准则，是结婚的必备条件，只有无配偶者才有结婚的资格。无配偶包括三种情况：一是未婚，二是丧偶，三是离婚。法律禁止重婚。

（二）结婚的禁止条件

结婚的禁止条件，即结婚必须排除的条件。基于优生学的原因和伦理上的要求，禁止一定范围内的血亲结婚，是古今中外各国婚姻立法的通例。《民法典》规定："直系血亲或者三代以内的旁系血亲禁止结婚。"

血亲表

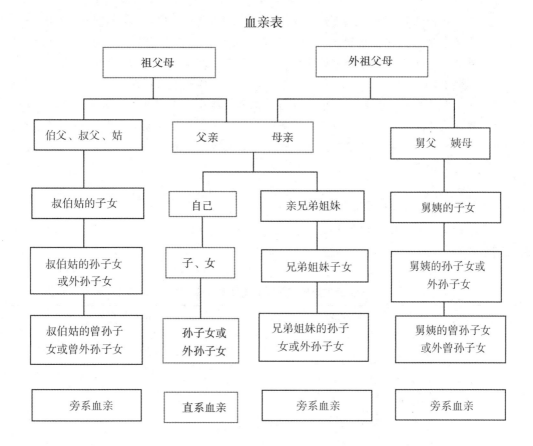

（三）结婚程序

结婚程序，是指婚姻成立的法定手续，是婚姻取得社会承认的方式，具有非常重要的公示、公信性。《民法典》规定："要求结婚的男女双方应当亲自到婚姻登记机关申请结婚登记，符合本法规定的，予以登记，发给结婚证。完成结婚登记，即确立婚姻关系。未办理结婚登记的，应当补办登记。"办理婚姻登记是我国法定的结婚形式，是婚姻成立的必经程序。

现实中，男女双方未进行结婚登记即以夫妻名义同居生活的，是否按事实婚姻处理，要区分不同情况区别对待。事实婚姻，是指没有配偶的男女，未经结婚登记，即以夫妻名义同居生活，群众也认为是夫妻关系的结合。根据最高人民法院的司法解释，以 1994 年2 月 1 日民政部《婚姻登记管理条例》的公布实施为界限，在该条例公布实施以前，男女双方已经符合结婚实质要件的，按事实婚姻处理；该条例公布实施以后，男女双方符合结婚实质要件的，应当补办结婚登记。补办结婚登记后，婚姻关系的效力从双方均符合《民法典》所规定的结婚的实质要件时起算。未补办结婚登记的，不具有婚姻的效力。

【案例 3-11】女青年徐某与男青年陆某经人介绍相识，经过一段时间的恋爱，于2007 年登记结婚，婚后生育两个小孩。在平淡的生活中，徐某与陆某常因孩子的教育问题和家庭琐事争吵。2013 年，徐某离家出走，到邻村男青年马某家，与马某同居生活。在此期间，陆某曾找到徐某，希望徐某回家，但遭到徐某拒绝。2015 年徐某与马某生育一男孩，此后便公开以夫妻名义共同生活。陆某忍无可忍，起诉至法院，要求追究徐某、马某的重婚罪行。请分析：此案应如何处理？

【案例 3-12】车某（男）的父亲与杨某（女）的母亲系同胞姐弟，车某与杨某系表兄妹。两人自小一起玩耍，感情甚好，成年后相恋。当车某与杨某告知家里要结婚时，遭到全家人的反对。但车某与杨某隐瞒双方具有亲属关系的事实，办理了结婚登记手续，领取了结婚证。车某的父亲得知后非常生气，申请至人民法院，要求确认车某和杨某的婚姻无效。请分析：该案应如何处理？

（四）无效婚姻与可撤销婚姻

无效婚姻与可撤销婚姻均是不符合婚姻成立要件的违法婚姻，两者有相同的地方，亦有不同之处。

无效婚姻与可撤销婚姻对照表

违法婚姻类型	无效婚姻	可撤销婚姻
法定理由	1. 重婚 2. 有禁止结婚的亲属关系 3. 未到法定婚龄	1. 因受胁迫而结婚的 2. 婚前隐瞒重大疾病的
申请主体	1. 当事人 2. 利害关系人。包括：当事人的近亲属，以及因重婚申请无效的当事人所在的基层组织	当事人

违法婚姻类型	无效婚姻	可撤销婚姻
除斥期间	没规定除斥期间	一年。包括：自胁迫行为终止之日起一年内提出；被非法限制人身自由的，自恢复人身自由之日起一年内提出；隐瞒重大疾病的，应当自知道或应当知道对方患有重大疾病之日起一年内提出
确认程序	由人民法院以判决的形式确认	1. 当事人以结婚登记存在瑕疵申请撤销的，可申请行政复议或行政诉讼； 2. 其他原因申请撤销的由人民法院确认
法律后果	1. 无效的或被撤销的婚姻自始没有法律效力，当事人不具有夫妻间的权利义务 2. 同居期间所得的财产，由当事人协议处理；协议不成的，由人民法院根据照顾无过错方的原则判决。对重婚导致的无效婚姻的财产处理，不得侵害合法婚姻当事人的财产权益 3. 当事人所生的子女，适用《民法典》中关于父母子女的规定 4. 婚姻无效或者被撤销的，无过错方有权请求损害赔偿	

重婚是导致婚姻无效的法定理由之一。重婚是指有配偶者又与他人结婚的行为，即已有了一个婚姻关系，又与他人缔结第二个婚姻关系。前者叫前婚，后者就是重婚。重婚又分两种形式：一是法律上的重婚，是指前婚未解除，又与他人办理了结婚登记手续。二是事实上的重婚，是指前婚未解除，又与他人以夫妻名义共同生活，虽未办理结婚登记手续，但事实上已构成重婚。案例 3-11 中，徐某与马某已构成事实重婚，不仅他们的婚姻无效，而且根据我国《刑法》的规定构成重婚罪，应追究他们重婚的刑事责任。重婚违背一夫一妻的基本原则，是禁止结婚的条件，是婚姻无效的原因之一，也是确定夫妻感情破裂的重要依据，亦是导致离婚时无过错方请求赔偿的法定理由。

禁止结婚的亲属关系包括直系血亲或者三代以内的旁系血亲。案例 3-12 中的车某和杨某是表兄妹，系三代以内的旁系血亲，属于法律禁止结婚的情形之一，婚姻是无效的。本案的问题是，在车某和杨某自愿结婚、感情尚好的情况下，车某的父亲是否有权申请确认婚姻关系无效。根据最高人民法院关于适用《中华人民共和国民法典》婚姻家庭编的解释（一）第九条的规定，有权依据民法典的规定向人民法院就已办理结婚登记的婚姻请求确认婚姻无效的主体，包括婚姻当事人及利害关系人。其中，利害关系人包括：（一）以重婚为由的，为当事人的近亲属及基层组织；（二）以未到法定婚龄为由的，为未到法定婚龄者的近亲属；（三）以有禁止结婚的亲属关系为由的，为当事人的近亲属。车某的父亲为车某的近亲属，因此，有权提起诉讼，要求确认车某和杨某的婚姻关系无效。

受胁迫结婚是指行为人已给另一方当事人或者近亲属的生命、身体健康、名誉、财产等方面造成损害相要挟，迫使另一方当事人违背真实意愿而结婚的情形。该情形违背了婚姻自由的原则，当事人有权申请撤销婚姻。

婚前隐瞒的重大疾病，一般是指具有传染性或者遗传性的疾病，如艾滋病、重症精神病、重度智力低下、未经治愈的性病、麻风病等，这类疾病有的是接触性传染，有的具有严重的遗传性。本着为对方健康着想，为子孙后代着想，基于诚信原则，患有疾病的一方婚前应将病情如实告知对方；不如实告知的，另一方有权申请撤销婚姻。

三、家庭关系

家庭关系是家庭成员之间的权利义务关系，是婚姻成立后在家庭关系上产生的法律后果。包括夫妻间的权利义务关系、父母子女间的权利义务关系、其他近亲属之间的权利义务关系。《民法典》规定："亲属包括配偶、血亲和姻亲。配偶、父母、子女、兄弟姐妹、祖父母、外祖父母、孙子女、外孙子女为近亲属。配偶、父母、子女和其他共同生活的近亲属为家庭成员。"

（一）夫妻关系

夫妻关系包括夫妻间的人身关系和财产关系，是家庭关系的基础和核心。

1. 夫妻间的人身关系

（1）夫妻双方都有各自使用自己姓名的权利；

（2）夫妻双方都有参加生产、工作、学习和社会活动的自由；

（3）夫妻双方都有对未成年子女抚养、教育和保护的权利和义务；

（4）夫妻有相互扶养的义务；

（5）夫妻享有日常生活代理权；

（6）夫妻有相互继承遗产的权利。

2. 夫妻间的财产关系

（1）夫妻财产制。夫妻财产制是指婚姻关系存续期间有关夫妻财产归属的制度。《民法典》规定，我国夫妻财产制是法定财产制和约定财产制的结合，法定财产制又包括夫妻共同财产和夫妻个人特有财产。夫妻之间对财产有约定的依照其约定，没有约定或者约定不明确的按照法律的规定。

其他应注意的问题：

①对军人财产范围的界定。军人的伤亡保险金、伤残补助金、医药生活补助费属于军人一方的个人财产。发放到军人名下的复员费、自主择业费等一次性费用在离婚分割时，要区分出军人个人财产和夫妻共同财产。以夫妻婚姻关系存续年限乘以年平均值，所得数额为夫妻共同财产。年平均值，是指将发放到军人名下的上述费用总额按具体年限均分得出的数额。其具体年限为人均寿命七十岁与军人入伍时实际年龄的差额。

②夫或妻对夫妻共同财产享有平等的处理权。第一，夫或妻在处理夫妻财产上的权利是平等的，因夫妻享有日常生活代理权，所以因日常生活需要而处理夫妻共同财产的，任何一方均有权决定。第二，夫或妻非因日常生活需要对夫妻财产做重要处理时，夫妻双方应平等协商，取得一致意见。他人有理由相信其行为为夫妻共同意思表示的，另一方不得以不同意或不知道为由对抗善意第三人。

③婚姻关系存续期间，夫妻一方请求分割共同财产，人民法院不予支持，但有下列情形的除外：一方有隐藏、转移、变卖、毁损、挥霍夫妻共同财产或者伪造夫妻共同债务等

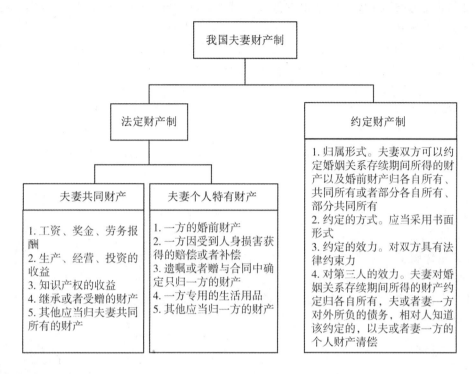

严重损害夫妻共同财产利益的行为的；一方负有法定扶养义务的人患重大疾病需要医治，另一方不同意支付相关医疗费用的。

（2）夫妻共同债务。夫妻共同债务，是指婚姻关系存续期由夫妻共同承担的债务。包括：夫妻双方共同签名或者夫妻一方事后追认等共同意思表示所负的债务；夫妻一方以个人名义为家庭日常生活需要所负的债务；夫妻一方以个人名义超出家庭日常生活需要所负的债务，但能够证明该债务用于夫妻共同生活、共同生产经营的债务。

（二）父母子女关系

父母子女关系是家庭关系中重要的组成部分，是指基于子女出生的事实或法律拟制而形成的父母子女间的权利义务关系。前者是自然血亲，包括生父母和婚生子女的关系、生父母和非婚生子女的关系；后者是拟制血亲，包括养父母和养子女的关系、继父母和继子女的关系。父母子女关系的确认是保护父母子女间人身关系和财产关系的重要前提。

1. 父母子女间的权利义务关系

（1）父母对子女有抚养的义务；

（2）父母对未成年子女有教育、保护的权利和义务；

（3）子女对父母有赡养的义务；

（4）父母和子女有相互继承遗产的权利。

2. 父母与非婚生子女、继父母与继子女、养父母与养子女的权利义务

（1）非婚生子女享有与婚生子女同等的权利，任何组织或者个人不得加以危害和歧视。不直接抚养非婚生子女的生父或者生母，应当负担未成年子女或者不能独立生活的成年子女的抚养费。

（2）继父母与继子女间，不得虐待或者歧视。继父或者继母和受其抚养教育的继子女间的权利义务关系，适用父母子女关系的规定。

（3）养父母和养子女间的权利义务，适用父母子女关系的规定。养子女与生父母以及其他近亲属间的权利义务关系，因收养关系的成立而消除。

（三）其他近亲属关系

1. 祖孙关系

祖父母、外祖父母与孙子女、外孙子女间的关系属于三代以内的直系亲属，在符合法定条件的情况下产生权利义务关系。《民法典》规定："有负担能力的祖父母、外祖父母，对于父母已经死亡或者父母无力抚养的未成年孙子女、外孙子女，有抚养的义务。有负担能力的孙子女、外孙子女，对于子女已经死亡或者子女无力赡养的祖父母、外祖父母，有赡养的义务。"

2. 兄弟姐妹关系

兄弟姐妹属于三代以内的旁系亲属，在符合法定条件的情况下产生权利义务关系。《民法典》规定："有负担能力的兄、姐，对于父母已经死亡或者父母无力抚养的未成年弟、妹，有扶养的义务。由兄、姐扶养长大的有负担能力的弟、妹，对于缺乏劳动能力又缺乏生活来源的兄、姐，有扶养的义务。"

四、离婚

离婚是配偶在生存期间依法解除婚姻关系的行为。离婚是合法夫妻依据法定的条件和程序解除婚姻关系的民事法律行为。根据《民法典》的规定，离婚分为登记离婚和诉讼离婚。

（一）登记离婚

登记离婚也称协议离婚，是指夫妻双方自愿离婚，通过行政程序解除婚姻关系的离婚。

登记离婚一览表

离婚条件	离婚程序	离婚协议的效力
1. 当事人双方具有合法的婚姻关系 2. 当事人双方具有完全民事行为能力 3. 当事人双方都同意离婚 4. 对子女抚养、财产分割、债务承担等事项达成了一致意见	1. 当事人双方签订了书面的离婚协议 2. 当事人双方亲自到婚姻登记机关申请离婚登记 3. 经过了30日的离婚冷静期，双方当事人仍然坚持离婚的 4. 婚姻登记机关经过审查，符合离婚条件的，予以离婚登记，发给离婚证	1. 离婚协议不属于法院强制执行的法律文书，没有强制执行力 2. 当事人因履行离婚协议发生纠纷的，可向人民法院提起诉讼

为稳定婚姻关系，遏制冲动离婚、草率离婚，《民法典》规定了离婚冷静期。即自婚

姻登记机关收到离婚登记申请之日起三十日内，任何一方不愿意离婚的，可以向婚姻登记机关撤回离婚登记申请。期限届满后三十日内，双方应当亲自到婚姻登记机关申请发给离婚证；未申请的，视为撤回离婚登记申请。

（二）诉讼离婚

诉讼离婚，是指夫妻一方向人民法院提起离婚诉讼，由人民法院调解或判决解除婚姻关系的离婚。

1. 适用诉讼离婚的情形

（1）夫妻一方要求离婚，另一方不同意离婚；

（2）双方同意离婚，但对子女抚养、财产分割、债务承担等事项未能达成一致意见；

（3）双方都同意离婚，但一方不在国内居住，或一方下落不明或宣告失踪，或一方被劳动教养、服刑无法亲自办理离婚登记的；

（4）未办理结婚登记而以夫妻名义同居生活且为法律所承认的事实婚姻。

2. 调解是诉讼离婚的必经程序

根据《民法典》的规定，调解是人民法院审理离婚诉讼的必经程序，是人民法院审理离婚案件的重要方式。人民法院在调解过程中必须坚持自愿、合法的原则，在查清事实的基础上，分清双方的是非责任，促成和好或达成离婚协议。诉讼调解的结果：

（1）调解后双方达成和解协议，原告撤诉，双方重归于好，诉讼活动结束。

（2）在审判人员的主持下，双方达成离婚协议，人民法院按协议内容制作调解书。离婚调解书送达当事人并经当事人签字后生效。离婚调解书与判决书具有同等法律效力。

（3）调解无效，离婚诉讼继续进行，进入判决阶段。

3. 判决离婚的法定条件

感情确已破裂是判决离婚的法定条件。《民法典》列举了感情破裂的 5 种情形，凡符合五种情形之一，一方坚决要求离婚，调解无效的，应当判决准予离婚。

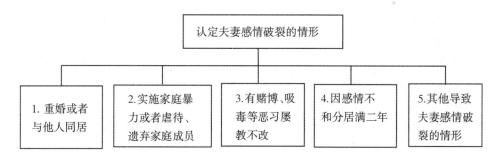

重婚或者与他人同居是认定感情破裂的情形之一。有配偶者与他人同居与事实重婚有相同点，亦有不同之处。相同点为：二者的主体都是一方或双方有配偶；二者的当事人之间有共同的住所或共同居住的事实，且稳定的持续一定时间。不同点为，前者不以夫妻名义同居，周围的人也不认为他们是夫妻关系，后者则公开以夫妻名义同居，周围的人也认为他们是夫妻关系。两者都是违法行为，但由于违法情节与后果不同，二者在性质上是罪与非罪的区别，前者属道德范畴，不符合公序良俗的道德观念，不构成刑法意义上的犯罪，后者则可构成重婚罪。

实施家庭暴力或者虐待、遗弃家庭成员也是认定感情破裂的情形。家庭暴力和虐待在情节上有相似之处，均有打骂、禁闭、限制人身自由的情节，二者在本质上是相同的，都是对其他家庭成员造成身体或心理伤害的行为。区别在于一般的打骂构成家庭暴力，而持续性、经常性的家庭暴力则构成虐待，情节严重的构成虐待罪。遗弃是指家庭成员中有赡养、抚养义务的一方对需要赡养、抚养的另一方，不履行赡养、抚养义务的行为。

此外，一方被宣告失踪，另一方提起离婚诉讼的，应当准予离婚。

经人民法院判决不准离婚后，双方又分居满一年，一方再次提起离婚诉讼的，应当准予离婚。

4. 离婚诉讼中的两项特别规定

（1）对现役军人的特别保护。

《民法典》规定："现役军人的配偶要求离婚，应当征得军人同意，但是军人一方有重大过错的除外。"现役军人是指正在人民解放军和人民武装警察部队服役，具有军籍的干部战士。军人的重大过错是指：重婚或者与他人同居；实施家庭暴力或者虐待、遗弃家庭成员；有赌博、吸毒等恶习屡教不改；有其他重大过错导致夫妻感情破裂的。

（2）对女方特殊时期的特别保护。

《民法典》规定："女方在怀孕期间、分娩后一年内或者终止妊娠后六个月内，男方不得提出离婚；但是，女方提出离婚或者人民法院认为确有必要受理男方离婚请求的除外。"此规定是对男方离婚诉权的暂时性限制，而不是对男方离婚权利的剥夺。

（三）离婚的效力

离婚的效力又称离婚的法律后果。由于婚姻关系的解除，当事人之间的人身关系、财产关系以及父母对子女的抚养教育等方面，都会发生相应的变化。离婚的效力，始于登记离婚或诉讼离婚生效之后，它只对将来发生效力，不具有溯及既往的效力。

1. 离婚对夫妻人身关系的效力

（1）配偶资格丧失；

（2）扶养义务终止；

（3）再婚自由恢复；

（4）法定继承人资格丧失。

2. 离婚在夫妻财产方面的效力

离婚终止了夫妻间的人身关系，当然就应该终止夫妻间的财产关系，从而进行夫妻财产分割。

（1）一般夫妻财产的分割。

平等分割夫妻共同财产。首先由双方协商处理，协商不成的由人民法院根据财产的具体情况，按照照顾子女、女方和无过错方权益的原则判决。

（2）不动产的分割。

夫妻一方婚前签订不动产买卖合同，以个人财产支付首付款并在银行贷款，婚后用夫妻共同财产还贷，不动产登记于首付款支付方名下的，离婚时该不动产由双方协议处理。不能达成协议的，人民法院可以判决该不动产归登记一方，尚未归还的贷款为不动产登记一方的个人债务。双方婚后共同还贷支付的款项及其相对应财产增值部分，离婚时应根据《民法典》第 1087 条第一款规定的原则，由不动产登记一方对另一方进行补偿。

婚姻关系存续期间，双方用夫妻共同财产出资购买以一方父母名义参加房改的房屋，登记在一方父母名下，离婚时另一方主张按照夫妻共同财产对该房屋进行分割的，人民法院不予支持。购买该房屋时的出资，可以作为债权处理。

（3）夫妻共同债务的清偿。

离婚时，夫妻共同债务应当共同偿还。共同财产不足清偿或者财产归各自所有的，由双方协议清偿；协议不成的，由人民法院判决。

（4）侵占共同财产的责任。

《民法典》规定："夫妻一方隐藏、转移、变卖、毁损、挥霍夫妻共同财产，或者伪造夫妻共同债务企图侵占另一方财产的，在离婚分割夫妻共同财产时，对该方可以少分或者不分。离婚后，另一方发现有上述行为的，可以向人民法院提起诉讼，请求再次分割夫妻共同财产。"

【案例 3-13】房某与崔某结婚后，于 1999 年生育一女房某真，由于性格不合，双方于 2014 年协议离婚。双方约定上初中的女儿随母亲崔某生活，房某每月给付生活费 500 元。后女儿考上高中，起诉至法院要求增加抚养费，经法院调解，父亲房某同意将每月的生活费提高到 800 元，并每年支付学杂费 2000 元。2018 年房某真高中毕业后考入大学，再次要求父亲提高抚养费，房某以自己无固定收入，再婚后又生一子，无力增加抚养费为由予以拒绝。请分析，该案应如何处理？

3. 离婚对父母子女关系的效力

（1）离婚不消除父母子女关系。父母离婚后，子女无论跟随哪一方生活，仍然是双方的子女，我国法律关于父母子女间的权利义务的规定仍适用。养父母离婚，同样不解除养父母与养子女间的权利义务关系。至于继父母与继子女间的情况比较特殊，需依具体情况分别适用。

（2）子女的抚养。离婚时，父母双方可以协商，离婚后子女由哪一方直接抚养，协商不成的，从有利于子女身心健康、保障子女的合法权益出发，结合父母双方的抚养能力和抚养条件等具体情况由人民法院确定。

根据《民法典》的规定，不满两周岁的子女一般由母亲直接抚养；已满八周岁的子女应尊重该子女的意愿；对已满两周岁的未成年子女，父母均要求直接抚养，一方有特殊情形如已丧失生育能力、子女随其生活时间较长、无其他子女、另一方患有久治不愈的传染性疾病等，可优先考虑。

（3）子女抚养费的负担。离婚后，子女由一方直接抚养的，另一方应当负担部分或者全部抚养费。负担费用的多少和期限的长短，由双方协议；协议不成的，由人民法院判决。

子女抚养费负担一览表

抚养费的数额	给付期限	给付方式
有固定收入的,抚养费一般可以按其月总收入的百分之二十至三十的比例给付。负担两个以上子女抚养费的,比例可以适当提高,但一般不得超过月总收入的百分之五十 无固定收入的,抚养费的数额可以依据当年总收入或者同行业平均收入,参照上述比例确定 有特殊情况的,可以适当提高或者降低上述比例	对未成年子女抚养费的给付期限,一般至子女十八周岁为止 十六周岁以上不满十八周岁,以其劳动收入为主要生活来源,并能维持当地一般生活水平的,父母可以停止给付抚养费 不能独立生活的成年子女尚在校接受高中及其以下学历教育,或者丧失、部分丧失劳动能力等非因主观原因而无法维持正常生活的成年子女,父母仍应支付抚养费	抚养费一般应当定期给付 有条件的也可以一次性给付

(4) 离婚后抚养关系和抚养费的变更。离婚后,原定的子女抚养方式不是一成不变的,可因父母抚养条件的变化或者子女要求变更抚养关系。同样,抚养费的数额也不是固定不变的,根据子女的需要和父母的负担能力,可以增加也可以减免。如子女可以要求增加抚育费,负有给付义务的一方可以要求减免抚育费,直接抚养方也可以要求增加抚育费。案例 3-13 根据《民法典》的规定,父母与子女的关系,不因父母离婚而消除。离婚后,父母对于子女仍有抚养、教育的权利和义务。父母不履行抚养义务的,未成年子女或者不能独立生活的成年子女,有权要求父母给付抚养费。"不能独立生活的成年子女"根据最高人民法院关于适用《中华人民共和国民法典》婚姻家庭编的解释(一)第四十一条的规定,是指尚在校接受高中及其以下学历教育,或者丧失、部分丧失劳动能力等非因主观原因而无法维持正常生活的成年子女。本案中房某真已年满 18 周岁,未丧失劳动能力,应当依靠自己的能力独立生活,自己想办法筹措上大学的费用。而且大学不属于义务教育阶段,其父亲已没有法定的抚养义务,所以可以不再负担房某真的生活费和教育费。

(5) 离婚后对子女的探望。离婚后,不直接抚养子女的父或母,有探望子女的权利,另一方有协助的义务。探望的时间、地点、方式等由当事人双方协商,协商不成的由人民法院判决;对拒不履行协助义务的有关个人或者组织,人民法院可采取拘留、罚款等强制措施,但是不能对子女的人身、探望行为进行强制执行。父或母探望子女,不利于子女身心健康的,人民法院可依法作出裁定中止探望;中止探望的情形消失后,人民法院根据当事人的请求可恢复其探望。

(四) 离婚时的救济

离婚时的救济,是指基于公平正义、社会道义的要求,一方要求另一方给与补偿、帮助、赔偿的救助方式。

离婚救济一览表

家务补偿	困难扶助	损害赔偿
1. 夫妻一方在抚育子女、照料老人、协助另一方工作等方面付出了较多的义务 2. 只能在离婚时提出请求 3. 补偿数额根据权利义务相一致的原则确定	1. 一方生活困难 2. 生活困难存在于离婚时,自己又无力解决 3. 另一方有负担能力 4. 给予适当帮助	1. 损害赔偿的原因。过错方具有下列情形之一导致离婚的:重婚;与他人同居;实施家庭暴力;虐待、遗弃家庭成员;有其他重大过错 2. 赔偿范围。包括物质损害赔偿和精神损害赔偿

第六节 继 承

一、继承概述

(一) 继承的概念

继承是指自然人死亡后所遗留的个人合法财产依法转移给他人所有的法律制度。在继承关系中,遗留财产的死者,称为被继承人;死者遗留的财产称为遗产;有权继承遗产的人称为继承人;继承遗产的权利称为继承权。

(二) 继承的基本原则

1. 继承权男女平等原则

继承权男女平等,是指公民作为继承权的主体,不因性别的差异而影响其继承权的享有和行使。比如不论男女都有同样的接受继承、放弃继承以及处分自己遗产的权利;在婚姻关系中,丈夫和妻子都平等地享有继承对方遗产的权利;在继承人的范围、继承顺序、遗产数额的分配上,男女都享有平等的继承权。

2. 养老育幼原则

养老育幼是中华民族的传统美德,在继承关系中对缺乏劳动能力又没有生活来源的继承人给与特别的照顾,是社会文明的体现,也是实现家庭养老育幼职能的需要。比如遗嘱人订立遗嘱时应当为缺乏劳动能力又没有生活来源的继承人保留必要的遗产份额;分割遗产时,即使被继承人的遗产不足以清偿被继承人依法应当缴纳的税款和债务,也应当为缺乏劳动能力又没有生活来源的继承人保留必要的遗产。

3. 权利义务相一致原则

权利义务相一致是一项普遍适用的原则，在继承关系中也不例外。从继承人的范围看，继承人和被继承人都是有着权利义务关系的近亲属；从遗产数额的分配上，尽义务多的多分，不尽义务的不分或少分；遗嘱继承负有义务的，继承人应当履行义务，没有正当理由不履行义务的，可以取消他接受遗产的权利；在遗赠扶养协议中，扶养人对被扶养人尽了生养死葬义务的，享有受遗赠的权利。

4. 互谅互让、和睦团结原则

团结互助是社会主义精神文明建设的要求。在遗产继承中，作为继承人的家庭成员之间应当互谅互让、团结和睦、协商处理继承问题。继承人对于遗产分割的时间、办法和份额，由继承人协商；协商不成的，可以由人民调解委员会调解或者向人民法院提起诉讼。

（三）遗产

遗产，是指自然人死亡时遗留的个人合法财产。如果被继承人的财产处于共有状态如夫妻共有、家庭共有，应把被继承人的财产从共有财产中分离出来，分割出的份额为其遗产；遗产须是被继承人的合法财产，非法所得不能列入遗产范围。

（四）继承的开始

继承从被继承人死亡时开始。死亡包括自然死亡和宣告死亡。只有确定了被继承人的死亡时间，才能确定遗产的范围、继承人的范围，以及遗嘱生效的时间等。因此，确定继承开始的时间具有非常重要的意义。

被继承人的死亡时间，依据死亡证明、户籍登记或者其他有效身份登记记载的时间为准，被宣告死亡的，人民法院宣告死亡的判决作出之日视为其死亡的日期。如果意外事件中死亡，无法确定具体死亡时间的，《民法典》规定："相互有继承关系的数人在同一事件中死亡，难以确定死亡时间的，推定没有其他继承人的人先死亡。都有其他继承人，辈份不同的，推定长辈先死亡；辈份相同的，推定同时死亡，相互不发生继承。"

（五）继承权的放弃

继承作为一种权利，继承人有权放弃。但放弃的时间、方式要符合法律的规定，才能产生相应的法律后果。

继承权放弃一览表

放弃的时间	放弃的方式	放弃的法律后果
继承人放弃继承的意思表示，应当在继承开始后、遗产分割前作出。遗产分割后表示放弃的不再是继承权，而是所有权	继承人放弃继承的，应当以书面形式向遗产管理人或者其他继承人表示	继承人放弃继承后，即丧失继承财产的权利，同时对被继承人应当缴纳的税款和债务可以不负清偿责任。但是继承人因放弃继承，致其不能履行法定义务的，放弃继承权的行为无效

继承人放弃继承后，是否允许反悔呢？根据最高人民法院的司法解释，遗产处理前或者在诉讼进行中，继承人对放弃继承反悔的，由人民法院根据其提出的具体理由，决定是否承认。遗产处理后，继承人对放弃继承反悔的，不予承认。

（六）继承权的丧失

继承权的丧失，是指继承人违反法律规定，实施了某些与继承有关的违法犯罪行为，导致其丧失继承权的法律制度。根据《民法典》的规定，继承人有下列行为之一的，丧失继承权：

（1）故意杀害被继承人；

（2）为争夺遗产而杀害其他继承人；

（3）遗弃被继承人，或者虐待被继承人情节严重；

（4）伪造、篡改、隐匿或者销毁遗嘱，情节严重；

（5）以欺诈、胁迫手段迫使或者妨碍被继承人设立、变更或者撤回遗嘱，情节严重。

需要说明的是：继承人有第3、4、5项行为，确有悔改表现，被继承人表示宽恕或者事后在遗嘱中将其列为继承人的，该继承人不丧失继承权。

【案例3-14】吕某妻子已去世，有二子一女。长子吕伟、次子吕楠、女儿吕好。2015年10月，次子吕楠与女青年任慧登记结婚。2016年9月的一天，吕楠突发心脏病去世，没有留下任何财产。吕某老年丧子悲痛欲绝，不久后也辞世。吕某留下住房一套，价值80万元；银行存款6万元；家具衣物等其他财产4万元。在分割吕某的遗产时，吕伟、吕好与弟媳任慧发生争执。吕伟、吕好认为应由他们兄妹继承父亲的全部遗产；而弟媳任慧提出，自己现在有孕在身，胎儿是吕家的根苗，应有胎儿的一份。请分析：吕某的遗产应该如何分配？

二、法定继承

（一）法定继承的概念

法定继承是指由法律直接规定继承人范围、继承顺序以及遗产分配原则的一种继承方式。法定继承适用于下列情形：

（1）被继承人生前未与他人签订遗赠扶养协议，也未立遗嘱处分遗产的；

（2）遗嘱继承人放弃继承或受遗赠人放弃受遗赠的；

（3）遗嘱继承人丧失继承权的；

（4）遗嘱继承人、受遗赠人先于遗嘱人死亡的；

（5）遗嘱无效部分所涉及的遗产；

（6）遗嘱未处分的遗产。

（二）法定继承人的范围

（1）配偶。指被继承人死亡时尚生存的与被继承人有合法婚姻关系的人。

（2）子女。包括婚生子女、非婚生子女、养子女和有扶养关系的继子女。

（3）父母。包括生父母、养父母和有扶养关系的继父母。

（4）兄弟姐妹。包括同父母的兄弟姐妹、同父异母或者同母异父的兄弟姐妹、养兄弟姐妹、有扶养关系的继兄弟姐妹。

（5）祖父母、外祖父母。

（6）对公婆尽了主要赡养义务的丧偶儿媳、对岳父母尽了主要赡养义务的丧偶女婿。

（三）法定继承顺序

法定继承顺序，是指法律规定的各法定继承人继承遗产的先后顺序。继承顺序的确定，是按照血缘关系的亲疏远近和婚姻关系以及继承人与被继承人之间的抚养关系确定的。

第一顺序：配偶、子女、父母；

第二顺序：兄弟姐妹、祖父母、外祖父母。

继承开始后，由第一顺序继承人继承，第二顺序继承人不继承；没有第一顺序继承人继承的，由第二顺序继承人继承。

对公婆尽了主要赡养义务的丧偶儿媳和对岳父母尽了主要赡养义务的丧偶女婿作为第一顺序的继承人参加继承。

（四）代位继承和转继承

1. 代位继承的概念

代位继承，是指被继承人的子女或兄弟姐妹先于被继承人死亡的，由被继承人的子女的晚辈直系血亲或兄弟姐妹的子女代替其继承遗产。在代位继承关系中，先于被继承人死亡的继承人叫被代位继承人；代替被代位人继承遗产的人叫代位继承人；代位继承人的继承权叫代位继承权。

2. 代位继承的适用条件

（1）被代位继承人必须先于被继承人死亡。

（2）被代位继承人生前必须享有继承权。

（3）被代位继承人是被继承人的子女或者兄弟姐妹

（4）代位继承人必须是被继承人的子女的直系晚辈血亲或兄弟姐妹的子女。

3. 代位继承中应注意的问题

（1）丧偶儿媳、女婿作为第一顺序继承人时，不影响其子女代位继承。

（2）代位继承人只能取得被代位继承人应得的继承份额。

（3）代位继承只适用于法定继承，不适用于遗嘱继承。

4. 转继承

转继承，又称二次继承、再继承、连续继承，是指继承人在被继承人死亡之后，遗产分割完毕前死亡，其应继承的遗产份额由他的法定继承人继承的一种连续继承方式。转继承是两个继承关系的连续进行。

代位继承与转继承区别一览表

项目	代位继承	转继承
继承人死亡时间	继承人先于被继承人死亡	继承人于被继承人之后死亡
继承人的范围	仅限于被继承人子女的直系晚辈血亲或兄弟姐妹的子女	继承人不仅可以是被继承人子女的直系晚辈血亲或兄弟姐妹的子女，还可以是配偶、父母、兄弟姐妹、祖父母、外祖父母等有继承权的人

项目	代位继承	转继承
适用范围	只适用于法定继承	不仅适用于法定继承，还可适用于遗嘱继承和遗赠
继承关系	一个继承关系	两个继承关系

5. 遗产的分配

（1）遗产的分配原则。同一顺序继承人的继承份额，一般应当均等；经继承人协商同意的，也可以不均等。

（2）胎儿的继承份额。遗产分割时，应当为胎儿保留必要的继承份额，没有保留的，应从继承人所继承的遗产中扣回。为胎儿保留的遗产份额，如胎儿出生后死亡的，由其继承人继承；如胎儿娩出时是死体的，由被继承人的继承人继承。

（3）对生活有特殊困难又缺乏劳动能力的继承人，分配遗产时，应当予以照顾。

（4）对被继承人尽了主要扶养义务或与被继承人共同生活的继承人，分配遗产时，可以多分。有扶养能力和扶养条件，而不尽扶养义务的继承人的继承份额，应当不分或少分。

（5）对继承人以外的依靠被继承人抚养的缺乏劳动能力又没有生活来源的人，或者继承人以外的对被继承人抚养较多的人，可以分给他们适当的遗产。

案例 3-14 中，吕楠的父亲为被继承人，吕伟、吕楠、吕好作为吕某的儿女，均为第一顺序的法定继承人。儿媳任慧虽然丧偶，但未对公公吕某尽到主要赡养义务，因此，不能作为继承人参加继承。同一顺序的继承人继承数额均等分配，这样，吕伟、吕楠、吕好每人可获得 30 万元的遗产。但因吕楠先于父亲死亡，这样产生代位继承，吕楠应继承的遗产份额可由其子女代位继承。现吕楠的妻子怀孕，吕楠应继承的遗产份额，应为胎儿保留。如果胎儿出生后是活体的，保留的这份遗产由其母亲任慧作为监护人代为管理；如果胎儿出生后死亡的，这份财产则作为其遗产由母亲任慧继承；如果胎儿娩出时为死体的，则保留的这份遗产作为吕某的遗产，由吕某的继承人吕伟、吕好继承。

【案例 3-15】江某（女）与彭某（男）于 1983 年结婚，婚后夫妻关系较好，双方未生育子女，收养一子，现已成家。2012 年彭某与郭某相识，随后二人在一起同居生活，同居期间郭某生一女孩。2018 年 2 月彭某患肝癌住院治疗，住院期间一直由江某、养子等亲属照料。郭某也曾去医院想照料彭某，但被江某及其亲友怒骂，双方还发生揪扯。2018 年 4 月 18 日，彭某临终前立下书面遗嘱，表示自己去世后将其存款、住房公积金、抚恤金、金首饰、手机，以及与江某共有房屋的一半的折价款遗赠给郭某所有；骨灰盒由郭某保管。4 月 20 日彭某将该遗嘱办理了公证手续。5 月初彭某去世后，郭某向江某索要上述财产未果，遂向法院起诉，要求按照遗嘱继承彭某的遗产。请分析，该案应该如何处理？

三、遗嘱继承

（一）遗嘱继承的概念

遗嘱继承又称指定继承，是指继承开始后，继承人按照被继承人订立的遗嘱，继承被继承人遗产的一种继承方式。订立遗嘱的人称为遗嘱人，按照遗嘱的指定继承遗产的人称为遗嘱继承人。遗嘱继承人和法定继承人的范围相同，是法定继承人中的一人或数人，但遗嘱继承不受法定继承顺序和应继份额的限制。遗嘱继承的效力优于法定继承，在继承开始后，有遗嘱的，先要按照遗嘱进行继承。

（二）遗嘱的形式

订立遗嘱是一种重大复杂的民事法律行为，关系到当事人的继承权以及继承份额等重大事项，为保证遗嘱的真实性、合法性，避免遗嘱继承纠纷的发生，遗嘱必须采取法定的方式。根据《民法典》的规定，遗嘱有以下几种形式：

1. 自书遗嘱

自书遗嘱是遗嘱人亲笔书写的遗嘱，有本人签名，并注明年、月、日。

2. 代书遗嘱

代书遗嘱是遗嘱人口述，委托他人代为书写的遗嘱。应当有两个以上见证人在场见证，由其中一人代书，并由遗嘱人、代书人和其他见证人签名，并注明年、月、日。

3. 打印遗嘱

打印遗嘱应当有两个以上见证人在场见证。遗嘱人和见证人应当在遗嘱每一页签名，并注明年、月、日。

4. 录音录像遗嘱

录音录像遗嘱是遗嘱人通过录音录像进行意思表示，处分自己遗产的形式。以录音录像形式立的遗嘱，应当有两个以上见证人在场见证。遗嘱人和见证人应当在录音录像中记录其姓名或者肖像，以及年、月、日。

5. 口头遗嘱

口头遗嘱是遗嘱人在危急情况下，用口头表达遗嘱内容的形式。口头遗嘱应当有两个以上见证人在场见证。危急情况消除后，遗嘱人能够以书面或者录音录像形式立遗嘱的，所立的口头遗嘱无效。

6. 公证遗嘱

公证遗嘱是经公证机构办理的遗嘱。

代书遗嘱、打印遗嘱、录音录像遗嘱和口头遗嘱，都要求有两个以上见证人在场见证。为保证遗嘱的真实性，《民法典》规定三种人不能作为遗嘱见证人：无民事行为能力人、限制民事行为能力人以及其他不具有见证能力的人；继承人、受遗赠人；与继承人、受遗赠人有利害关系的人。有利害关系人通常包括继承人、受遗赠人的近亲属、债权人、债务人、共同经营的合伙人等。

（三）遗嘱的有效条件

遗嘱的有效条件一览表

遗嘱能力	意思表示	遗嘱内容	遗嘱形式
遗嘱人具有完全民事行为能力。是否具有完全民事行为能力，以立遗嘱时的状态为准。如果遗嘱人立遗嘱时是无民事行为能力或限制民事行为能力人，所立遗嘱无效	意思表示真实。遗嘱是立遗嘱人真实的意思表示，受欺诈、胁迫所立的遗嘱无效。伪造的遗嘱无效。遗嘱被篡改的，篡改的内容无效	遗嘱内容合法。遗嘱只能处分本人的财产。遗嘱应当为缺乏劳动能力又没有生活来源的继承人保留必要的遗产份额	遗嘱形式合法。遗嘱是要式法律行为，只有采用法定形式订立的遗嘱才具有法律效力

（四）遗嘱的变更和撤回

遗嘱是在遗嘱人死亡之后才发生法律效力，所以遗嘱人在订立遗嘱后，如果认为所立遗嘱不当，或者随着主客观情况的变化，认为不符合现在的意愿时，遗嘱人可以变更或者撤回原有的遗嘱，这也是遗嘱自由原则的体现。

遗嘱的变更，是指遗嘱人依法改变原先所立遗嘱的部分内容。遗嘱的撤回，是指遗嘱人取消原先所立的遗嘱。立遗嘱后，遗嘱人实施与遗嘱内容相反的民事法律行为的，视为对遗嘱相关内容的撤回。

遗嘱人立有数份遗嘱，内容相抵触的，以最后所立的遗嘱为准。

（五）遗赠

遗赠，是遗嘱人以遗嘱的方式，将个人财产赠与国家、集体或者法定继承人以外的组织、个人，并于遗嘱人死亡时生效的法律行为。立遗嘱的人称为遗赠人，接受遗赠的人称为受遗赠人。

遗赠与遗嘱继承的主要区别一览表

区别	遗赠	遗嘱继承
人员范围不同	受遗赠人是国家、集体或法定继承人以外的人	遗嘱继承人只能是法定继承人范围以内的人
承担的义务不同	受遗赠人不承担清偿遗嘱人所欠税款和债务的义务，只是在遗嘱执行人或继承人清偿了遗嘱人所欠的税款和债务以后才接受遗赠的遗产	遗嘱继承人在继承遗产的同时，也继承了遗嘱人所欠的税款和债务
取得遗产的方式和途径不同	受遗赠人并不直接参与遗产的分配，是从遗嘱继承人或遗嘱执行人处取得遗产	遗嘱继承人可以依照遗嘱的内容直接取得遗产

需要说明的是：受遗赠人应当在知道受遗赠后六十日内，作出接受或者放弃受遗赠的表示；到期没有表示的，视为放弃受遗赠。

案例 3-15 中，彭某立遗嘱将自己的财产进行了处分，遗嘱指定的受领财产的郭某属于法定继承人以外的人，因此，郭某属于受遗赠人。郭某能否按照遗嘱受领彭某指定的遗产，关键看彭某订立的遗嘱是否合法有效。根据遗嘱的有效条件分析，彭某立遗嘱时具有完全民事行为能力，是其真实的意思表示，遗嘱形式也合法，但是遗嘱的内容却违反了法律的规定。彭某为有妇之夫，与郭某同居，违反一夫一妻的基本原则。郭某明知彭某有妻子仍与其同居生活，有悖社会公德。遗嘱是一种民事法律行为，应符合民事法律行为合法有效的条件。根据《民法典》的规定，违背公序良俗的民事法律行为是违法无效的。此外，该遗嘱还有三处违法，一是抚恤金是国家抚慰死者亲属的，抚恤金不是遗产；二是其存款、住房公积金、金首饰、手机属于夫妻共同财产，彭某未分割出妻子的部分，立遗嘱进行处分侵害了妻子江某的合法财产所有权；三是彭某死亡时其与郭某的非婚生女尚年幼，属于没有劳动能力又没有生活来源的继承人，彭某未为其保留必要的遗产份额，也违背《民法典》的规定。因此，彭某订立的遗嘱违法无效，其遗产应按照法定继承处理。在法定继承中，妻子江某、养子、非婚生女均为第一顺序的法定继承人，可均分彭某的遗产。

四、遗赠扶养协议

遗赠扶养协议，是指自然人与法定继承人以外的组织或个人签订的，由组织或个人承担该自然人生养死葬的义务，享有受遗赠权利的协议。承担生养死葬义务的组织或个人称为扶养人，该自然人称为被扶养人。

遗赠扶养协议与遗赠的主要区别一览表

区别	遗赠扶养协议	遗赠
法律行为类别不同	双方、有偿的法律行为	单方、无偿的法律行为
权利义务不同	扶养人只有履行了约定的义务，才有权接受遗赠	遗赠中的受遗赠人一般只享受接受遗赠的权利，不承担任何义务，除非遗赠人在遗赠中附加义务
生效时间不同	自协议订立时起即具有法律效力	自遗嘱人死亡时生效

五、遗产的处理

1. 法定继承、遗嘱继承、遗赠扶养协议的效力等级

根据《民法典》的规定："继承开始后，按照法定继承办理；有遗嘱的，按照遗嘱继承或者遗赠办理；有遗赠扶养协议的，按照协议办理。"遗赠扶养协议的效力最高。

2. 被继承人债务的清偿

分割遗产，应当清偿被继承人依法应当缴纳的税款和债务。清偿的原则以遗产的实际价

值为限，超过遗产实际价值的部分，继承人可以不予清偿，但继承人自愿偿还的不在此限。

继承人放弃继承的，对被继承人依法应当缴纳的税款和债务可以不负清偿责任。

清产债务应注意的问题：

（1）即使遗产不足以清偿债务，也应为胎儿或缺乏劳动能力又没有生活来源的继承人保留必要的遗产份额。

（2）既有法定继承又有遗嘱继承、遗赠的，由法定继承人清偿被继承人依法应当缴纳的税款和债务；超过法定继承遗产实际价值部分，由遗嘱继承人和受遗赠人按比例以所得遗产清偿。

3. 无人继承又无人受遗赠遗产的处理

《民法典》规定："无人继承又无人受遗赠的遗产，归国家所有，用于公益事业；死者生前是集体所有制组织成员的，归所在集体所有制组织所有。"

第七节 侵权责任

【案例 3-16】某年三十的晚上，小区居民在楼下燃放烟花爆竹。张某燃放的"钻天猴"吸引了众多居民围观，当大家正在高兴时，一只"钻天猴"突然倾斜，火球射向李某的脸部，致李某被烧伤，住院治疗花费 2000 元。后李某要求张某赔偿损失，张某以纯属意外为由拒绝。请分析张某是否应承担赔偿责任。

侵权责任，是指行为人因侵害他人合法权益而依法应承担的不利后果。其前提是行为人实施了违法的侵权行为，侵害了权利人的人身权益或财产权益。其后果是侵权人应向受害人承担赔偿损失等民事责任。

一、侵权责任的归责原则

根据《民法典》的规定，侵权责任的归责原则包括过错责任和无过错责任两种，其中过错责任原则包括过错推定原则。

1. 过错责任原则

《民法典》规定："行为人因过错侵害他人民事权益造成损害的，应当承担侵权责任。"过错责任原则是一种主观归责原则，它以行为人主观上存在故意或过失为追究责任的依据。故意是指行为人有意造成他人损害，或者明知其行为会造成他人损害仍实施加害行为。过失是指行为人由于疏忽大意或过于自信，对损害的发生未尽合理注意义务。

过错推定原则不是独立的归责原则，只是过错责任原则的一种特殊适用方式。《民法典》规定："依照法律规定推定行为人有过错，其不能证明自己没有过错的，应当承担侵权责任。"过错推定的目的在于将举证责任转移给被告，如果被告不能证明自己没有过错，就应承担责任，是对一些很难举证证明对方过错的受害人的一种特殊保护。

2. 无过错责任原则

无过错责任原则，是指基于法律的特别规定，不论行为人主观上有无过错，只要其行为与损害后果间存在因果关系，就应承担民事责任。无过错责任原则具有以下几个特点：①它不以行为人主观过错作为承担责任的构成要件；②只有在法律明文规定的情况下才能适用；③无过错责任不是没有过错，而是法律不考虑行为人的过错。法律规定无过错责任原则，也是为了加强对作为弱势一方的受害人的保护，督促相对强势一方的高度危险作业人、生产者、经营者等尽最大限度尊重和保护他人的人身财产安全。

在上述归责原则之外，《民法典》还规定："受害人和行为人对损害的发生都没有过错的，依照法律的规定由双方分担损失。"此谓公平分担损失规则，而不是侵权责任的归责原则，因为其前提基础不是侵权行为。

二、一般侵权责任

（一）一般侵权责任的构成要件

（1）加害行为，即行为人所实施的侵害他人合法权益的违法行为。该行为包括作为和不作为两种行为形态。不作为的侵权行为须有法定、约定的作为义务或先前行为给自己带来的作为义务，如果没有这一前提，不作为行为不构成侵权。

（2）损害事实，即侵权行为造成受害人人身或财产利益的损失。如果没有实际的损害发生，则不能主张侵权责任。

（3）加害行为与损害后果之间有因果关系，即该损害后果系加害行为引起。

（4）行为人主观上有过错。对于行为人的过错，受害人要负举证责任。案例3-16中张某燃放烟花爆竹时没有采取足够的安全措施，致使爆竹倾斜给他人造成伤害，具有明显的过错，应承担损害赔偿责任。

侵权责任中，侵权人与受害人之间一般不存在合同关系。但是，也有双方存在一定的合同基础的情况，一方在构成违约的同时实施了加害行为，其行为既构成违约，也构成侵权，这在法律上被称为责任竞合。对于责任竞合，法律赋予受害人选择权，其可以选择追究违约责任，也可以选择追究侵权责任，选择不同的责任，在归责原则、赔偿范围等方面有重大的区别：①在归责原则上，违约责任一般实行严格责任原则，受损害一方不需要证明对方的过错；侵权责任实行过错责任原则，需要证明对方存在过错。但是，两个归责原则都有例外，违约责任中也有法律特别规定实行过错责任原则的情形；侵权责任中还有不考虑过错的无过错责任原则。②在责任承担方式上，违约责任一般是财产责任，赔礼道歉、恢复名誉在违约责任中不适用。侵权责任中既包括财产责任，也包括停止侵害、赔礼道歉、恢复名誉等非财产责任方式。违约责任中一般不适用精神损害赔偿，但是，造成严重精神损害的，《民法典》规定："因当事人一方的违约行为，损害对方人格权并造成严重精神损害，受损害方选择请求其承担违约责任的，不影响受损害方请求精神损害赔偿。"根据这一规定，违约责任中也可以主张精神损害赔偿。

（二）一般侵权责任的免责事由

（1）不可抗力。是指不能预见、不能避免并不能克服的客观现象，包括某些自然现象，如地震、台风等；也包括某些社会现象，如战争等。在不可抗力是损害发生或扩大的唯一原因时，当事人不承担责任；如果不可抗力仅为部分原因，则应根据其原因力大小，适当减轻当事人的责任。

（2）正当防卫。是指为了使公共利益、本人或者他人的财产或人身免受正在进行的不法侵害而对行为人本人采取的防卫措施。《民法典》规定："因正当防卫造成损害的，不承担民事责任。正当防卫超过必要的限度，造成不应有的损害的，正当防卫人应当承担适当的民事责任。"

（3）紧急避险。是指为了防止公共利益、本人或者他人的合法权益免受正在发生的紧急危险的威胁，不得已而采取的损害另一较小利益的行为。《民法典》规定："因紧急避险造成损害的，由引起险情发生的人承担民事责任。危险由自然原因引起的，紧急避险人不承担民事责任，可以给予适当补偿。紧急避险采取措施不当或者超过必要的限度，造成不应有的损害的，紧急避险人应当承担适当的民事责任。"

（4）受害人或第三人的过错。受害人对同一损害的发生或者扩大有故意、过失的，可以减轻或者免除赔偿义务人的赔偿责任。损害是因第三人造成的，第三人应当承担侵权责任。

（5）见义勇为。《民法典》规定："因保护他人民事权益使自己受到损害的，由侵权人承担民事责任，受益人可以给予适当补偿。没有侵权人、侵权人逃逸或者无力承担民事责任，受害人请求补偿的，受益人应当给予适当补偿。""因自愿实施紧急救助行为造成受助人损害的，救助人不承担民事责任。"

（6）自甘风险。《民法典》规定："自愿参加具有一定风险的文体活动，因其他参加者的行为受到损害的，受害人不得请求其他参加者承担侵权责任；但是，其他参加者对损害的发生有故意或者重大过失的除外。"

（7）自助行为。《民法典》规定："合法权益受到侵害，情况紧迫且不能及时获得国家机关保护，不立即采取措施将使其合法权益受到难以弥补的损害的，受害人可以在保护自己合法权益的必要范围内采取扣留侵权人的财物等合理措施；但是，应当立即请求有关国家机关处理。受害人采取的措施不当造成他人损害的，应当承担侵权责任。"

三、特殊责任主体侵权责任

（1）被监护人侵权责任。根据《民法典》规定，被监护人致人损害的，由监护人承担侵权责任。监护人尽到监护责任的，可以减轻其侵权责任。有财产的被监护人造成他人损害的，从本人财产中支付赔偿费用。不足部分，由监护人赔偿。如果被监护人给他人造成损害发生在监护人将监护责任委托他人行使期间，则应该由监护人对受害人承担责任，受委托人有过错的，承担相应的责任。

（2）职务侵权责任。根据《民法典》规定，职务侵权责任是指用人单位的工作人员因执行工作任务造成他人损害的，由用人单位承担侵权责任。劳务派遣期间，被派遣的工作人员因执行工作任务造成他人损害的，由接受劳务派遣的用工单位承担侵权责任；劳务派遣单位有过错的，承担相应的补充责任。

（3）个人劳务侵权责任。个人之间形成劳务关系，提供劳务一方因劳务造成他人损害的，由接受劳务一方承担侵权责任。提供劳务一方因劳务自己受到损害的，根据双方各自的过错承担相应的责任。

（4）网络用户、网络服务提供者侵权。《民法典》规定，网络用户、网络服务提供者利用网络侵害他人民事权益的，由侵权人承担责任。受害人发现网络用户侵权之后，有权通知网络服务提供者采取技术措施删除、屏蔽、断开链接等保护措施，即通常所说的"避风港原则"。网络服务提供者接到通知后未及时采取必要措施的，对损害的扩大部分与该网络用户承担连带责任。网络服务提供者知道网络用户利用其网络服务侵害他人民事权益，未采取必要措施的，与该网络用户承担连带责任。

（5）公共服务场所侵权责任。《民法典》规定，宾馆、商场、银行、车站、机场等公共服务场所经营者、管理者或群众性活动的组织者，未尽到安全保障义务致人损害的，应当承担侵权责任。如果损害是由第三人的行为所致，由第三人承担侵权责任。公共服务场所的经营者、管理者或群众性活动的组织者有过错的，承担相应补充责任；承担补充责任之后，可以向第三人追偿。

（6）教育机构侵权责任。根据《民法典》规定，无民事行为能力人在幼儿园、学校或者其他教育机构学习、生活期间受到人身损害的，对教育机构实行过错推定，由教育机构承担损害赔偿责任，如果教育机构能够证明尽到教育、管理职责的，不承担侵权责任。限制民事行为能力人在教育机构学习、生活期间受到伤害的，实行过错责任，教育机构有过错才承担责任。

无民事行为能力人、限制民事行为能力人在教育机构学习、生活期间受到来自教育机构之外的第三人的人身侵权，由该第三人承担损害赔偿责任。教育机构没有尽到监管责任的，承担相应补充责任；教育机构承担补充责任后，可以向第三人追偿。

四、特殊侵权民事责任

特殊侵权责任，是指除一般侵权责任以外的，依据法律的特殊规定承担的侵权责任。特殊侵权责任中既包括过错责任原则（含过错推定），也包括无过错责任原则，既有自己责任，也有替代责任。根据《民法典》等法律的规定，特殊侵权责任主要有以下类型：

（1）产品责任。产品责任是产品的生产者和销售者因产品缺陷致人损害时所应该承担的侵权责任。《民法典》规定："因产品存在缺陷造成他人损害的，生产者应当承担侵权责任。"因产品存在缺陷造成他人损害的，受害人可以向产品的生产者请求赔偿，也可以向产品的销售者请求赔偿。如果产品缺陷由生产者造成的，销售者赔偿后，有权向生产者追偿。因销售者的过错使产品存在缺陷的，生产者赔偿后，有权向销售者追偿。

（2）机动车交通事故侵权责任。因机动车辆发生交通事故致人损害的，首先需要承保该机动车强制保险责任的保险公司在保险责任限额内赔偿对方的损失，不足部分，分两种情况：其一，双方都是机动车的，由过错一方赔偿对方损失；都有过错的，根据过错比例分担责任。其二，一方为机动车的，非机动车一方没有过错的，由机动车一方承担赔偿责任;有证据证明非机动车一方有过错的,根据过错程度适当减轻机动车一方的赔偿责任;机动车一方没有过错的,承担不超过百分之十的赔偿责任。因借用、租赁他人车辆发生交通事故致人损害的,由机动车实际使用人对机动车强制保险责任限额范围之外的部分承担责任,机动车所有人有过错的,承担相应的责任。对于机动车辆已经出售但是尚未办理过户手续发生交通事故的,属于机动车一方责任的,由受让方对机动车强制保险责任限额范围承保不足部分承担责任。

《民法典》增加了"好意同乘"的处理规则。"好意同乘"是指基于好意无偿搭载他人的行为。驾驶人好意搭载他人,若因驾驶人原因发生交通事故给搭乘人造成损害的,驾驶人应当承担赔偿责任,但是应当减轻其赔偿责任。当然,如果驾驶人因故意或者重大过失发生交通事故造成搭乘人受到损害的,则不能减轻驾驶人的赔偿责任。

(3)医疗损害责任。《民法典》规定,患者在接受诊疗活动中受到损害,医疗机构及其医务人员有过错的,由医疗机构承担赔偿责任。医务人员在诊疗活动中未对患者病情、医疗措施等尽说明义务或诊疗活动未到达当时医疗水平,致患者损害的,应承担赔偿责任。医疗机构违反相关法律法规和诊疗规范、隐匿或者拒绝提供与纠纷有关的病历资料或伪造、篡改或者销毁病历资料的,推定医疗机构有过错,对患者的损害承担赔偿责任。

(4)污染环境和生态破坏侵权责任。根据《民法典》规定,因污染环境、破坏生态造成损害的,污染者应当承担侵权责任。因污染环境、破坏生态发生纠纷,污染者、破坏者应当就法律规定的不承担责任或者减轻责任的情形及其行为与损害之间不存在因果关系承担举证责任。两个以上污染者污染环境的,污染者承担责任的大小,根据污染物的种类、排放量等因素确定。侵权人故意违反国家规定污染环境、破坏生态造成严重后果的,被侵权人有权请求相应的惩罚性赔偿。这是《民法典》贯彻"绿水青山就是金山银山"生态理念的具体体现。

(5)高度危险侵权责任。高度危险作业是指从事高空、高压、易燃、易爆、剧毒、放射性、地下挖掘、高速轨道运输等对周围环境有高度危险的作业,因此给他人造成损害的,应由作业人承担责任。高度危险作业致人损害的民事责任适用无过错责任原则,但是,如果能够证明损害是由受害人故意造成的,不承担民事责任。

(6)饲养动物侵权责任。饲养的动物造成他人损害的,动物饲养人或者管理人应当承担侵权责任;但能够证明损害是因被侵权人故意或者重大过失造成的,可以不承担或者减轻责任。由于第三人的过错造成损害的,第三人应当承担侵权责任。

(7)建筑物和物件损害责任。建筑物和物件损害责任是指建筑物或者其他设施以及建筑物上的搁置物、悬挂物发生倒塌、脱落、坠落致人损害的民事责任。《民法典》规定:"建筑物、构筑物或者其他设施倒塌、塌陷造成他人损害的,由建设单位与施工单位承担连带责任,但是建设单位与施工单位能够证明不存在质量缺陷的除外。建设单位、施工单位赔偿后,有其他责任人的,有权向其他责任人追偿。因所有人、管理人、使用人或者第三人的原因,建筑物、构筑物或者其他设施倒塌、塌陷造成他人损害的,由所有人、管理人、使用人或者第三人承担侵权责任。"

与建筑物和物件损害责任相关的还有近年来经常发生的高空抛物致人损害的问题。为保护"头顶的安全",《民法典》规定:"禁止从建筑物中抛掷物品。从建筑物中抛掷物品或者从建筑物上坠落的物品造成他人损害的，由侵权人依法承担侵权责任；经调查难以确定具体侵权人的，除能够证明自己不是侵权人的外，由可能加害的建筑物使用人给予补偿。可能加害的建筑物使用人补偿后，有权向侵权人追偿。"

五、侵权责任的责任方式

（1）停止侵害，是指对正在实施的侵害行为，权利人有权要求侵权人停止该行为。

（2）排除妨碍，是指权利人有权要求侵权人消除造成影响权利人行使权利的妨碍行为，如拆除阻挡对方正常通风采光的围墙。

（3）消除危险，是指对即将发生损害权利人利益的危险行为或状态，权利人有权要求及时消除。如为防止被砸，要求对方拆除即将倒塌的房屋。

（4）返还财产，是指当财产被他人不法占有时，权利人有权要求不法占有人予以返还。如果原物已经被毁损灭失，没有返还的可能，则不能要求返还原物，只能要求赔偿损失。

（5）恢复原状，是指当原物被损坏，有恢复原状之可能和必要时，权利人有权要求侵权人采取一定措施以恢复物之原状。

（6）赔偿损失，是指侵害他人财产利益时，侵权人应赔偿他人财产相应价值的损失。财产损失按照损失发生时的市场价格或者其他方式计算。侵害他人造成人身损害的，应当赔偿医疗费、护理费、交通费等为治疗和康复支出的合理费用，以及因误工减少的收入。造成残疾的，还应当赔偿残疾生活辅助器具费和残疾赔偿金。造成死亡的，还应当赔偿丧葬费和死亡赔偿金。造成他人严重精神损害的，还应赔偿精神损害抚慰金。

根据《民法典》规定，侵害自然人人格利益和身份利益的，受害人有权要求精神损害赔偿；自然人死亡后，其近亲属因死者的姓名、肖像、名誉、荣誉、隐私、遗体、遗骨等受到侵害而遭受精神痛苦的，近亲属有权要求精神损害赔偿；自然人因财产被侵害的，不能要求精神损害赔偿，但是具有人格象征意义的特定纪念物品因侵权而永久性灭失或毁损的，可以要求；法人无权要求精神损害赔偿。

（7）赔礼道歉，是侵权人向受害人认错，表示歉意。该方法用于抚慰、平复受害人感情创伤，其效果不可为其他方法所替代。

（8）消除影响，恢复名誉。消除影响，是指责令侵权人在其影响范围内，消除不良后果。它主要适用于侵害肖像权、荣誉权、名誉权、姓名权、名称权、信用权等人格权益所造成的不良影响。恢复名誉，是指责令侵权人在影响范围内澄清事实，将受害人的名誉恢复至未受侵害之状态。二者使用的具体手段可能相同，如登报道歉等，但适用范围有所不同。

思考与练习

1. 江某波与朱某蓉经自由恋爱登记结婚，婚后生育一女。由于朱某蓉比较任性，江某波也缺乏包容谅解，双方经常吵闹，最终协议离婚。双方约定：4 岁的女儿跟随朱某蓉生活，江某波按月支付女儿的抚养费，每月可探望孩子一次。为了使双方的精力都放在女儿身上，也为将来财产继承时没有其他兄弟姐妹与女儿争抢，双方还约定：二人如果再婚，都不得再生育子女，违者支付违约金 8 万元。

请分析：双方的约定是否合法有效？

2. 某女士下楼取快递时，被男子郎某偷拍。郎某为了博眼球，便同李某合谋，一人分饰快递小哥，一人分饰某女士，凭空捏造快递小哥与取快递女士存在婚外情的聊天记录上传网络，并配发了某女士取快递时的照片。小区居民认出某女士后对她指指点点，很多不知情的网民也在网上对某女士进行攻击辱骂，某女士因此还被公司劝退，找新工作时又因此事被婉言拒绝，某女士的精神彻底崩溃，被医院诊断为抑郁症。某女士报警后，郎某和李某很快被抓获，二人供述只是闹着玩的。公安机关以诽谤他人对二人处以行政拘留 9 日的处罚。

请分析：郎某和李某应该承担何种民事责任？

第四章 经 济 法

第一节 公 司 法

一、公司与公司法

（一）公司概述

公司是依公司法规定的条件和程序设立的、以营利为目的的企业法人。
公司享有由股东投资形成的全部法人财产权，依法享有民事权利，承担民事责任。公司以其全部法人财产，依法自主经营，自负盈亏。

根据我国公司法的规定，公司可以分为有限责任公司和股份有限公司。

有限责任公司，是指公司的股东对公司以其认缴的出资额为限承担有限责任的公司。但是，若一人有限责任公司的股东不能证明公司财产独立于股东自己的财产的，则应当对公司债务承担连带责任。

股份有限公司，是指公司的资本划分为等额股份，公司股东以其认购的股份为限对公司承担有限责任的公司。上市公司，是指其股票在证券交易所上市交易的股份有限公司

公司既可以设立分公司，也可以设立子公司。分公司不具有企业法人资格，其民事责任由公司承担。而子公司则具有企业法人资格，依法独立承担民事责任。

此外，公司可以向其他企业投资，但是，除法律另有规定外，公司不得成为对所投资

企业的债务承担连带责任的出资人。

（二）公司法的概念

公司法是指规范公司的组织与行为的法律规范的总称。1993 年 12 月 29 日第八届全国人民代表大会常务委员会第五次会议通过了《中华人民共和国公司法》，1999 年 12 月 25 日、2004 年 8 月 28 日、2005 年 10 月 27 日、2013 年 12 月 28 日、2018 年 10 月 26 日全国人民代表大会常务委员会分别对公司法进行了 4 次修正、1 次修订。

二、公司章程

公司章程是由股东或发起人制定的、申请设立公司时必须向政府有关部门提交的规定公司宗旨、资本、组织等内容的重要文件，是规范公司内外关系及行为的基本规则，对公司、股东、董事、监事、高级管理人员均具有约束力。

公司章程应当载明下列事项：①公司名称和住所；②公司经营范围，其中属于法律、行政法规规定须经批准的项目，应当依法经过批准；③公司注册资本；④股东的姓名或者名称；⑤股东的出资方式、出资额和出资时间；⑥公司的机构及其产生办法、职权、任期、议事规则；⑦公司法定代表人，通常由董事长、执行董事或者经理担任；⑧股东会会议认为需要规定的其他事项。此外，股份有限公司的公司章程还应当载明下列事项：①公司设立方式；②公司股份总数、每股金额；③发起人的姓名或者名称、认购的股份数、出资方式和出资时间；④公司利润分配办法；⑤公司的解散事由与清算办法；⑥公司的通知和公告办法。

股东应当在公司章程上签名、盖章。公司章程的制定与修改要依法定程序进行。

三、公司的设立

（一）设立公司的条件

有限责任公司与股份有限公司设立条件对照一览表

条件 ＼ 公司类型	有限责任公司	股份有限公司
股东或发起人符合法定人数	1. 1~50 个股东 2. 1 个自然人只能投资设立 1 个一人有限责任公司。该一人有限责任公司不能投资设立新的一人有限责任公司	2~200 个发起人，其中须有半数以上的发起人在中国境内有住所
出资方式	1. 货币 2. 实物、知识产权、土地使用权、股权等可以用货币估价并可以依法转让的非货币财产；但是，法律、行政法规规定不得作为出资的财产除外，如，不得以劳务、信用、自然人姓名、商誉、特许经营权或者设定担保的财产等作价出资	同

续表

条件＼公司类型	有限责任公司	股份有限公司
出资额	1. 有符合公司章程规定的全体股东认缴的出资额 2. 股东应当按期足额缴纳公司章程中规定的各自所认缴的出资额。股东以货币出资的，应当将货币出资足额存入有限责任公司在银行开设的账户；以非货币财产出资的，应当依法办理其财产权的转移手续	1. 有符合公司章程规定的全体发起人认购的股本总额或者募集的实收股本总额 2. 以发起设立方式设立股份有限公司的，发起人应当书面认足公司章程规定其认购的股份，并按照公司章程规定缴纳出资。以非货币财产出资的，应当依法办理其财产权的转移手续 3. 以募集设立方式设立股份有限公司的，发起人认购的股份不得少于公司股份总数的35%
制定公司章程	股东共同制定	发起人制定公司章程，采用募集方式设立的经创立大会通过
有公司名称	1. 由字号（商号）、行业或经营特点、组织形式依次组成，且一般应冠以所在地行政区域名称 2. 在公司名称中标明有限责任公司或者有限公司字样 3. 由全体股东指定的代表或者共同委托的代理人向公司登记机关申请名称预先核准	1. 同 2. 在公司名称中标明股份有限公司或者股份公司字样 3. 由全体发起人指定的代表或者共同委托的代理人向公司登记机关申请名称预先核准
建立符合要求的组织机构	1. 股东会，但一人有限责任公司和国有独资公司不设股东会 2. 董事会及经理或者执行董事 3. 监事会	1. 股东大会 2. 董事会及经理 3. 监事会 4. 上市公司设立独立董事和董事会秘书
有公司住所	公司以其主要办事机构所在地为住所	同

（二）设立公司的程序

1. 有限责任公司的设立程序

发起人订立协议→名称预先核准→制定公司章程→股东认缴出资→申请登记→公司成立。

一人有限责任公司应当在公司登记中注明自然人独资或者法人独资，并在公司营业执照中载明。

2. 股份有限公司的设立程序

（1）发起设立的程序。

发起设立，是指由发起人认购公司应发行的全部股份而设立公司。其程序是：发起人订立协议→名称预先核准→制定公司章程→发起人认购股份缴纳出资→选举董事会、监事会→董事会申请登记→公司成立。

（2）募集设立的程序。

募集设立，是指由发起人认购公司应发行股份的一部分，其余股份向社会公开募集或者向特定对象募集而设立公司。其程序是：发起人订立协议→名称预先核准→制定公司章程→发起人认购股份缴纳出资→制作招股说明书→签订承销协议和股款代收协议→申请批准募集→募集→召开创立大会→选举董事会、监事会→董事会申请登记→公司成立。

四、公司的组织机构

（一）股东（大）会

股东（大）会是公司的权力机构，由全体股东组成。股东（大）会只能就法定事项形成决议，既不能对外代表公司，也不能对内管理业务。

股东（大）会行使下列职权：①决定公司的经营方针和投资计划；②选举和更换非由职工代表担任的董事、监事，决定有关董事、监事的报酬事项；③审议批准董事会的报告；④审议批准监事会或者监事的报告；⑤审议批准公司的年度财务预算方案、决算方案；⑥审议批准公司的利润分配方案和弥补亏损方案；⑦对公司增加或者减少注册资本作出决议；⑧对发行公司债券作出决议；⑨对公司合并、分立、变更公司形式、解散和清算等事项作出决议；⑩修改公司章程；⑪公司章程规定的其他职权。

（二）董事会

董事会是公司的经营决策和业务执行机构，对股东（大）会负责。有限责任公司的董事会由3至13人组成；股份有限公司的董事会由5至19人组成。董事会设董事长一人，可以设副董事长。股东人数较少或者规模较小的有限责任公司，可以设一名执行董事，不设立董事会。执行董事的职权由公司章程规定。

董事会行使下列职权：①召集股东（大）会会议，并向股东（大）会报告工作；②执行股东（大）会的决议；③决定公司的经营计划和投资方案；④制订公司的年度财务预算方案、决算方案；⑤制订公司的利润分配方案和弥补亏损方案；⑥制订公司增加或者减少注册资本以及发行公司债券的方案；⑦制订公司合并、分立、变更公司形式、解散的方案；⑧决定公司内部管理机构的设置；⑨决定聘任或者解聘公司经理及其报酬事项，并根据经理的提名决定聘任或者解聘公司副经理、财务负责人及其报酬事项；⑩制定公司的基本管理制度；⑪公司章程规定的其他职权。

（三）经理

经理是公司的日常经营管理者，由董事会决定聘任或者解聘，对董事会负责。执行董事可以兼任公司经理。

经理行使下列职权：①主持公司的生产经营管理工作，组织实施董事会决议；②组织实施公司年度经营计划和投资方案；③拟订公司内部管理机构设置方案；④拟订公司的基本管理制度；⑤制定公司的具体规章；⑥提请聘任或者解聘公司副经理、财务负责人；⑦决定聘任或者解聘除应由董事会决定聘任或者解聘以外的负责管理人员；⑧董事会授予的其他职权。公司章程对经理职权另有规定的，从其规定。经理列席董事会会议。

（四）监事会

监事会是公司的监督机构，其成员不得少于三人，且应当包括股东代表和适当比例的公司职工代表，其中职工代表的比例不得低于三分之一，具体比例由公司章程规定。监事会设主席一人，由全体监事过半数选举产生。股东人数较少或者规模较小的有限责任公司，可以设一至二名监事，不设立监事会。

董事、高级管理人员不得兼任监事。高级管理人员，是指公司的经理、副经理、财务负责人，上市公司董事会秘书和公司章程规定的其他人员。

监事会、不设监事会的公司的监事行使下列职权：①检查公司财务；②对董事、高级管理人员执行公司职务的行为进行监督，对违反法律、行政法规、公司章程或者股东（大）会决议的董事、高级管理人员提出罢免的建议；③当董事、高级管理人员的行为损害公司的利益时，要求董事、高级管理人员予以纠正；④提议召开临时股东（大）会会议，在董事会不履行公司法规定的召集和主持股东（大）会会议职责时召集和主持股东（大）会会议；⑤向股东（大）会会议提出提案；⑥依照公司法第一百五十二条的规定，对董事、高级管理人员提起诉讼；⑦公司章程规定的其他职权。监事可以列席董事会会议，并对董事会决议事项提出质询或者建议。

监事会、不设监事会的公司的监事发现公司经营情况异常，可以进行调查；必要时，可以聘请会计师事务所等协助其工作，费用由公司承担。监事会、不设监事会的公司的监事行使职权所必需的费用，由公司承担。

五、国有独资公司

国有独资公司是指国家单独出资、由国务院或者地方人民政府委托本级人民政府国有资产监督管理机构履行出资人职责的有限责任公司。

国有独资公司章程由国有资产监督管理机构制定，或者由董事会制订报国有资产监督管理机构批准。

国有独资公司不设股东会，由国有资产监督管理机构行使股东会职权。国有资产监督管理机构可以授权公司董事会行使股东会的部分职权，决定公司的重大事项，但公司的合并、分立、解散、增减注册资本和发行公司债券，必须由国有资产监督管理机构决定；其中，重要的国有独资公司合并、分立、解散、申请破产的，应当由国有资产监督管理机构审核后，报本级人民政府批准。

国有独资公司设立董事会，其成员由国有资产监督管理机构委派，但成员中的职工代表由公司职工代表大会选举产生。董事会设董事长一人，可以设副董事长。董事长、副董事长由国有资产监督管理机构从董事会成员中指定。

国有独资公司设经理，由董事会聘任或者解聘。经国有资产监督管理机构同意，董事会成员可以兼任经理。

国有独资公司的董事长、副董事长、董事、高级管理人员，未经国有资产监督管理机构同意，不得在其他有限责任公司、股份有限公司或者其他经济组织兼职。

国有独资公司监事会成员不得少于五人，其中职工代表的比例不得低于三分之一，具体比例由公司章程规定。监事会成员由国有资产监督管理机构委派，但成员中的职工代表由公司职工代表大会选举产生。监事会主席由国有资产监督管理机构从监事会成员中指定。

六、股东的权利与义务

股东是指向公司出资、持有公司股份、享有股东权利和承担股东义务的人。

（一）股东的权利

（1）发给股票或者其他股权证明请求权；

（2）股份转让权；

（3）股息红利分配请求权；

（4）股东（大）会临时召集请求权或自行召集权；

（5）出席股东（大）会并行使表决权；

（6）对公司财务的监督检查权和会计账簿的查阅权；

（7）对公司章程和股东（大）会会议记录、董事会会议决议、监事会会议决议的查阅权和复制权；

（8）优先认购新股权；

（9）公司剩余财产分配权；

（10）权利损害救济权和股东代表诉讼权；如：股东（大）会、董事会的会议召集程序、表决方式违反法律、行政法规或者公司章程，或者决议内容违反公司章程的，股东可以自决议作出之日起六十日内，请求人民法院撤销。董事、高级管理人员违反法律、行政法规或者公司章程的规定，损害股东利益的，股东可以向人民法院提起诉讼。

（11）公司重整申请权；

（12）公司经营建议和质询权。等等。

（二）股东的义务

（1）出资义务：股东应按时足额缴纳出资，且在公司成立后，不得抽逃出资；

（2）参加股东（大）会会议的义务；

（3）不干涉公司正常经营的义务；

（4）特定情形下的表决权禁行义务；

（5）不得滥用股东权利的义务。等等。

总之，公司股东应当遵守法律、行政法规和公司章程，依法行使股东权利，不得滥用股东权利损害公司或者其他股东的利益；不得滥用公司法人独立地位和股东有限责任损害公司债权人的利益。

公司股东滥用股东权利给公司或者其他股东造成损失的，应当依法承担赔偿责任。

公司股东滥用公司法人独立地位和股东有限责任，逃避债务，严重损害公司债权人利益的，应当对公司债务承担连带责任。

七、公司董事、监事、高级管理人员的资格和义务

（一）资格

公司法规定，有下列情形之一的，不得担任公司的董事、监事、高级管理人员：

（1）无民事行为能力或者限制民事行为能力；

（2）因贪污、贿赂、侵占财产、挪用财产或者破坏社会主义市场经济秩序，被判处刑罚，执行期满未逾五年，或者因犯罪被剥夺政治权利，执行期满未逾五年；

（3）担任破产清算的公司、企业的董事或者厂长、经理，对该公司、企业的破产负有个人责任的，自该公司、企业破产清算完结之日起未逾三年；

（4）担任因违法被吊销营业执照、责令关闭的公司、企业的法定代表人，并负有个人责任的，自该公司、企业被吊销营业执照之日起未逾三年；

（5）个人所负数额较大的债务到期未清偿。

公司违反上述规定选举、委派董事、监事或者聘任高级管理人员的，该选举、委派或者聘任无效。董事、监事、高级管理人员在任职期间出现上列情形的，公司应当解除其职务。

（二）义务

董事、监事、高级管理人员应当遵守法律、行政法规和公司章程，对公司负有忠实义务和勤勉义务。

1. 董事、监事、高级管理人员不得利用职权收受贿赂或者其他非法收入，不得侵占公司的财产。

2. 董事、高级管理人员不得有下列行为：

（1）挪用公司资金；

（2）将公司资金以其个人名义或者以其他个人名义开立账户存储；

（3）违反公司章程的规定，未经股东（大）会或者董事会同意，将公司资金借贷给他人或者以公司财产为他人提供担保；

（4）违反公司章程的规定或者未经股东（大）会同意，与本公司订立合同或者进行交易；

（5）未经股东（大）会同意，利用职务便利为自己或者他人谋取属于公司的商业机会，自营或者为他人经营与所任职公司同类的业务；

（6）接受他人与公司交易的佣金归为己有；

（7）擅自披露公司秘密；

（8）违反对公司忠实义务的其他行为。

董事、高级管理人员违反上述规定所得的收入应当归公司所有。

3. 董事、监事、高级管理人员执行公司职务时违反法律、行政法规或者公司章程的规定，给公司造成损失的，应当承担赔偿责任。

八、公司的解散和清算

（一）公司的解散

公司因下列原因解散：①公司章程规定的营业期限届满或者公司章程规定的其他解散事由出现；②股东（大）会决议解散；③因公司合并或者分立需要解散；④依法被吊销营业执照、责令关闭或者被撤销；⑤人民法院依法予以解散：即公司经营管理发生严重困难，继续存续会使股东利益受到重大损失，通过其他途径不能解决的，持有公司全部股东表决权百分之十以上的股东，可以请求人民法院解散公司。

（二）公司的清算

公司因上述第（1）项、第（2）项、第（4）项、第（5）项规定而解散的，应当在解散事由出现之日起十五日内成立清算组，开始清算。

有限责任公司的清算组由股东组成，股份有限公司的清算组由董事或者股东大会确定的人员组成。逾期不成立清算组进行清算的，债权人可以申请人民法院指定有关人员组成清算组进行清算。人民法院应当受理该申请，并及时组织清算组进行清算。

清算组在清理公司财产、编制资产负债表和财产清单后，应当制定清算方案，并报股东（大）会或者人民法院确认。

公司财产在分别支付清算费用、职工的工资、社会保险费用和法定补偿金，缴纳所欠税款，清偿公司债务后的剩余财产，有限责任公司按照股东的出资比例分配，股份有限公司按照股东持有的股份比例分配。公司财产在未按前述规定清偿前，不得分配给股东。

清算期间，公司存续，但不得开展与清算无关的经营活动。

清算组在清理公司财产、编制资产负债表和财产清单后，发现公司财产不足清偿债务的，应当依法向人民法院申请宣告破产。

公司经人民法院裁定宣告破产后，清算组应当将清算事务移交给人民法院。

（三）公司的注销

公司清算结束后，清算组应当制作清算报告，报股东（大）会或者人民法院确认，并报送公司登记机关，申请注销公司登记，公告公司终止。

第二节　合伙企业法

一、合伙企业与合伙企业法

合伙企业，是指在中国境内设立的、由合伙人订立合伙协议，并依据合伙协议共同出资、共担风险、共享经营收益，对合伙企业债务依照合伙企业法规定承担责任的经营性组织。

根据合伙企业法的规定，合伙企业分为普通合伙企业和有限合伙企业。

普通合伙企业与有限合伙企业之主要区别

企业类型 不同点	普通合伙企业	有限合伙企业
合伙人条件	2个以上合伙人，且合伙人均为普通合伙人	2~50个合伙人，有普通合伙人和有限合伙人，且至少有1名普通合伙人
出资方式	货币、实物、知识产权、土地使用权或者其他财产权利、劳务等	1. 同左 2. 有限合伙人不得以劳务出资

续表

企业类型 不同点	普通合伙企业	有限合伙企业
经营管理方式	所有合伙人对执行合伙事务享有同等的权利，每个合伙人都有权参与经营	1. 普通合伙人执行合伙事务 2. 有限合伙人只负担出资义务，分享利润，不执行合伙事务，不得对外代表有限合伙企业
合伙人义务	1. 合伙人不得自营或者同他人合作经营与本合伙企业相竞争的业务 2. 除合伙协议另有约定或者经全体合伙人一致同意外，合伙人不得同本合伙企业进行交易	除合伙协议另有约定外，有限合伙人可以同本有限合伙企业进行交易，也可以自营或者同他人合作经营与本有限合伙企业相竞争的业务
责任承担方式	合伙人对合伙企业债务承担无限连带责任	1. 普通合伙人对合伙企业债务承担无限连带责任 2. 有限合伙人以其认缴的出资额为限对合伙企业债务承担责任 3. 有限合伙人转变为普通合伙人的，对其作为有限合伙人期间有限合伙企业发生的债务承担无限连带责任 4. 普通合伙人转变为有限合伙人的，对其作为普通合伙人期间合伙企业发生的债务承担无限连带责任

合伙企业法是指调整在合伙企业的设立、组织、活动和解散过程中发生的社会关系的法律规范的总称。1997 年 2 月 23 日第八届全国人民代表大会第 24 次会议通过了《中华人民共和国合伙企业法》，2006 年 8 月 27 日第十届全国人民代表大会常务委员会第 23 次会议修订，自 2007 年 6 月 1 日起施行。

二、合伙企业的设立

（一）合伙企业的设立条件

1. 有 2 个以上合伙人

合伙人可以是自然人、法人和其他组织；合伙人为自然人的，应当具有完全民事行为能力；国有独资公司、国有企业、上市公司以及公益性的事业单位、社会团体不得成为普通合伙人；有限合伙企业的合伙人一般不得超过 50 个，且至少应当有 1 个普通合伙人。

2. 有书面合伙协议

合伙协议是合伙人之间共同协商订立，确定合伙经营原则与合伙企业事务执行原则、各合伙人间权利义务等内容的契约文件。

合伙协议应当载明下列事项：（1）合伙企业的名称和主要经营场所的地点；（2）合伙目的和合伙经营范围；（3）合伙人的姓名或者名称、住所；（4）合伙人的出资方式、数额和缴付期限；（5）利润分配、亏损分担方式；（6）合伙事务的执行；（7）入伙与退伙；（8）争议解决办法；（9）合伙企业的解散与清算；（10）违约责任。此外，有限合伙企业的合伙协议还应载明执行事务合伙人应具备的条件、选择程序、权限与违约处理办法、除名条件、更换程序以及有限合伙人和普通合伙人相互转变程序等事项。

合伙协议经全体合伙人签名、盖章后生效。

3. 有合伙人认缴或者实际缴付的出资

普通合伙人可以用货币、实物、知识产权、土地使用权或者其他财产权利出资，也可以用劳务出资；有限合伙人不得以劳务出资。合伙人以实物、知识产权、土地使用权或者其他财产权利出资，需要评估作价的，可以由全体合伙人协商确定，也可以由全体合伙人委托法定评估机构评估；合伙人以劳务出资的，其评估办法由全体合伙人协商确定，并在合伙协议中载明。

合伙人应当按照合伙协议约定的出资方式、数额和缴付期限，履行出资义务。以非货币财产出资的，依照法律、行政法规的规定，需要办理财产权转移手续的，应当依法办理。

4. 有合伙企业的名称和生产经营场所

普通合伙企业名称中应当标明"普通合伙"字样；特殊的普通合伙企业名称中应当标明"特殊普通合伙"字样。有限合伙企业名称中应当标明"有限合伙"字样。

5. 法律、行政法规规定的其他条件

（二）合伙企业的设立程序

1. 申请

申请人应当向企业登记机关提交登记申请书、合伙协议书、合伙人身份证明等文件。合伙企业的经营范围中有属于法律、行政法规规定在登记前须经批准的项目的，该项经营业务应当依法经过批准，并在登记时提交批准文件。

2. 登记

申请人提交的登记申请材料齐全、符合法定形式，企业登记机关能够当场登记的，应予当场登记，发给营业执照。除前述情形外，企业登记机关应当自受理申请之日起二十日内，作出是否登记的决定。予以登记的，发给营业执照；不予登记的，应当给予书面答复，并说明理由。有限合伙企业登记事项中应当载明有限合伙人的姓名或者名称及认缴的出资数额。

合伙企业的营业执照签发日期，为合伙企业成立日期。合伙企业领取营业执照前，合伙人不得以合伙企业名义从事合伙业务。

三、合伙企业的财产

（一）合伙企业的财产

合伙企业的财产包括合伙人的出资、以合伙企业名义取得的收益和依法取得的其他财产。

（二）合伙企业财产的分割、转让与出质

除法律另有规定外，合伙人在合伙企业清算前，不得请求分割合伙企业的财产；合伙人在合伙企业清算前私自转移或者处分合伙企业财产的，合伙企业不得以此对抗善意第三人。

除合伙协议另有约定外，普通合伙人向合伙人以外的人转让其在合伙企业中的全部或者部分财产份额时，须经其他合伙人一致同意，且在同等条件下，其他合伙人有优先购买权；普通合伙人之间转让在合伙企业中的全部或者部分财产份额时，应当通知其他合伙人。有限合伙人可以按照合伙协议的约定向合伙人以外的人转让其在有限合伙企业中的财产份额，但应当提前三十日通知其他合伙人。

普通合伙人以其在合伙企业中的财产份额出质的，须经其他合伙人一致同意；未经其他合伙人一致同意，其行为无效，由此给善意第三人造成损失的，由行为人依法承担赔偿责任。但是，除合伙协议另有约定外，有限合伙人可以将其在有限合伙企业中的财产份额出质。

（三）合伙企业的损益分配

合伙企业的利润分配、亏损分担，按照合伙协议的约定办理；合伙协议未约定或者约定不明确的，由合伙人协商决定；协商不成的，由合伙人按照实缴出资比例分配、分担；无法确定出资比例的，由合伙人平均分配、分担。

合伙协议不得约定将全部利润分配给部分合伙人或者由部分合伙人承担全部亏损。但是，有限合伙协议可以约定将全部利润分配给部分合伙人。

四、合伙事务的执行

（一）合伙人的合伙事务执行权

普通合伙人对执行合伙事务享有同等的权利，但按照合伙协议的约定或者经全体合伙人决定，委托一个或者数个普通合伙人对外代表合伙企业执行合伙事务的，则其他合伙人不再执行合伙事务。

有限合伙人不执行合伙事务，不得对外代表有限合伙企业。

执行事务合伙人应当定期向其他合伙人报告事务执行情况以及合伙企业的经营和财务状况，其执行合伙事务所产生的收益归合伙企业，所产生的费用和亏损由合伙企业承担。

不执行合伙事务的合伙人有权监督执行事务合伙人执行合伙事务的情况。

受委托执行合伙事务的合伙人不按照合伙协议或者全体合伙人的决定执行事务的，其他合伙人可以决定撤销该委托。

合伙企业对合伙人执行合伙事务以及对外代表合伙企业权利的限制，不得对抗善意第三人。

（二）合伙事务执行的决议办法

合伙人对合伙企业有关事项作出决议，按照合伙协议约定或者合伙企业法规定的表决办法办理。合伙协议未约定或者约定不明确的，实行合伙人一人一票并经全体合伙人过半数通过的表决办法。

除合伙协议另有约定外，合伙企业的下列事项应当经全体合伙人一致同意：

（1）改变合伙企业的名称；

（2）改变合伙企业的经营范围、主要经营场所的地点；

（3）处分合伙企业的不动产；

（4）转让或者处分合伙企业的知识产权和其他财产权利；

（5）以合伙企业名义为他人提供担保；

（6）聘任合伙人以外的人担任合伙企业的经营管理人员。

五、入伙与退伙

（一）入伙

入伙是指在合伙企业存续期间，合伙人以外的第三人加入合伙企业，取得合伙人资格。

新合伙人入伙，除合伙协议另有约定外，应当经全体合伙人一致同意，并依法订立书面入伙协议。订立入伙协议时，原合伙人应当向新合伙人如实告知原合伙企业的经营状况和财务状况。

入伙的新合伙人与原合伙人享有同等权利，承担同等责任。入伙协议另有约定的，从其约定。新合伙人对入伙前合伙企业的债务承担无限连带责任，但新入伙的有限合伙人对入伙前有限合伙企业的债务，以其认缴的出资额为限承担责任。

（二）退伙

退伙是指合伙人退出合伙企业，丧失合伙人资格。退伙有自愿退伙和法定退伙。

合伙人退伙，其他合伙人应当与该退伙人按照退伙时的合伙企业财产状况进行结算，退还退伙人的财产份额。退伙人对给合伙企业造成的损失负有赔偿责任的，相应扣减其应当赔偿的数额。退伙时有未了结的合伙企业事务的，待该事务了结后进行结算。

退伙人在合伙企业中财产份额的退还办法，由合伙协议约定或者由全体合伙人决定，可以退还货币，也可以退还实物。

退伙人对基于其退伙前的原因发生的合伙企业债务，承担无限连带责任。但是，有限合伙人退伙后，对基于其退伙前的原因发生的有限合伙企业债务，只以其退伙时从有限合伙企业中取回的财产承担责任。

合伙人退伙时，合伙企业财产少于合伙企业债务的，退伙人应当依法分担亏损，即合伙协议约定亏损分担比例的，按约定办理；合伙协议未约定或约定不明的，由合伙人协商决定；协商不成的，由合伙人按照实缴出资比例分担；无法确定出资比例的，由合伙人平均分担。

六、合伙企业的解散和清算

（一）合伙企业的解散

合伙企业有下列情形之一的，应当解散：①合伙期限届满，合伙人决定不再经营；②合伙协议约定的解散事由出现；③全体合伙人决定解散；④合伙人已不具备法定人数满三十天；⑤合伙协议约定的合伙目的已经实现或者无法实现；⑥依法被吊销营业执照、责令关闭或者被撤销；⑦法律、行政法规规定的其他原因。

（二）合伙企业的清算

合伙企业解散，应当由清算人进行清算。清算人由全体合伙人担任；经全体合伙人过半数同意，可以自合伙企业解散事由出现后十五日内指定一个或者数个合伙人，或者委托第三人，担任清算人。自合伙企业解散事由出现之日起十五日内未确定清算人的，合伙人或者其他利害关系人可以申请人民法院指定清算人。

清算期间，合伙企业存续，但不得开展与清算无关的经营活动。

合伙企业财产在支付清算费用和职工工资、社会保险费用、法定补偿金以及缴纳所欠税款、清偿债务后的剩余财产，按照合伙协议的约定办理；合伙协议未约定或者约定不明确的，由合伙人协商决定；协商不成的，由合伙人按照实缴出资比例分配；无法确定出资比例的，由合伙人平均分配。

合伙企业不能清偿到期债务的，债权人可以依法向人民法院提出破产清算申请，也可以要求普通合伙人清偿。合伙企业依法被宣告破产的，普通合伙人对合伙企业债务仍应承担无限连带责任。

（三）合伙企业的注销

清算结束，清算人应当编制清算报告，经全体合伙人签名、盖章后，在十五日内向企业登记机关报送清算报告，申请办理合伙企业注销登记。

合伙企业注销后，原普通合伙人对合伙企业存续期间的债务仍应承担无限连带责任。

七、合伙企业与公司的主要区别

企业类型 不同点	公司	合伙企业
成立的基础	公司章程	合伙协议
法律地位	法人	非法人
财产权的独立程度	完全独立，股东在公司存续期间不得从公司取回财产	合伙人在一定条件下可以退伙取回财产
经营管理	集中管理	各合伙人对执行合伙企业事务享有同等的权利
投资者的责任	股东负有限责任	普通合伙人负无限连带责任

第三节　个人独资企业法

【案例4-1】张某于2020年7月18日投资设立个人独资企业后，委托李某管理企业事务，双方签订了委托管理合同，其中明确李某仅对10万元以下的交易有决定权。2020年12月10日，李某以独资企业的名义与甲公司签订了50万元的买卖合同。甲公司依约供货，独资企业却未按期付款。请思考以下哪种表述成立？（1）李某接受委托管理企业，代表企业签订买卖合同，合同有效，应按合同付款；（2）因委托管理合同明确李某仅对 10 万元以下的交易有决定权，故合同无效，不能付款；（3）张某或李某可向甲公司出具委托管理合同，不予付款；（4）张某或李某可向甲公司出具委托管理合同，付款 10 万元，其余款项不付。

一、个人独资企业与个人独资企业法

个人独资企业，是指在中国境内设立，由一个自然人投资，财产为投资人个人所有，投资人以其个人财产对企业债务承担无限责任的经营实体。个人独资企业不具有法人资格，是自然人企业，它在法律上的主体资格仍然为自然人。

个人独资企业法是指调整个人独资企业经济活动的法律规范的总称。1999 年 8 月 30 日第九届全国人民代表大会常务委员会第十一次会议通过了《中华人民共和国个人独资企业法》，自 2000 年 1 月 1 日起施行。

二、个人独资企业的设立条件

（一）投资人为一个自然人

投资人只能是具有中华人民共和国国籍的自然人，但法律、行政法规禁止从事营利性活动的人不得作为投资人，如行政机关公务人员、司法人员和现役军人。

（二）有合法的企业名称

个人独资企业的名称应与其责任形式及从事的营业相符，应遵守企业名称登记管理的规定，如，不得使用"有限""有限责任""公司"等字样；

（三）有投资人申报的出资

（四）有固定的生产经营场所和必要的生产经营条件

（五）有必要的从业人员

三、个人独资企业的财产和事务管理

（一）个人独资企业的财产

个人独资企业的财产包括投资人的出资和个人独资企业在经营过程中积累起来的财产。

个人独资企业投资人对本企业的财产依法享有所有权，其有关权利可以依法进行转让或者继承。正是因为个人独资企业的财产为投资人个人所有，由投资人支配并享受其利益，企业本身没有独立的或者相对独立的可供支配的财产，所以，投资人个人是拥有个人独资企业财产权利并承担个人独资企业财产责任的主体。

个人独资企业投资人在申请企业设立登记时明确以其家庭共有财产作为个人出资的，应当依法以家庭共有财产对企业债务承担无限责任。

（二）个人独资企业的事务管理

个人独资企业投资人可以自行管理企业事务，也可以委托或者聘用其他具有民事行为能力的人负责企业的事务管理。

投资人委托或者聘用他人管理个人独资企业事务，应当与受托人或者被聘用的人签订书面合同，明确委托的具体内容和授予的权利范围。

受托人或者被聘用的人员应当履行诚信、勤勉义务，按照与投资人签订的合同负责个人独资企业的事务管理。

投资人对受托人或者被聘用的人员职权的限制，不得对抗善意第三人。

【案例4-1】根据上述规定，第一种表述成立。

四、个人独资企业的解散和清算

（一）个人独资企业的解散

个人独资企业有下列情形之一时，应当解散：（1）投资人决定解散；（2）投资人死亡或者被宣告死亡，无继承人或者继承人决定放弃继承；（3）被依法吊销营业执照；（4）法律、行政法规规定的其他情形。

（二）个人独资企业的清算

个人独资企业解散，由投资人自行清算或者由债权人申请人民法院指定清算人进行清算。

投资人自行清算的，应当在清算前十五日内书面通知债权人，无法通知的，应当予以公告。债权人应当在接到通知之日起三十日内，未接到通知的应当在公告之日起六十日内，向投资人申报其债权。清算期间，个人独资企业不得开展与清算目的无关的经营活动。在按规定清偿债务前，投资人不得转移、隐匿财产。个人独资企业解散的，财产应当按照下列顺序清偿：①所欠职工工资和社会保险费用；②所欠税款；③其他债务。个人独资企业财产不足以清偿债务的，投资人应当以其个人的其他财产予以清偿。

个人独资企业解散后，原投资人对个人独资企业存续期间的债务仍应承担偿还责任，但债权人在五年内未向债务人提出偿债请求的，该责任消灭。

（三）个人独资企业的注销

个人独资企业清算结束后，投资人或者人民法院指定的清算人应当编制清算报告，并于十五日内到登记机关办理注销登记。

第四节　反不正当竞争法

【案例4-2】某商厦开展有奖销售活动，其公告中称：本次活动分两次抽奖，第一次一等奖1名，奖价值43000元的电动汽车一辆，第二次一等奖1名，奖价值26000元电动汽车一辆；第一次获奖者还可参加第二次抽奖。请思考下列哪种表述是正确的：（1）开奖不允许分两次进行，该商厦构成不正当有奖销售；（2）可以两次开奖，但最高奖的总值不得超过50000元，该商厦构成不正当有奖销售；（3）可以两次开奖，因每次的最高奖励额未超过50000元，该商厦属正当有奖销售；（4）是不是正当有奖销售，应取决于最后抽奖结果是否出现一人连续两次中一等奖。

一、不正当竞争行为和反不正当竞争法

经营者，是指从事商品生产、经营或者提供服务（本节所称商品包括服务）的自然

人、法人和非法人组织。经营者在生产经营活动中，应当遵循自愿、平等、公平、诚信的原则，遵守法律和商业道德。

不正当竞争行为，是指经营者在生产经营活动中，违反《反不正当竞争法》规定，扰乱市场竞争秩序，损害其他经营者或者消费者的合法权益的行为。

反不正当竞争法是调整在市场竞争过程中因规制不正当竞争行为而产生的社会关系的法律规范的总称。反不正当竞争法是鼓励和保护公平竞争、维护市场经济秩序、保护经营者和消费者的合法权益的基础性法律。1993 年 9 月 2 日第八届全国人民代表大会常务委员会第三次会议通过《中华人民共和国反不正当竞争法》，2017 年 11 月 4 日第十二届全国人民代表大会常务委员会第三十次会议修订，2019 年 4 月 23 日第十三届全国人民代表大会常务委员会第十次会议修正，自 2018 年 1 月 1 日起施行。

二、不正当竞争行为的表现形式

（一）市场混淆行为

市场混淆行为，又称假冒或欺骗性交易行为，是指经营者在生产经营活动中，实施引人误认为是他人商品或者与他人存在特定联系的行为。

根据反不正当竞争法的规定，以下情形属于市场混淆行为：

（1）擅自使用与他人有一定影响的商品名称、包装、装潢等相同或者近似的标识；

（2）擅自使用他人有一定影响的企业名称（包括简称、字号等）、社会组织名称（包括简称等）、姓名（包括笔名、艺名、译名等）；

（3）擅自使用他人有一定影响的域名主体部分、网站名称、网页等；

（4）其他足以引人误认为是他人商品或者与他人存在特定联系的混淆行为。

应当明确的是，所谓"有一定影响"是一个相对的概念，是指为相关公众所知悉，有一定市场知名度和美誉度。"引人误解"是市场混淆行为的核心判断标准。实务中，要结合商业标识最早使用时间和持续使用情况、产品的广告宣传和实际销售、行业排名、获奖情况等因素进行个案判断。

（二）商业贿赂行为

商业贿赂行为，是指经营者在生产经营活动中，采用财物或者其他手段诱使受贿人作出违背其职务廉洁性或者违背其他一般商业道德的行为，而获取不正当的交易机会或者竞争优势。商业贿赂中争取交易机会和竞争优势的目的性，突出了商业贿赂对商业活动的不良影响，即强调谋取"不正当利益"。

所谓财物，是指现金和实物，包括经营者假借促销费、宣传费、赞助费、科研费、劳务费、咨询费、佣金等名义，或者以报销各种费用等方式给付的财物。所谓其他手段，是指提供国内外各种名义的旅游、考察、色情服务、高档宴席等给付财物以外的其他利益的手段。

根据反不正当竞争法的规定，经营者不得采用财物或者其他手段贿赂下列单位或者个人，以谋取交易机会或者竞争优势：

（1）交易相对方的工作人员；

（2）受交易相对方委托办理相关事务的单位或者个人；

（3）利用职权或者影响力影响交易的单位或者个人。

经营者在交易活动中，可以以明示方式向交易相对方支付折扣，或者向中间人支付佣金。经营者向交易相对方支付折扣、向中间人支付佣金的，应当如实入账。接受折扣、佣金的经营者也应当如实入账。

经营者的工作人员进行贿赂的，应当认定为经营者的行为；但是，经营者有证据证明该工作人员的行为与为经营者谋取交易机会或者竞争优势无关的除外。

（三）虚假宣传行为

虚假宣传行为，是指经营者在生产经营活动中，对商品或者服务做出与实际内容不相符的虚假或者引人误解的信息，欺骗、误导消费者的行为。

根据反不正当竞争法的规定，以下情形属于虚假宣传行为：

1. 经营者对其商品的性能、功能、质量、销售状况、用户评价、曾获荣誉等作虚假或者引人误解的商业宣传，欺骗、误导消费者的。

2. 经营者通过组织虚假交易等方式，帮助其他经营者进行虚假或者引人误解的商业宣传的。例如，帮助他人进行刷单、炒信、删除差评、虚构交易、开展虚假荣誉评比等行为。

【案例 4-3】常某与许某为网友。后许某通过向常某购买网络暗刷服务提高点击量的方式，假借虚假流量误导网络游戏玩家，15 天刷出 2700 万点击量，而许某未按照合同向常某支付服务费，故被诉至法院。北京互联网法院一审判决驳回常某全部诉讼请求，认定涉案合同损害社会公共利益，违背公序良俗，属"绝对无效"，并作出收缴常某、许某非法获利 16130 元、30743 元的决定书。

实务中，通常应当根据日常生活经验、相关公众一般注意力、发生误解的事实和被宣传对象的实际情况等因素，对引人误解的虚假宣传行为进行认定。如果只是以明显的夸张方式宣传商品，不足以造成相关公众误解的，不属于引人误解的虚假宣传行为。

应当明确的是，如果经营者实施的虚假宣传行为，属于发布虚假广告的，则依照《中华人民共和国广告法》的规定处罚。

（四）侵犯商业秘密的行为

商业秘密，是指不为公众所知悉、具有商业价值并经权利人采取相应保密措施的技术信息、经营信息等商业信息。商业秘密具有三个基本特征：（1）秘密性，即技术信息和经营信息等商业信息不为公众所知悉。（2）价值性，即技术信息和经营信息等商业信息可以用于工商业活动，具有商业价值（经济价值），能为权利人带来实际的或潜在的经济利益和竞争优势。（3）保密性，即权利人对技术信息和经营信息等商业信息采取了合理的保密措施。权利人是否采取保密措施不仅是技术信息和经营信息等商业信息能否成为商业秘密的条件，也是寻求法律保护的前提。

侵犯商业秘密的行为，是指以非法手段获取、披露、使用或者允许他人使用权利人商业秘密的行为。

根据反不正当竞争法的规定，经营者不得实施下列侵犯商业秘密的行为：

（1）以盗窃、贿赂、欺诈、胁迫、电子侵入或者其他不正当手段获取权利人的商业秘密；

（2）披露、使用或者允许他人使用以前项手段获取的权利人的商业秘密；

（3）违反保密义务或者违反权利人有关保守商业秘密的要求，披露、使用或者允许他人使用其所掌握的商业秘密；

（4）教唆、引诱、帮助他人违反保密义务或者违反权利人有关保守商业秘密的要求，获取、披露、使用或者允许他人使用权利人的商业秘密。

经营者以外的其他自然人、法人和非法人组织实施前款所列违法行为的，视为侵犯商业秘密。

第三人明知或者应知商业秘密权利人的员工、前员工或者其他单位、个人实施本条第一款所列违法行为，仍获取、披露、使用或者允许他人使用该商业秘密的，视为侵犯商业秘密。

（五）不正当有奖销售行为

有奖销售，是指经营者以销售商品或者获取竞争优势为目的，向消费者提供奖金、物品或者其他利益的行为，包括抽奖式和附赠式等有奖销售。但经政府或者政府有关部门依法批准的有奖募捐及其他彩票发售活动不属于有奖销售行为。

抽奖式有奖销售，是指经营者以抽签、摇号、游戏等带有偶然性或者不确定性的方法，决定消费者是否中奖的有奖销售行为。

附赠式有奖销售，是指经营者向满足一定条件的消费者提供奖金、物品或者其他利益的有奖销售行为。

此外，经营者为了推广移动客户端、招揽客户、提高知名度、获取流量、提高点击率等，附带性地提供物品、奖金或者其他利益的行为，也属于有奖销售。

根据反不正当竞争法规定，经营者进行有奖销售不得存在下列情形：

（1）所设奖的种类、兑奖条件、奖金金额或者奖品等有奖销售信息不明确，影响兑奖；

（2）采用谎称有奖或者故意让内定人员中奖的欺骗方式进行有奖销售；

（3）抽奖式的有奖销售，最高奖的金额超过5万元。

根据国家市场监督管理总局有关规定，有以下情形之一的，认定为最高奖的金额超过5万元：①最高奖设置多个中奖者的，其中任意一个中奖者的最高奖金额超过5万元；②同一奖券或者购买一次商品具有两次或者两次以上获奖机会的，累计金额超过5万元；③以物品使用权、服务等形式作为奖品的，该物品使用权、服务等的市场价格超过5万元；④以游戏装备、账户等网络虚拟物品作为奖品的，该物品市场价格超过5万元；⑤以降价、优惠、打折等方式作为奖品的，降价、优惠、打折等利益折算价格超过5万元；⑥以彩票、抽奖券等作为奖品的，该彩票、抽奖券可能的最高奖金额超过5万元；⑦以提供就业机会、聘为顾问等名义，并以给付薪金等方式设置奖励，最高奖的金额超过5万元；⑧以其他形式进行抽奖式有奖销售，最高奖金额超过5万元。

【案例4-2】第二种表述是正确的。

（六）商业诋毁行为

商业诋毁行为，是指经营者在生产经营活动中，编造、传播虚假信息或者误导性信息，损害竞争对手的商业信誉、商品声誉的行为。商业信誉，是指社会对特定经营者的评价，包括经营者的信用、资产、经营能力、经营作风等方面。商品声誉，是指社会对特定商品的评价，包括质量、性能、效用、价格等方面。诋毁的构成不以实际损害后果的发生为必需。

商业诋毁通常是在具有竞争关系的当事人之间发生，对于非经营者或不具竞争关系的经营者实施诋毁行为，不按不正当竞争行为处理，而是按民事侵权性质的诽谤行为对待，适用民法。商业诋毁和虚假宣传相类似但有所区别。相类似是两者的内容都是虚假信息，而两者区别在于虚假宣传是宣传的自己的产品，商业诋毁可能针对其他人的产品或竞争对手的产品。

（七）互联网不正当竞争行为

互联网不正当竞争行为，是指经营者在利用网络从事生产经营活动中，利用技术手段干扰、限制、影响其他经营者及用户的行为。

根据反不正当竞争法规定，"经营者不得利用技术手段，通过影响用户选择或者其他方式，实施下列妨碍、破坏其他经营者合法提供的网络产品或者服务正常运行的行为：

（1）未经其他经营者同意，在其合法提供的网络产品或者服务中，插入链接、强制进行目标跳转；

（2）误导、欺骗、强迫用户修改、关闭、卸载其他经营者合法提供的网络产品或者服务；

（3）恶意对其他经营者合法提供的网络产品或者服务实施不兼容；

（4）其他妨碍、破坏其他经营者合法提供的网络产品或者服务正常运行的行为"。

三、监督检查和法律责任

根据反不正当竞争法规定，"各级人民政府应当采取措施，制止不正当竞争行为，为公平竞争创造良好的环境和条件。""县级以上人民政府履行工商行政管理职责的部门对不正当竞争行为进行查处；法律、行政法规规定由其他部门查处的，依照其规定。""国家鼓励、支持和保护一切组织和个人对不正当竞争行为进行社会监督。""行业组织应当加强行业自律，引导、规范会员依法竞争，维护市场竞争秩序。"

根据反不正当竞争法规定，执法机关可以依法采取现场检查、询问有关单位或者个人、查询复制有关资料、查封扣押有关财物、查询银行账户等行政强制措施，有关当事人有配合调查的义务。对拒绝、阻碍监督检查部门调查的，将处以罚款或者给予治安管理处罚。

经营者实施不正当竞争行为应承担的法律责任包括民事责任、行政责任和刑事责任等责任形式。经营者应当承担民事责任、行政责任和刑事责任，其财产不足以支付的，优先用于承担民事责任。

（1）民事责任。主要有停止侵害、赔偿损失、消除影响、恢复名誉等具体形式。其中，就赔偿损失责任来说，《反不正竞争法》规定："因不正当竞争行为受到损害的经营者的赔偿数额，按照其因被侵权所受到的实际损失确定；实际损失难以计算的，按照侵权人因侵权所获得的利益确定。经营者恶意实施侵犯商业秘密行为，情节严重的，可以在按照上述方法确定数额的一倍以上五倍以下确定赔偿数额。赔偿数额还应当包括经营者为制止侵权行为所支付的合理开支。"如果经营者实施的不正当竞争行为属于市场混淆行为、侵犯商业秘密行为的，"权利人因被侵权所受到的实际损失、侵权人因侵权所获得的利益难以确定的，由人民法院根据侵权行为的情节判决给予权利人五百万元以下的赔偿。"

（2）行政责任。主要包括责令停止违法行为、没收违法商品、没收违法所得、罚款、消除影响、吊销营业执照等具体形式。除了市场混淆行为没有规定起罚点外，不当有奖销售行为的起罚点规定为 5 万元，商业贿赂、侵犯商业秘密、商业诋毁、互联网不正当竞争行为，起罚点是 10 万元，虚假宣传行为的起罚点是 20 万元。经营者从事不正当竞争，受到行政处罚的，由监督检查部门记入信用记录，并依照有关法律、行政法规的规定予以公示。

应当强调的是，如果经营者登记的企业名称构成市场混淆行为的，应当及时办理名称变更登记；名称变更前，由原企业登记机关以统一社会信用代码代替其名称。

（3）刑事责任。违反反不正当竞争法规定，构成犯罪的，依法追究刑事责任。

【案例4-4】深圳市长飞通信有限公司在权利人长飞光纤光缆股份有限公司已是知名企业且"长飞"文字商标被认定为"中国驰名商标"的情况下，将"长飞"作为当事人企业字号使用。2018 年 4 月 11 日，因权利人投诉，当事人被深圳市市场监督管理局责令停止使用"深圳市长飞通信有限公司"企业名称，并限 15 日内变更企业名称，但当事人并未办理企业名称变更登记，而是继续以"深圳市长飞通信有限公司"名义经营。另查明，当事人在向深圳市某公司销售产品过程中，为获取竞争优势通过微信转账方式给予该公司采购经理吴某平回扣共计 16620 元。

当事人违反了《中华人民共和国反不正当竞争法》第六条第
（二）项的规定，构成擅自使用他人有一定影响的企业名称行为，违反该法第七条第（一）项的规定，构成商业贿赂行为。执法机关依法责令当事人立即停止违法行为，办理名称变更登记，没收违法所得28028 元，并处罚款 266638.56 元。

第五节 产品质量法

【案例4-5】王某从甲商场购买乙厂生产的电热毯一个，使用中该电热毯发生漏电，致使房间着火，烧毁价值 5000 元的财产，王某本人也被烧伤致残。请思考：1. 王某应向谁提出赔偿请求？2. 赔偿范围有哪些？

一、产品质量与产品质量法

产品质量，通常是指产品所应具有的、满足人们需要的适用性、安全性、可靠性、耐用性、可维修性、经济性等特征和特性的总和。

产品质量法是调整产品的生产与销售，以及对产品质量进行监督管理过程中所形成的社会关系的法律规范的总称。1993 年 2 月 22 日第七届全国人民代表大会常务委员会第三十次会议通过了《中华人民共和国产品质量法》，自 1993 年 9 月 1 日起施行。2000 年 7 月 8 日第九届全国人民代表大会常务委员会第十六次会议进行修订，2018 年 12 月 29 日第十三届全国人民代表大会常务委员会第七次会议进行修改。

二、产品质量法的适用范围

（一）在中华人民共和国境内从事产品生产、销售活动的，必须遵守《产品质量法》

（二）经过加工、制作，用于销售的产品，适用《产品质量法》

即各种直接取之于自然界，未经加工、制作的天然物品如籽棉、稻、麦、蔬菜、饲养的鱼虾等种植业、养殖业的初级产品，采矿业的原油、原煤等直接开采出来未经炼制、洗选加工的原矿产品等，均不适用《产品质量法》的规定。对于这些未经加工、制作的初级产品的质量问题，应根据具体情况适用《民法典》的相关规定。此外，只是为了自己使用或馈赠他人的加工、制作产品，或半成品、在制品，不属于《产品质量法》意义上的产品。

（三）服务业经营所用的产品，适用《产品质量法》

（四）用于建设工程的各种建筑材料和建筑构配件、设备等，适用《产品质量法》

（五）建设工程、军工产品不适用《产品质量法》

由于军工产品一般不进入市场销售，并牵涉到保密和国家安全的问题，因此其质量监督管理办法，由国务院、中央军事委员会另行制定。

（六）因核设施、核产品造成损害的赔偿责任，不完全适用《产品质量法》的规定

三、产品质量的监督管理

（一）产品质量监督管理部门

我国确立了统一管理、分工负责的产品质量监督管理体制，即：国务院市场监督管理部门主管全国产品质量监督工作。国务院有关部门在各自的职责范围内负责产品质量监督工作。县级以上地方市场监督管理部门主管本行政区域内的产品质量监督工作。县级以上地方人民政府有关部门在各自的职责范围内负责产品质量监督工作。法律对产品质量的监督部门另有规定的，依照有关法律的规定执行。

（二）产品质量监督管理制度

1. 产品质量标准制度

对产品质量实行标准化管理，是我国对产品质量进行管理的一项重要制度。标准包括国家标准、行业标准、地方标准和团体标准、企业标准。国家标准分为强制性标准、推荐性标准，行业标准、地方标准是推荐性标准。强制性标准必须执行。国家鼓励采用推荐性标准。对保障人身健康和生命财产安全、国家安全、生态环境安全以及满足经济社会管理基本需要的技术要求，应当制定强制性国家标准。强制性国家标准由国务院批准发布或者授权批准发布。对满足基础通用、与强制性国家标准配套、对各有关行业起引领作用等需要的技术要求，可以制定推荐性国家标准。推荐性国家标准由国务院标准化行政主管部门

制定。不符合强制性标准的产品，不得生产、销售、进口或者提供。

2. 企业质量体系认证制度

企业质量体系认证，是指法定的认证机构根据国际通用的"质量管理和质量保证"系列标准，对企业的产品质量保证能力和质量管理水平进行综合性检查和评定后，确认和证明该企业质量管理达到国际通用标准的一种制度。所谓"国际通用的质量管理标准"，主要是指国际标准化组织制定的并已为许多国家普遍采用的 ISO9000 系列国际标准。目前这些标准已转化为我国的国家标准。该制度通过对产品质量构成的各种因素，如产品设计、工艺准备、制造过程、质量检验、组织机构和人员素质等质量保证能力进行严格评定，使企业形成稳定生产符合标准产品的能力。

在我国，企业根据自愿原则可以向国务院市场监督管理部门认可的或者国务院市场监督管理部门授权的部门认可的认证机构申请企业质量体系认证。经认证合格的，由认证机构颁发企业质量体系认证证书。

3. 产品质量认证制度

产品质量认证，是指依据具有国际水平的产品标准和相应技术要求，经认证机构确认并通过颁发认证证书和认证标志的形式，证明企业某一产品符合相应标准和相应技术要求的活动。产品质量认证是对产品质量达到标准的一种评价制度，可分为安全认证和合格认证。

在我国，国家参照国际先进的产品标准和技术要求，推行产品质量认证制度。企业根据自愿原则可以向国务院市场监督管理部门认可的或者国务院市场监督管理部门授权的部门认可的认证机构申请产品质量认证。经认证合格的，由认证机构颁发产品质量认证证书，准许企业在产品或者其包装上使用产品质量认证标志。产品质量认证标志是向消费者表明产品质量的证明，必须真实、有效。任何人不得伪造、涂改，不得将未获认证的产品冒充认证产品欺骗消费者。

4. 产品质量监督检查制度

国家对产品质量实行以抽查为主要方式的监督检查制度，对可能危及人体健康和人身、财产安全的产品，影响国计民生的重要工业产品以及消费者、有关组织反映有质量问题的产品进行抽查。抽查的样品应当在市场上或者企业成品仓库内的待销产品中随机抽取。监督抽查工作由国务院市场监督管理部门规划和组织。县级以上地方市场监督管理部门在本行政区域内也可以组织监督抽查。法律对产品质量的监督检查另有规定的，依照有关法律的规定执行。国家监督抽查的产品，地方不得另行重复抽查；上级监督抽查的产品，下级不得另行重复抽查。

四、生产者、销售者的产品质量义务

(一) 生产者的产品质量义务

1. 保证产品质量的义务，包括：

(1) 产品不存在危及人身、财产安全的不合理的危险，有保障人体健康和人身、财产安全的国家标准、行业标准的，应当符合该标准；

(2) 产品应当具备其应有的使用性能，但是，对产品存在使用性能的瑕疵做出说明的除外；

（3）产品应符合在产品或者其包装上注明采用的产品标准；

（4）产品应符合以产品说明、实物样品等方式表明的质量状况。

2. 依法标注产品标识的义务，包括：

（1）有产品质量检验合格证明；

（2）有中文标明的产品名称、生产厂名和厂址；

（3）根据产品的特点和使用要求，需要标明产品规格、等级、所含主要成分的名称和含量的，用中文相应予以标明；需要事先让消费者知晓的，应当在外包装上标明，或者预先向消费者提供有关资料；

（4）限期使用的产品，应当在显著位置清晰地标明生产日期和安全使用期或者失效日期；

（5）使用不当，容易造成产品本身损坏或者可能危及人身、财产安全的产品，应当有警示标志或者中文警示说明。

裸装的食品和其他根据产品的特点难以附加标识的裸装产品，可以不附加产品标识。

3. 依法包装特殊产品的义务

4. 不从事禁止性行为的义务，包括：

（1）不得生产国家明令淘汰的产品；

（2）不得伪造产地，不得伪造或者冒用他人的厂名、厂址；

（3）不得伪造或者冒用认证标志等质量标志；

（4）生产产品，不得掺杂、掺假，不得以假充真、以次充好，不得以不合格产品冒充合格产品。

（二）销售者的产品质量义务

1. 应当建立并执行进货检查验收制度，验明产品合格证明和其他标识

2. 应当采取措施，保持销售产品的质量

3. 销售的产品的标识应当符合法定要求

4. 不得从事禁止性行为

（1）不得销售国家明令淘汰并停止销售的产品和失效、变质的产品；

（2）不得伪造产地，不得伪造或冒用他人的厂名、厂址；

（3）不得伪造或冒用认证标志等质量标志；

（4）销售产品，不得掺杂、掺假，不得以假充真、以次充好，不得以不合格产品冒充合格产品。

五、产品质量责任

产品质量责任属于一种综合性的法律责任，包括产品质量的民事责任、行政责任和刑事责任。

（一）认定产品质量责任的依据

1. 默示担保

默示担保，是指国家法律、法规对产品质量规定的必须满足的要求，即生产用于销售

的产品应当符合该产品生产和销售的一般目的，是对产品内在质量的基本要求，是强制性的，即使当事人之间有合同的约定，也不能免除和限制。

2. 明示担保

明示担保，是指产品的生产者、销售者通过标明采用的标准、产品标识、使用说明、实物样品等方式，对产品的性能和质量所做的一种承诺和保证。

3. 产品存在缺陷

产品缺陷，是指产品存在危及人身、他人财产安全的不合理的危险。产品有保障人体健康和人身、财产安全的国家标准、行业标准的，是指不符合该标准。产品缺陷不仅包括在生产过程中即已形成和存在的事实上的不合理危险（这是主要的），也包括因违反有关保障产品安全的质量标准的产品，以及因违反有关法律、法规和质量标准所确定的告知义务，因而使本属合理的危险转化为不合理危险的产品。

产品缺陷通常包括设计上的缺陷、制造上的缺陷、指示上的缺陷。

(二) 产品质量的民事责任

1. 经营者的民事责任

经营者因产品质量而产生的民事责任可以分为：因产品瑕疵而发生的合同责任；因产品缺陷而发生的侵权责任，即产品违约责任和产品责任。产品违约责任与产品责任在责任的构成要件、归责原则、责任主体、责任范围以及责任产生的根据等方面均有不同之处。

产品违约责任与产品责任的主要区别

责任类型 不同点	产品违约责任	产品责任
归责原则	严格责任原则	1. 生产者是无过错责任原则 2. 销售者是过错责任原则
构成要件	1. 存在合同关系 2. 产品有瑕疵：（1）不具备产品应当具备的使用性能而事先未作说明的； （2）不符合在产品或者其包装上注明采用的产品标准的； （3）不符合以产品说明、实物样品等方式表明的质量状况的。	1. 存在损害后果，即消费者人身或者他人人身、缺陷产品以外的财产已经存在损害 2. 产品有缺陷 3. 产品缺陷与损害后果之间存在因果关系
权利主体	买受人	受害人
责任主体	出卖人	生产者和销售者承担连带责任
责任形式	修理、更换、退货、赔偿损失	1. 人身损害赔偿 2. 财产损害赔偿：恢复原状、折价赔偿、赔偿损失
赔偿范围	产品本身以及由产品本身损害引起的其他损失	缺陷产品引起的人身损害、财产损失

续表

责任类型 不同点	产品违约责任	产品责任
免责事由	当事人约定	1. 生产者能够证明未将产品投入流通的 2. 生产者能够证明产品投入流通时，引起损害的缺陷尚不存在的 3. 生产者能够证明将产品投入流通时的科学技术水平尚不能发现缺陷的存在的 4. 销售者能够证明产品缺陷并非出于自己的过错，或者能够指明缺陷产品的生产者或供货者

　　需要说明的是，对于消费者而言，因销售者的原因造成产品存在缺陷并致消费者人身、财产损害而引起的责任，既涉及产品责任，又涉及违约责任，也就是存在责任竞合问题，消费者应当从最有利于保护自己合法权益的角度考虑来选择是提起违约之诉还是侵权之诉。

　　【案例 4-5】 *甲商场和乙厂对王某的损失承担连带责任；王某可以请求财产损失赔偿和精神损害赔偿。*

　　2. 产品质量检验机构、认证机构的民事责任
　　产品质量检验机构、认证机构出具的检验结果或者证明不实，造成损失的，应当承担相应的赔偿责任。
　　产品质量认证机构违反规定，对不符合认证标准而使用认证标志的产品，未依法要求其改正或者取消其使用认证标志资格的，对因产品不符合认证标准给消费者造成的损失，与产品的生产者、销售者承担连带责任。
　　食品、药品检验机构故意出具虚假检验报告，造成消费者损害，消费者有权请求其承担连带责任。食品、药品检验机构因过失出具不实检验报告，造成消费者损害，消费者有权请求其承担相应的责任。
　　食品认证机构故意出具虚假认证，造成消费者损害，消费者有权请求其承担连带责任。食品认证机构因过失出具不实认证，造成消费者损害，消费者有权请求其承担相应的责任。
　　3. 社会团体、社会中介机构的民事责任
　　社会团体、社会中介机构对产品质量作出承诺、保证，而该产品又不符合其承诺、保证的质量要求，给消费者造成损失的，与产品的生产者、销售者承担连带责任。
　　（三）产品质量的行政责任和刑事责任
　　产品质量的行政责任主要有：责令改正、没收、罚款、吊销营业执照、撤销或取消资

格等。

对于违反产品质量法，并构成犯罪的，依法追究刑事责任。

第六节 消费者权益保护法

【案例 4-6】某大型商场在商场的醒目处张贴海报：本商场正以 3 折的价格处理一批因火灾而被水浸过的商品。消费者葛某见后，以 4880 元购买了一件原价 14640 元的名牌女皮衣。该皮衣穿后不久，表面出现严重的泛碱现象。葛某要求商场退货，被拒绝。请思考：商场是否应承担退货、换货、修理的责任？

一、消费者与消费者权益保护法

消费者，是指为了满足生活消费需要而购买、使用商品或者接受服务的，由国家专门法律确认其主体地位并保护其消费权益的人。

消费者权益保护法是调整在保护消费者权益的过程中所产生的社会关系的法律规范的总称。1993 年 10 月 31 日第八届全国人民代表大会常务委员会第四次会议通过了《中华人民共和国消费者权益保护法》，自 1994 年 1 月 1 日起施行。2009 年、2013 年全国人民代表大会常务委员会分别对消费者权益保护法进行了修正。

根据消费者权益保护法规定，消费者为生活消费需要购买、使用商品或者接受服务的和经营者为消费者提供其生产、销售的商品或者提供服务的，属于《消费者权益保护法》适用范围；而农民购买、使用直接用于农业生产的生产资料时，参照《消费者权益保护法》执行。

二、消费者的权利和经营者的义务

（一）消费者的权利

1. 安全权

指消费者在购买、使用商品和接受服务时，享有人身、财产安全不受损害的权利。安全权包括人身安全权和财产安全权。消费者有权要求经营者提供的商品和服务必须具有合理的安全性，符合保障人身、财产安全的要求。如，商品不具有危害人身、财产安全的缺陷存在，消费场所应具有必要的安全保障，使消费者能在安全的环境中选购商品或者接受服务。

2. 知情权

即知悉真情权，是指消费者在购买商品、使用商品或者接受服务时，了解和掌握商品的真实情况和服务的真实状况的权利。

3. 选择权

指消费者享有根据自己的意愿自主选择商品或者服务的权利，经营者不得以任何方式干涉消费者行使自主选择权。主要包括：

（1）自主选择生产者、销售者或者服务者；

（2）自主选择商品的品种和服务的方式；

（3）自主决定购买或者不购买商品、接受或者不接受服务；

（4）在自主选择商品或者服务时，有权进行比较、鉴别和挑选。

4. 公平交易权

指消费者在购买、使用商品或者接受服务时所享有的获得公平交易条件的权利，体现在两个方面：

（1）交易条件公平，即消费者在购买商品或者接受服务时有权获得质量保障、价格合理、计量正确等公平交易条件；

（2）不得强制交易，即消费者有权按照自己的真实意愿从事交易活动，有权拒绝经营者的强制交易行为。

5. 求偿权

指消费者因购买、使用商品或者接受服务受到人身、财产损害时所享有的依法要求赔偿的权利。

6. 结社权

指消费者享有的依法成立或者参加维护自身合法权益的社会组织的权利。

7. 获取知识权

指消费者所享有的获取有关消费和消费者权益保护方面知识的权利。

8. 受尊重权

指消费者在购买、使用商品或者接受服务时享有的人格尊严、民族风俗习惯得到尊重的权利，享有个人信息依法得到保护的权利。

9. 监督权

指消费者享有的对商品或者服务以及保护消费者权益的工作进行监察和督导的权利。

（二）经营者的义务

（1）依照法律规定及双方约定提供商品或者服务的义务。

（2）恪守社会公德、诚信经营、保障消费者合法权益的义务。

（3）不得设定不公平不合理的交易条件、不得强制交易的义务。

（4）接受消费者监督的义务。

（5）保障人身和财产安全的义务。

经营者应当保证其提供的商品或者服务符合保障人身、财产安全的要求。对可能危及人身、财产安全的商品和服务，应当向消费者做出真实的说明和明确的警示，并说明和标明正确使用商品或者接受服务的方法以及防止危害发生的方法。

宾馆、商场、餐馆、银行、机场、车站、港口、影剧院等经营场所的经营者，应当对消费者尽到安全保障义务。

经营者发现其提供的商品或者服务存在缺陷，有危及人身、财产安全危险的，应当立即向有关行政部门报告和告知消费者，并采取停止销售、警示、召回、无害化处理、销毁、停止生产或者服务等措施。采取召回措施的，经营者应当承担消费者因商品被召回支出的必要费用。

（6）提供真实、全面、必要信息的义务。

经营者向消费者提供有关商品或者服务的质量、性能、用途、有效期限等信息，应当真实、全面，不得作虚假或者引人误解的宣传；经营者对消费者就其提供的商品或者服务的质量和使用方法等问题所提出的询问，应当做出真实、明确的答复；经营者提供商品或者服务应当明码标价；经营者应当标明其真实名称和标记；租赁他人柜台或者场地的经营者，也应当标明其真实名称和标记。

采用网络、电视、电话、邮购等方式提供商品或者服务的经营者，以及提供证券、保险、银行等金融服务的经营者，应当向消费者提供经营地址、联系方式、商品或者服务的数量和质量、价款或者费用、履行期限和方式、安全注意事项和风险警示、售后服务、民事责任等信息，网络商品经营者还应当向消费者提供支付形式、退换货方式的信息，采取安全保障确保交易安全可靠，并按照承诺提供商品或者服务。

（7）出具凭证和单据的义务。

经营者提供商品或者服务，应当按照国家有关规定或者商业惯例向消费者出具发票等购货凭证或者服务单据；消费者索要发票、收据、购货卡、服务卡、保修证等购货凭证或者服务单据的，经营者必须出具，并不得加收任何费用。消费者索要发票的，经营者不得以收据、购货卡、服务卡、保修证等代替。有正当理由不能即时出具的，经营者应当按照与消费者协商的时间、地点送交或者约定消费者到指定地点索取。经营者约定消费者到指定地点索取的，应当向消费者支付合理的交通费用。

购货凭证和服务单据是经营者与消费者之间存在法律关系的证据，对于界定消费者和经营者的权利义务具有重要意义，是消费者行使求偿权、解决双方纠纷的重要依据。

（8）品质担保义务。

经营者的品质担保义务分为默示担保和明示担保。默示担保是指经营者应当保证在正常使用商品或者接受服务的情况下其提供的商品或者服务应当具有的质量、性能、用途和有效期限；但消费者在购买该商品或者接受该服务前已经知道其存在瑕疵，且存在该瑕疵不违反法律强制性规定的除外。明示担保是指经营者以广告、产品说明、实物样品或者其他方式表明商品或者服务的质量状况的，应当保证其提供的商品或者服务的实际质量与表明的质量状况相符。

经营者提供的机动车、计算机、电视机、电冰箱、空调器、洗衣机等耐用商品或者装饰装修等服务，消费者自接受商品或者服务之日起六个月内发现瑕疵，发生争议的，由经营者承担有关瑕疵的举证责任。

（9）接受退货、更换、修理等义务。

经营者提供的商品或者服务不符合质量要求的，消费者可以依照国家规定、当事人约定退货，或者要求经营者履行更换、修理等义务。没有国家规定和当事人约定的，消费者可以自收到商品之日起七日内退货；七日后符合法定解除合同条件的，消费者可以及时退货，不符合法定解除合同条件的，可以要求经营者履行更换、修理等义务。依照前述规定进行退货、更换、修理的，经营者应当承担运输等必要费用。

经营者采用网络、电视、电话、邮购等方式销售商品，消费者有权自收到商品之日起七日内退货，且无需说明理由，但下列商品除外：①消费者定作的；②鲜活易腐的；③在线下载或者消费者拆封的音像制品、计算机软件等数字化商品；④交付的报纸、期刊。除前款所列商品外，其他根据商品性质并经消费者在购买时确认不宜退货的商品，不适用无理由退货。消费者退货的商品应当完好。经营者应当自收到退回商品之日起七日内返还消费者支付的商品价款。退回商品的运费由消费者承担；经营者和消费者另有约定的，按照约定。

依法经有关行政部门认定为不合格的商品，消费者要求退货的，经营者应当负责退货。

（10）使用格式条款的法定义务。

经营者在经营活动中使用格式条款的，应当以显著方式提请消费者注意商品或者服务的数量和质量、价款或者费用、履行期限和方式、安全注意事项和风险警示、售后服务、民事责任等与消费者有重大利害关系的内容，并按照消费者的要求予以说明。

经营者不得以格式条款、通知、声明、店堂告示等方式，作出排除或者限制消费者权利、减轻或者免除经营者责任、加重消费者责任等对消费者不公平、不合理的规定，不得利用格式条款并借助技术手段强制交易。格式条款、通知、声明、店堂告示等含有前款所列内容的，其内容无效。

（11）不得侵犯消费者人格尊严和人身自由的义务。

经营者不得对消费者进行侮辱、诽谤，不得搜查消费者的身体及其携带的物品，不得侵犯消费者的人身自由。

（12）依法收集、使用消费者个人信息的义务。

经营者收集、使用消费者个人信息，应当遵循合法、正当、必要的原则，明示收集、使用信息的目的、方式和范围，并经消费者同意。经营者收集、使用消费者个人信息，应当公开其收集、使用规则，不得违反法律、法规的规定和双方的约定收集、使用信息。

经营者及其工作人员对收集的消费者个人信息必须严格保密，不得泄露、出售或者非法向他人提供。经营者应当采取技术措施和其他必要措施，确保信息安全，防止消费者个人信息泄露、丢失。在发生或者可能发生信息泄露、丢失的情况时，应当立即采取补救措施。

经营者未经消费者同意或者请求，或者消费者明确表示拒绝的，不得向其发送商业性信息。

三、消费者权益争议的解决途径

消费者权益争议是指消费者与经营者之间因消费者权利义务而产生的纠纷。消费者权益争议是一种民事纠纷，解决消费者权益争议有下列五种途径，由当事人自愿选择。

（一）与经营者协商和解

（二）请求消费者协会或者依法成立的其他调解组织调解

消费者协会或者依法成立的其他调解组织的调解是一种民间性质的调解，其调解形成的协议不具有法律强制力，其履行依赖于双方自愿。

（三）向有关行政部门投诉

消费者向有关行政部门投诉的，该部门应当自收到投诉之日起七个工作日内，予以处理并告知消费者。

（四）根据与经营者达成的仲裁协议提请仲裁机构仲裁

（五）向人民法院提起诉讼

此外，对侵害众多消费者合法权益的行为，中国消费者协会以及在省、自治区、直辖市设立的消费者协会，也可以向人民法院提起公益诉讼。

四、赔偿责任主体的特别规则

（一）销售者先行赔偿制度

消费者在购买、使用商品时，其合法权益受到损害的，可以向销售者要求赔偿。销售者赔偿后，属于生产者的责任或者属于向销售者提供商品的其他销售者的责任的，销售者有权向生产者或者其他销售者追偿。

（二）销售者与生产者连带赔偿制度

消费者或者其他受害人因商品缺陷造成人身、财产损害的，可以向销售者要求赔偿，也可以向生产者要求赔偿。属于生产者责任的，销售者赔偿后，有权向生产者追偿。属于销售者责任的，生产者赔偿后，有权向销售者追偿。

（三）服务者赔偿制度

消费者在接受服务时，其合法权益受到损害的，可以向服务者要求赔偿。

（四）变更后企业赔偿制度

消费者在购买、使用商品或者接受服务时，其合法权益受到损害，因原企业分立、合并的，可以向变更后承受其权利义务的企业要求赔偿。

（五）营业执照使用人或持有人赔偿制度

使用他人营业执照的违法经营者提供商品或者服务，损害消费者合法权益的，消费者可以向其要求赔偿，也可以向营业执照的持有人要求赔偿。未取得食品生产资质与销售资质的个人、企业或者其他组织，挂靠具有相应资质的生产者与销售者，生产、销售食品，造成消费者损害，消费者有权请求挂靠者与被挂靠者承担连带责任。

（六）展销会举办者、柜台出租者赔偿制度

消费者在展销会、租赁柜台购买商品或者接受服务，其合法权益受到损害的，可以向销售者或者服务者要求赔偿。展销会结束或者柜台租赁期满后，也可以向展销会的举办者、柜台的出租者要求赔偿。展销会的举办者、柜台的出租者赔偿后，有权向销售者或者服务者追偿。

集中交易市场的开办者、柜台出租者、展销会举办者未履行食品安全法规定的审查、检查、管理等义务，发生食品安全事故，致使消费者遭受人身损害，消费者有权请求集中交易市场的开办者、柜台出租者、展销会举办者承担连带责任。

（七）网络交易平台提供者赔偿制度

消费者通过网络交易平台购买商品或者接受服务，其合法权益受到损害的，可以向销售者或者服务者要求赔偿。网络交易平台提供者不能提供销售者或者服务者的真实名称、地址和有效联系方式的，消费者也可以向网络交易平台提供者要求赔偿；网络交易平台提供者作出更有利于消费者的承诺的，应当履行承诺。网络交易平台提供者赔偿后，有权向销售者或者服务者追偿。

网络交易平台提供者明知或者应知销售者或者服务者利用其平台侵害消费者合法权益，未采取必要措施的，依法与该销售者或者服务者承担连带责任。

（八）广告主或者广告经营者、发布者以及相关责任主体赔偿制度

消费者因经营者利用虚假广告或者其他虚假宣传方式提供商品或者服务，其合法权益受到损害的，可以向经营者要求赔偿。广告经营者、发布者发布虚假广告的，消费者可以请求行政主管部门予以惩处。广告经营者、发布者不能提供经营者的真实名称、地址和有效联系方式的，应当承担赔偿责任。

广告经营者、发布者设计、制作、发布关系消费者生命健康商品或者服务的虚假广告，造成消费者损害的，应当与提供该商品或者服务的经营者承担连带责任。

社会团体或者其他组织、个人在关系消费者生命健康商品或者服务的虚假广告或者其他虚假宣传中向消费者推荐商品或者服务，造成消费者损害的，应当与提供该商品或者服务的经营者承担连带责任。

五、侵犯消费者权益的民事责任

（一）概括性规定

经营者提供商品或者服务有下列情形之一的，除消费者权益保护法另有规定外，应当依照其他有关法律、法规的规定，承担民事责任：①商品或者服务存在缺陷的；②不具备商品应当具备的使用性能而出售时未作说明的；③不符合在商品或者其包装上注明采用的商品标准的；④不符合商品说明、实物样品等方式表明的质量状况的；⑤生产国家明令淘汰的商品或者销售失效、变质的商品的；⑥销售的商品数量不足的；⑦服务的内容和费用违反约定的；⑧对消费者提出的修理、重作、更换、退货、补足商品数量、退还货款和服务费用或者赔偿损失的要求，故意拖延或者无理拒绝的；⑨法律、法规规定的其他损害消费者权益的情形。

经营者对消费者未尽到安全保障义务，造成消费者损害的，应当承担侵权责任。

（二）侵犯消费者人身权的民事责任

1. 致人伤害、残疾、死亡的民事责任

经营者提供商品或者服务，造成消费者或者其他受害人人身伤害的，应当赔偿医疗费、护理费、交通费等为治疗和康复支出的合理费用，以及因误工减少的收入。造成残疾的，还应当赔偿残疾生活辅助具费和残疾赔偿金。造成死亡的，还应当赔偿丧葬费和死亡赔偿金。

2. 侵犯消费者或者其他受害人人格尊严、人身自由、侵犯消费者个人信息的民事责任

经营者侵害消费者的人格尊严、侵犯消费者人身自由或者侵害消费者个人信息依法得到保护的权利的，应当停止侵害、恢复名誉、消除影响、赔礼道歉，并赔偿损失。

经营者有侮辱诽谤、搜查身体、侵犯人身自由等侵害消费者或者其他受害人人身权益的行为，造成严重精神损害的，受害人可以要求精神损害赔偿。

（三）侵犯消费者财产权的民事责任

1. 概括性规定

经营者提供商品或者服务，造成消费者财产损害的，应当依照法律规定或者当事人约定承担修理、重作、更换、退货、补足商品数量、退还货款和服务费用或者赔偿损失等民事责任。

2. 违反预收款约定的民事责任

经营者以预收款方式提供商品或者服务的，应当按照约定提供。未按照约定提供的，应当按照消费者的要求履行约定或者退回预付款；并应当承担预付款的利息、消费者必须支付的合理费用。对退款无约定的，按照有利于消费者的计算方式折算退款金额。

经营者对消费者提出的合理退款要求，明确表示不予退款，或者自约定期满之日起、无约定期限的自消费者提出退款要求之日起超过十五日未退款的，视为故意拖延或者无理拒绝。

3. 欺诈行为的民事责任

欺诈行为一般包括下列情形：①在销售的商品中掺杂、掺假，以假充真，以次充好，以不合格商品冒充合格商品；②销售国家明令淘汰并停止销售的商品；③提供商品或者服务中故意使用不合格的计量器具或者破坏计量器具准确度；④骗取消费者价款或者费用而不提供或者不按照约定提供商品或者服务；⑤不以真实名称和标记提供商品或者服务；⑥以虚假或者引人误解的商品说明、商品标准、实物样品等方式销售商品或者服务；⑦作虚假或者引人误解的现场说明和演示；⑧采用虚构交易、虚标成交量、虚假评论或者雇佣他人等方式进行欺骗性销售诱导；⑨以虚假的"清仓价""甩卖价""最低价""优惠价"或者其他欺骗性价格表示销售商品或者服务；⑩以虚假的"有奖销售""还本销售""体验销售"等方式销售商品或者服务；⑪谎称正品销售"处理品""残次品""等外品"等商品；⑫夸大或隐瞒所提供的商品或者服务的数量、质量、性能等与消费者有重大利害关系的信息误导消费者；⑬以其他虚假或这引人误解的宣传方式误导消费者；⑭从事为消费者提供修理、加工、安装、装饰装修等服务的经营者谎报用工用料，故意损坏、偷换零部件或材料，使用不符合国家质量标准或者与约定不相符的零部件或材料，更换不需要更换的零部件，或者偷工减料、加收费用，损害消费者权益的；⑮从事房屋租赁、家政服务等中介服务的经营者提供虚假信息或者采取欺骗、恶意串通等手段损害消费者权益的。

此外，经营者在向消费者提供商品或者服务中，如果不能证明自己并非欺骗、误导消费者而实施某种行为的，应当承担欺诈消费者行为的法律责任。这些情形有：①销售的商品或者提供的服务不符合保障人身、财产安全要求；②销售失效、变质的商品；③销售伪造产地、伪造或者冒用他人的厂名、厂址、篡改生产日期的商品；④销售伪造或者冒用认证标志等质量标志的商品；⑤销售的商品或者提供的服务侵犯他人注册商标专用权；⑥销售伪造或者冒用知名商品特有的名称、包装、装潢的商品。

经营者提供商品或者服务有欺诈行为的，应当按照消费者的要求增加赔偿其受到的损失，增加赔偿的金额为消费者购买商品的价款或者接受服务的费用的三倍；增加赔偿的金额不足五百元的，为五百元。法律另有规定的，依照其规定。

经营者明知商品或者服务存在缺陷，仍然向消费者提供，造成消费者或者其他受害人死亡或者健康严重损害的，受害人有权要求经营者依照消费者权益保护法的规定赔偿财产损失和精神损害，并有权要求所受损失二倍以下的惩罚性赔偿。

生产不符合安全标准的食品或者销售明知是不符合安全标准的食品，消费者除要求赔偿损失外，有权向生产者、销售者主张支付价款十倍赔偿金或者依照法律规定的其他赔偿标准要求赔偿。

六、侵犯消费者权益的行政责任、刑事责任

经营者侵犯消费者权益的行政责任主要有责令改正、警告、没收违法所得、罚款、责令停业整顿、吊销营业执照等形式，处罚机关还应记入信用档案，向社会公布。

经营者违反消费者权益保护法规定提供商品或者服务，侵害消费者合法权益，构成犯罪的，依法追究刑事责任。

此外，经营者违反消费者权益保护法规定，应当承担民事赔偿责任和缴纳罚款、罚金，其财产不足以同时支付的，依法先承担民事赔偿责任。

【案例4-6】经营者提供的商品具有瑕疵时应承担瑕疵担保责任，但是消费者在购买该商品前已经知道其存在瑕疵的除外。葛某在购买皮衣前已经知道皮衣被水浸过，仍自愿购买，故商场对皮衣因被水浸过而发生的泛碱问题无需承担退货、换货和修理的瑕疵担保责任，但如果商场愿意对皮衣进行修复处理，则有权收取适当的费用。

思考与练习

1. 根据《反不正当竞争法》和相关法律的规定，下列哪种表述是正确的？

（1）新闻单位被经营者唆使对其他经营者从事诋毁商业信誉的，可与经营者构成共同的不正当竞争行为。

（2）经营者通过新闻发布会形式发布影响其他同业经营者商誉的信息，只要该信息是真实的，不构成商业诋毁行为。

（3）商业诋毁行为只能是针对市场上某一特定竞争对手实施的。

（4）经营者对其他竞争者进行诋毁，其主观心态可以是故意，也可以是过失。

2. 2020年5月6日，张某在甲公司购买乙公司生产的A牌电热水淋浴器一台；5月10日，张某又购买了丙公司生产的B牌多功能漏电保护器。5月11日，张某在家中安装了该两件电器。6月8日晚，张某在使用该淋浴器时，突被按键漏电击中，整个右手被烧伤，送医院抢救，被截除小拇指。为此，张某向甲公司要求赔偿，但甲公司以无过错为由拒赔。张某遂向法院起诉甲公司、乙公司、丙公司，要求三方连带赔偿损失。

甲公司辩称，赔偿责任应由生产者承担，与销售者无关。

乙公司辩称，本公司生产的产品符合国家标准，从未发生过产品责任问题，无证据证明生产者有过错而可以认定生产者应承担责任。丙公司的漏电保护器失灵可能是事故的主要原因。

丙公司辩称，张某违反有关说明书的警示说明，违反安装说明，擅自安装超大功率电器，致使漏电保护器失效酿成事故，但漏电保护器失灵也不至于造成电器伤人，还是乙方

的产品存在质量问题。

经技术监督局对该两件电器鉴定，认定：①电热水淋浴器的制造工艺存在缺陷，特定情况下淋浴器开关按键可能漏电；②多功能漏电保护器已被烧毁无法鉴定，但对同样商品检测没有发现质量问题；③张某安装淋浴器和漏电保护器连接时未按丙公司的说明书正确安装，以致使用时漏电保护器不能正常工作。

试分析：甲公司、乙公司、丙公司的抗辩理由是否成立？为什么？

第五章 劳 动 法

学习目标

知识目标

- 理解劳动法的适用范围、劳动基准以及社会保险法律制度的内容
- 掌握劳动合同订立、解除、终止的条件和程序
- 掌握劳动争议处理的相关规定

能力素质目标

- 培育劳动法律理念与思维逻辑
- 能够运用劳动法律知识分析处理劳动纠纷，维护当事人的合法权益

第一节 劳动法概述

一、劳动关系与劳动法

（一）劳动关系与劳务关系

劳动关系，是指劳动者和用人单位在劳动过程中发生的社会关系。

劳务关系，是指平等主体之间在提供劳务、支付劳务报酬过程中发生的社会关系。

劳动关系与劳务关系的主要区别

法律关系 不同点	劳动关系	劳务关系
当事人范围	特定，即用人单位与劳动者	不确定，可以是单位之间，可以是自然人之间，可以是单位与自然人之间
当事人之间的关系	隶属性	平等性
支付报酬的原则、范围、方式	1. 遵循按劳分配、同工同酬原则和最低工资标准规定 2. 有工资、奖金以及社会保险等	1. 根据权利义务对等、公平的原则，当事人协商确定 2. 只有约定的劳务报酬

法律关系 不同点	劳动关系	劳务关系
劳动过程中的风险责任承担主体	用人单位	劳务提供者
法律适用	劳动法律规范	民事法律规范

（二）劳动法的概念

劳动法是调整劳动关系以及与劳动关系密切联系的其他社会关系的法律规范的总称。1994 年 7 月 5 日第八届全国人民代表大会常务委员会第八次会议通过了《中华人民共和国劳动法》，自 1995 年 1 月 1 日起施行，2009 年 8 月 27 日、2018 年 12 月 29 日分别进行了修正。2007 年 6 月 29 日第十届全国人民代表大会常务委员会第二十八次会议通过了《中华人民共和国劳动合同法》，自 2008 年 1 月 1 日起施行，2012 年 12 月 28 日进行了修正。2007 年 12 月 29 日第十届全国人民代表大会常务委员会第三十一次会议通过了《中华人民共和国劳动争议调解仲裁法》，自 2008 年 5 月 1 日起施行。2010 年 10 月 28 日第十一届全国人民代表大会常务委员会第十七次会议通过《中华人民共和国社会保险法》，自 2011 年 7 月 1 日起施行，2018 年 12 月 29 日进行了修正。

二、劳动者的权利和义务

劳动者是指达到法定年龄、具有劳动能力，以从事某种社会劳动获取收入为主要生活来源的自然人。我国法律规定，公民年满 16 周岁，才能成为劳动者。

（一）劳动者的权利

1. 平等就业权和选择职业权

2. 获得劳动报酬的权利

3. 休息休假的权利

4. 获得劳动保护的权利

5. 接受职业培训的权利

6. 享受社会保险和社会福利的权利

7. 依法参加工会和参与企业民主管理的权利

8. 提请劳动争议处理的权利

此外，劳动者还享有依法解除劳动合同的权利、拒绝执行用人单位管理人员的违章指挥和冒险作业的权利、监督违反劳动法行为的权利等。

（二）劳动者的义务

1. 完成劳动任务

2. 提高职业技能

3. 执行劳动安全卫生规程

4. 遵守劳动纪律和职业道德

此外，劳动者还有一些其他义务，如保守商业秘密、缴纳社会保险费等。

第二节 劳 动 合 同

【案例 5-1】赵某与某公司签订了为期 3 年的劳动合同，双方在合同中就工作时间、工资及福利待遇等事项进行了约定，工作 2 年后，公司想提前终止合同，找赵某商量，赵某同意解除合同，但要求公司支付经济补偿金。公司认为既然双方同意解除合同，就不应该支付经济补偿金。请思考：公司应该给予赵某经济补偿金吗？

一、劳动合同的概念

劳动合同是劳动者和用人单位之间，为确立劳动关系、明确双方权利义务关系而依法达成的书面协议。

根据劳动合同法的规定，下列劳动合同适用劳动合同法：（1）中华人民共和国境内的企业、个体经济组织、民办非企业单位等组织（以下称用人单位）与劳动者建立劳动关系，订立、履行、变更、解除或者终止劳动合同；（2）国家机关、事业单位、社会团体和与其建立劳动关系的劳动者，订立、履行、变更、解除或者终止劳动合同；（3）事业单位与实行聘用制的工作人员订立、履行、变更、解除或者终止劳动合同，但法律、行政法规或者国务院另有规定的除外。

二、劳动合同的订立

（一）劳动合同的当事人要合法

1. 用人单位的范围

（1）法人企业和非法人企业；

（2）个体工商户；

（3）民办非企业单位；

（4）国家机关；

（5）事业单位；

（6）社会团体。

2. 劳动者的范围

年满 16 周岁、具有劳动能力的中国公民；但是，受《公务员法》或者参照《公务员法》调整的工作人员、农村劳动者（不含乡镇企业职工和进城务工、经商的农民）、现役军人和家庭保姆除外。

（二）劳动合同的内容要合法、明确、具体、全面

1. 劳动合同的必备条款

即法律规定的劳动合同必须具备的条款。缺少必备条款，会影响劳动合同的成立。具体包括：

（1）用人单位的名称、住所和法定代表人或者主要负责人。

（2）劳动者的姓名、住址和居民身份证或者其他有效身份证件号码。

（3）劳动合同期限。可以分为有固定期限、无固定期限和以完成一定的工作为期限三种。

根据劳动法规定，有下列情形之一，劳动者提出或者同意续订、订立劳动合同的，除劳动者提出订立固定期限劳动合同外，应当订立无固定期限劳动合同：①劳动者在该用人单位连续工作满十年的；②用人单位初次实行劳动合同制度或者国有企业改制重新订立劳动合同时，劳动者在该用人单位连续工作满十年且距法定退休年龄不足十年的；③连续订立二次固定期限劳动合同，且劳动者没有用人单位可以解除劳动合同和劳动者患病或者非因工负伤，在规定的医疗期满后不能从事原工作，也不能从事由用人单位另行安排的工作的以及劳动者不能胜任工作，经过培训或者调整工作岗位，仍不能胜任工作的情形，续订劳动合同的。

用人单位自用工之日起满一年不与劳动者订立书面劳动合同的，视为用人单位与劳动者已订立无固定期限劳动合同。

（4）工作内容和工作地点。

工作内容是指工作岗位和工作任务或职责。工作地点是指劳动合同履行地，它关系到劳动者的工作环境、生活环境以及劳动者的就业选择。

（5）工作时间和休息休假。

工作时间包括工作时间的长短、工作时间方式的确定。休息休假时间根据劳动者的工作地点、工作种类、工作性质、工龄长短等各有不同。

（6）劳动报酬。

劳动报酬是劳动者与用人单位确定劳动关系后，因提供劳动而取得的对价。当事人应明确约定劳动报酬的项目和构成、标准、支付时间等。约定的劳动报酬不得低于当地最低工资标准。

（7）社会保险。

社会保险是政府通过立法强制实施，由劳动者、劳动者所在的工作单位或社区以及国家三方面共同筹资，帮助劳动者及其亲属在遭遇年老、疾病、工伤、生育、失业等风险时，防止收入的中断、减少和丧失，以保障其基本生活需求的社会保障制度。一般包括基本医疗保险、基本养老保险、失业保险、工伤保险和生育保险。

（8）劳动保护、劳动条件和职业危害防护。

劳动保护是指用人单位为了防止劳动过程中的安全事故，采取各种措施来保障劳动者的生命安全和健康。劳动条件，主要是指用人单位为使劳动者顺利完成劳动合同约定的工作任务，为劳动者提供必要的物质和技术条件。职业危害是指用人单位的劳动者在职业活动中，因接触职业性有害因素如粉尘、放射性物质和其他有毒、有害物质等对生命健康所引起的危害。这一条既是保障劳动者的生命安全和健康的需要，也是保障劳动者完成工作任务的需要。

（9）法律、法规规定应当纳入劳动合同的其他事项。

2. 劳动合同的可备条款

即法律规定劳动合同可以具备的条款，是由双方当事人协商确定的条款。缺少可备条款，不影响合同的成立。

（1）试用期。

劳动合同期限与试用期期限对照一览表

劳动合同期限	试用期期限
不满3个月的或以完成一定工作任务为期限的	不得约定试用期
3个月以上不满1年的	不得超过1个月
1年以上不满3年的	不得超过2个月
3年以上的和无固定期限的	不得超过6个月

试用期包含在劳动合同期限内，劳动合同仅约定试用期的，试用期不成立，该期限为劳动合同期限。

同一用人单位与同一劳动者只能约定一次试用期。

（2）服务期。

用人单位为劳动者提供专项培训费用，对其进行专业技术培训的，可以与该劳动者订立协议，约定服务期。劳动者违反服务期约定的，应当按照约定向用人单位支付违约金，违约金的数额不得超过用人单位提供的培训费用。用人单位要求劳动者支付的违约金不得超过服务期尚未履行部分所应分摊的培训费用。

（3）保守秘密与竞业限制。

用人单位与劳动者可以在劳动合同中约定保守用人单位的商业秘密和与知识产权相关的保密事项。对负有保密义务的劳动者，用人单位可以在劳动合同或者保密协议中与劳动者约定竞业限制条款，并约定在解除或者终止劳动合同后，在竞业限制期限内按月给予劳动者经济补偿。劳动者违反竞业限制约定的，应当按照约定向用人单位支付违约金。

竞业限制的人员限于用人单位的高级管理人员、高级技术人员和其他负有保密义务的人员。竞业限制的范围、地域、期限由用人单位与劳动者约定，竞业限制的约定不得违反法律、法规的规定。在解除或者终止劳动合同后，竞业限制的人员的竞业限制期限，不得超过二年。

（4）补充保险和福利待遇。

补充保险是指国家基本保险以外，用人单位根据自己的实际情况为劳动者建立的一种保险，包括补充医疗保险、补充养老保险等。补充保险的建立由用人单位自愿实行，且用人单位必须在参加基本保险并按时足额缴纳基本保险费的前提下，才能实行补充保险。

福利待遇包括住房补贴、通讯补贴、交通补贴、子女教育等。

（三）劳动合同应当采用书面形式

建立劳动关系，应当订立书面劳动合同。

已建立劳动关系，未同时订立书面劳动合同的，应当自用工之日起一个月内订立书面劳动合同。用人单位自用工之日起超过一个月但不满一年未与劳动者订立书面劳动合同的，应当向劳动者支付二倍的月工资。用人单位自用工之日起满一年不与劳动者订立书面劳动合同的，视为用人单位与劳动者已订立无固定期限劳动合同。

（四）劳动合同当事人订立合同时的义务

用人单位订立劳动合同时，应当如实告知劳动者工作内容、工作条件、工作地点、职业危害、安全生产状况、劳动报酬，以及劳动者希望了解的与劳动合同直接相关的基本情况。

用人单位有权了解劳动者与劳动合同直接相关的基本情况，劳动者应当如实说明。

用人单位招用与其他用人单位尚未解除或者终止劳动合同的劳动者，给其他用人单位造成损失的，应当承担连带赔偿责任。

用人单位招用劳动者，不得扣押劳动者的居民身份证和其他证件，不得要求劳动者提供担保或者以其他名义向劳动者收取财物。违者，责令退还、并处罚款，造成损害的，承担赔偿责任。

（五）无效劳动合同

无效劳动合同是指当事人订立的、自始不具有法律效力的劳动合同。下列劳动合同无效或者部分无效：

（1）以欺诈、胁迫的手段或者乘人之危，使对方在违背真实意思的情况下订立或者变更劳动合同的；

（2）用人单位免除自己的法定责任、排除劳动者权利的；

（3）违反法律、行政法规强制性规定的。

对劳动合同的无效或者部分无效有争议的，由劳动争议仲裁机构或者人民法院确认。

劳动合同部分无效，不影响其他部分效力的，其他部分仍然有效。劳动合同被确认无效，劳动者已付出劳动的，用人单位应当向劳动者支付劳动报酬。劳动报酬的数额，参照本单位相同或者相近岗位劳动者的劳动报酬确定。劳动合同被确认无效，给对方造成损害的，有过错的一方应当承担赔偿责任。

三、劳动合同的履行与变更

（一）劳动合同的履行

劳动合同的履行是指双方当事人按照合同的规定，履行各自所承担的义务的行为。在劳动合同履行的过程中应遵循亲自履行、全面履行和协作履行的原则。

用人单位变更名称、法定代表人、主要负责人或者投资人等事项，不影响劳动合同的履行。用人单位发生合并或者分立等情况，原劳动合同继续有效，劳动合同由承继其权利和义务的用人单位继续履行。

（二）劳动合同的变更

劳动合同的变更是指劳动合同订立后，尚未履行或尚未完全履行前，因订立合同所依据的主客观情况发生变化，双方当事人依法协商一致而修改或补充劳动合同内容的行为。

变更劳动合同，应当采用书面形式。变更后的劳动合同文本由用人单位和劳动者各执一份。

四、劳动合同的解除和终止

（一）劳动合同的解除

1. 双方协商解除劳动合同

经劳动合同当事人协商一致，可以解除劳动合同。

2. 用人单位单方解除劳动合同

（1）过错性辞退。劳动者有下列情形之一的，用人单位可以解除劳动合同：

①在试用期间被证明不符合录用条件的；

②严重违反用人单位的规章制度的；

③严重失职，营私舞弊，给用人单位造成重大损害的；

④劳动者同时与其他用人单位建立劳动关系，对完成本单位的工作任务造成严重影响，或者经用人单位提出，拒不改正的；

⑤因劳动者过错致使劳动合同无效的；

⑥被依法追究刑事责任的。

（2）非过错性辞退。有下列情形之一的，用人单位提前三十日以书面形式通知劳动者本人或者额外支付劳动者一个月工资后，可以解除劳动合同：

①劳动者患病或者非因工负伤，在规定的医疗期满后不能从事原工作，也不能从事由用人单位另行安排的工作的；

②劳动者不能胜任工作，经过培训或者调整工作岗位，仍不能胜任工作的；

③劳动合同订立时所依据的客观情况发生重大变化，致使劳动合同无法履行，经用人单位与劳动者协商，未能就变更劳动合同内容达成协议的。

（3）经济性辞退。有下列情形之一，需要裁减人员二十人以上或者裁减不足二十人但占企业职工总数百分之十以上的，用人单位提前三十日向工会或者全体职工说明情况，听取工会或者职工的意见后，裁减人员方案经向劳动行政部门报告，可以裁减人员：

①依照企业破产法规定进行重整的；

②生产经营发生严重困难的；

③企业转产、重大技术革新或者经营方式调整，经变更劳动合同后，仍需裁减人员的；

④其他因劳动合同订立时所依据的客观经济情况发生重大变化，致使劳动合同无法履行的。

裁减人员时，应当优先留用下列人员：①与本单位订立较长期限的固定期限劳动合同的；②与本单位订立无固定期限劳动合同的；③家庭无其他就业人员，有需要扶养的老人或者未成年人的。用人单位裁减人员，在六个月内重新招用人员的，应当通知被裁减的人员，并在同等条件下优先招用被裁减的人员。

（4）用人单位解除劳动合同的限制。劳动者有下列情形之一的，用人单位不得依照非过错性辞退和经济性辞退的规定单方解除劳动合同：

①从事接触职业病危害作业的劳动者未进行离岗前职业健康检查，或者疑似职业病病人在诊断或者医学观察期间的；

②在本单位患职业病或者因工负伤并被确认丧失或者部分丧失劳动能力的；

③患病或者非因工负伤，在规定的医疗期内的；

④女职工在孕期、产期、哺乳期的；

⑤在本单位连续工作满十五年，且距法定退休年龄不足五年的；

⑥法律、行政法规规定的其他情形。

（5）工会的监督权。用人单位单方解除劳动合同，应当事先将理由通知工会。用人单位违反法律、行政法规规定或者劳动合同约定的，工会有权要求用人单位纠正。用人单位应当研究工会的意见，并将处理结果书面通知工会。

3. 劳动者单方解除劳动合同

（1）劳动者提前通知解除劳动合同。

①劳动者提前三十日以书面形式通知用人单位，可以解除劳动合同。

②劳动者在试用期内提前三日通知用人单位，可以解除劳动合同。

（2）劳动者随时通知解除劳动合同。用人单位有下列情形之一的，劳动者可以解除劳动合同：

①未按照劳动合同约定提供劳动保护或者劳动条件的；

②未及时足额支付劳动报酬的；

③未依法为劳动者缴纳社会保险费的；

④用人单位的规章制度违反法律、法规的规定，损害劳动者权益的；

⑤因欺诈、胁迫的手段或者乘人之危，使对方在违背真实意思的情况下订立或者变更劳动合同致使劳动合同无效的；

⑥法律、行政法规规定劳动者可以解除劳动合同的其他情形。

此外，用人单位以暴力、威胁或者非法限制人身自由的手段强迫劳动者劳动的，或者用人单位违章指挥、强令冒险作业危及劳动者人身安全的，劳动者可以立即解除劳动合同，不需事先告知用人单位。

（二）劳动合同的终止

有下列情形之一的，劳动合同终止：

1. 劳动合同期满的；

2. 劳动者开始依法享受基本养老保险待遇的；

3. 劳动者死亡，或者被人民法院宣告死亡或者宣告失踪的；

4. 用人单位被依法宣告破产的；

5. 用人单位被吊销营业执照、责令关闭、撤销或者用人单位决定提前解散的；

6. 法律、行政法规规定的其他情形。

（三）解除或者终止劳动合同的经济补偿

1. 给予经济补偿的条件

有下列情形之一的，用人单位应当向劳动者支付经济补偿：

（1）劳动者随时通知解除劳动合同的；

（2）协议解除劳动合同的，且解除系用人单位提出；

（3）非过错性辞退；

（4）经济性辞退；

（5）除用人单位维持或者提高劳动合同约定条件续订劳动合同，劳动者不同意续订的情形外，劳动合同期满终止固定期限劳动合同的；

（6）因用人单位被依法宣告破产、用人单位被吊销营业执照、责令关闭、撤销或者用人单位决定提前解散而终止劳动合同的；

（7）法律、行政法规规定的其他情形。

2. 经济补偿的标准

用人单位应按劳动者在本单位工作的年限每满一年支付一个月工资的标准向劳动者支付经济补偿金。六个月以上不满一年的，按一年计算；不满六个月的，向劳动者支付半个月工资的经济补偿。

劳动者月工资高于用人单位所在直辖市、设区的市级人民政府公布的本地区上年度职工月平均工资三倍的，向其支付经济补偿的标准按职工月平均工资三倍的数额支付，向其支付经济补偿的年限最高不超过十二年。

劳动者在劳动合同解除或者终止前十二个月的平均工资低于当地最低工资标准的，按照当地最低工资标准计算。

需注意的是，月工资是指劳动者在劳动合同解除或者终止前十二个月的平均工资。劳动者工作不满十二个月的，按照实际工作的月数计算平均工资。月工资按照劳动者应得工资计算，包括计时工资或者计件工资以及奖金、津贴和补贴等货币性收入。

（四）解除或者终止劳动合同时的法定义务

1. 用人单位应当在解除或者终止劳动合同时出具解除或者终止劳动合同的证明，并在十五日内为劳动者办理档案和社会保险关系转移手续。

2. 劳动者应当按照双方约定，办理工作交接。

3. 用人单位依照有关规定应当向劳动者支付经济补偿的，在办结工作交接时支付。

4. 用人单位对已经解除或者终止的劳动合同的文本，至少保存两年备查。

（五）用人单位违规解除或者终止劳动合同的法律后果

1. 继续履行

用人单位违反规定解除或者终止劳动合同，劳动者要求继续履行劳动合同的，用人单位应当继续履行。

2. 支付赔偿金

用人单位违反规定解除或者终止劳动合同，劳动者不要求继续履行劳动合同或者劳动合同已经不能继续履行的，用人单位应当依照经济补偿标准的两倍支付赔偿金。

【案例 5-1】根据"协议解除劳动合同，且解除系用人单位提出，应支付经济补偿金"之规定，公司应当向赵某支付经济补偿金。

第三节　劳动基准

一、工作时间和休息休假

（一）工作时间

工作时间又称劳动时间，是指劳动者为履行工作义务，在法定限度内，在用人单位从事工作或者生产的时间，其长度和最长限度由国家法律规定，一般包括工作周和工作日两种。为适应不同的生产、工作的需要，规定了标准工作日、缩短工作日、延长工作日、不定时工作日、综合计算工作日、弹性工作日、非全时工作日等。

1. 标准工作时间

我国规定每日工作不超过 8 小时，每周工作不超过 44 小时。

2. 延长工作时间

用人单位如确属生产经营需要，必须先与工会和劳动者协商后方可延长工作时间。一般情况下，劳动者延长工作时间每日不得超过 1 个小时，因特殊原因需要延长的，在保障劳动者身心健康的条件下每日不得超过 3 小时，每月不得超过 36 小时。我国明确规定禁止安排怀孕 7 个月以上的女工和哺乳未满周岁婴儿的女工延长工作时间和夜班劳动。

劳动法规定，以下特殊情况延长工作时间的不受限制：（1）发生自然灾害、事故或者因其他原因，威胁劳动者生命健康和财产安全，威胁国家资财，需要紧急处理的；（2）生产设备、交通运输线路、公共设施发生故障，影响生产和公共利益，必须及时抢修的；（3）在法定节日和公休假日内工作不能间断，必须及时抢修的；（4）必须利用法定节日或公休假日的停产期间进行设备检修、保养的；（5）由于生产设备、交通运输线路、公共设施等临时发生故障，必须进行抢修的；（6）为了完成国防紧急生产任务，或者完成上级在国家计划外安排的其他紧急生产任务，以及商业、供销企业在旺季完成收购、运输、加工农副产品紧急任务的；（7）法律、行政法规规定的其他情形。

（二）休息休假

包括：工作日内的间歇时间；工作日间的休息时间；公休假日；法定节假日；探亲假和年休假。

法定节假日是指由国家法律统一规定的用以进行庆祝及度假的休息时间。我国的法定节日主要有以下几种：

（1）属于全体公民的节日。新年，放假 1 天（1 月 1 日）；春节，放假 3 天（正月初一、初二、初三）；清明节，放假 1 天（农历清明当日）；劳动节，放假 1 天（5 月 1 日）；端午节，放假 1 天（农历端午当日）；中秋节，放假 1 天（农历中秋当日）；国庆节，放假 3 天（10 月 1 日、2 日、3 日）。

（2）属于部分公民的节日。放假半天，如妇女节、青年节、儿童节、建军节。

（3）少数民族习惯的节日，由各少数民族聚居地区的地方人民政府，按照各民族习惯，规定放假日期。

全体公民放假的节日，如果适逢星期六、星期日，应当在工作日补假。部分公民放假的节日，如果适逢星期六、星期日，则不补假。

二、工资

（一）工资的范围

工资是指用人单位依据国家有关规定和集体合同、劳动合同约定的标准，根据劳动者提供劳动的数量和质量，以货币形式支付给劳动者的各项劳动报酬。其形式主要有计时工资和计件工资，以及奖金、津贴、补贴、加班加点工资等。

依据法律、法规、规章的规定由用人单位承担或者支付给员工的下列费用不属于工资：（1）社会保险费；（2）劳动保护费；（3）福利费；（4）用人单位与员工解除劳动关系时支付的一次性补偿费；（5）计划生育费用；（6）其他不属于工资的费用。

（二）加班加点工资

用人单位安排劳动者延长工作时间的，支付不低于工资的150%的工资报酬；休息日安排劳动者工作又不能安排补休的，支付不低于工资的200%的工资报酬；法定休假日安排劳动者工作的，支付不低于工资的300%的工资报酬。

（三）最低工资保障

最低工资是指劳动者在法定工作时间或依法签订的劳动合同约定的工作时间内提供了正常劳动的前提下，用人单位应按法定的最低标准支付的劳动报酬。劳动者在试用期的工资不得低于本单位相同岗位最低档工资的80%或者不得低于劳动合同约定工资的80%，并不得低于用人单位所在地的最低工资标准。

下列劳动收入不得列入最低工资的范畴：

（1）延长工作时间工资；（2）中班、夜班、高温、低温、井下、有毒有害等特殊工作环境、条件下的津贴；（3）法律、法规和国家规定的劳动者福利待遇等；（4）用人单位通过贴补伙食、住房等支付给劳动者的非货币性收入；（5）其他不属于工资范围内的收入。

（四）工资支付保障

1. 工资应以法定货币支付，不得以实物及有价证券代替货币支付。

2. 工资应在用人单位与劳动者约定的日期支付，如遇节假日或休息日，应提前在最近的工作日支付。

工资至少每月支付一次，实行周、日、小时工资制的可按周、日、小时支付工资。对完成一次性临时劳动或某项具体工作的劳动者，用人单位应按有关协议或合同规定在其完成劳动任务后即支付工资。劳动关系双方依法解除或终止劳动合同时，用人单位应在解除或终止劳动合同时一次付清劳动者工资。

3. 工资应支付给劳动者本人，劳动者本人因故不能领取工资时，可由劳动者家属或委托他人代领，用人单位也可委托银行代发工资。

用人单位必须书面记录支付劳动者工资的数额、时间、领取者的姓名以及签字，并保存两年以上备查，用人单位在支付工资时应向劳动者提供一份其个人的工资清单。

4. 用人单位不得克扣劳动者工资。

但是，对于下列项目，用人单位可以依法代扣劳动者工资：（1）代扣代缴个人所得税；（2）代扣代缴应由劳动者个人负担的各项社会保险费用；（3）法院判决及裁定中要求代扣的抚养费和赡养费；（4）法律和法规规定可以从劳动者工资中扣除的其他费用。

此外，因劳动者本人原因给用人单位造成经济损失的赔偿，可从劳动者本人的工资中扣除。但每月扣除的部分不得超过劳动者当月工资的 20%。若扣除后的剩余工资部分低于当地月最低工资标准，则按最低工资标准支付。

5. 用人单位不得无故拖欠劳动者工资。

用人单位克扣或者无故拖欠劳动者工资报酬、支付劳动者的工资低于当地最低工资标准、解除劳动合同未依法给予劳动者经济补偿的，由劳动保障行政部门分别责令限期支付劳动者的工资报酬、劳动者工资低于当地最低工资标准的差额或者解除劳动合同的经济补偿；逾期不支付的，责令用人单位按照应付金额 50% 以上 1 倍以下的标准计算，向劳动者加付赔偿金。

三、劳动保护

（一）劳动安全卫生

我国规定了一系列的劳动安全卫生制度，主要包括：安全生产责任制、安全技术措施计划管理制度、劳动安全卫生教育制度、劳动安全卫生检查制度、劳动防护用品发放管理制度、劳动安全卫生监察制度、伤亡事故与职业病统计报告处理制度等。

用人单位必须建立、健全劳动安全卫生制度，严格执行国家的劳动安全卫生规程和标准，规范化、科学化地安排生产作业，对劳动者进行劳动安全卫生教育，积极采取切实有效的劳动安全卫生措施，防止劳动过程中的事故，减少职业危害。

（二）女职工的特殊保护

1. 女职工劳动保护特别规定

根据我国法律规定，用人单位应当加强女职工劳动保护，采取措施改善女职工劳动安全卫生条件，对女职工进行劳动安全卫生知识培训。用人单位应当遵守女职工禁忌从事的劳动范围的规定。用人单位应当将本单位属于女职工禁忌从事的劳动范围的岗位书面告知女职工。

用人单位不得因女职工怀孕、生育、哺乳降低其工资、予以辞退、与其解除劳动或者聘用合同。女职工在孕期不能适应原劳动的，用人单位应当根据医疗机构的证明，予以减轻劳动量或者安排其他能够适应的劳动。对怀孕 7 个月以上的女职工，用人单位不得延长劳动时间或者安排夜班劳动，并应当在劳动时间内安排一定的休息时间。怀孕女职工在劳动时间内进行产前检查，所需时间计入劳动时间。对哺乳未满 1 周岁婴儿的女职工，用人单位不得延长劳动时间或者安排夜班劳动。

2. 女职工禁忌从事的劳动范围

（1）矿山井下作业；（2）体力劳动强度分级标准中规定的第四级体力劳动强度的作业；（3）每小时负重 6 次以上、每次负重超过 20 公斤的作业，或者间断负重、每次负重超过 25 公斤的作业。

3. 女职工"四期"的保护

（1）女职工在经期禁忌从事的劳动范围：①冷水作业分级标准中规定的第二级、第三级、第四级冷水作业；②低温作业分级标准中规定的第二级、第三级、第四级低温作业；③体力劳动强度分级标准中规定的第三级、第四级体力劳动强度的作业；④高处作业分级标准中规定的第三级、第四级高处作业。

（2）女职工在孕期禁忌从事的劳动范围：①作业场所空气中铅及其化合物、汞及其化合物、苯、镉、铍、砷、氰化物、氮氧化物、一氧化碳、二硫化碳、氯、己内酰胺、氯丁二烯、氯乙烯、环氧乙烷、苯胺、甲醛等有毒物质浓度超过国家职业卫生标准的作业；②从事抗癌药物、己烯雌酚生产，接触麻醉剂气体等的作业；③非密封源放射性物质的操作，核事故与放射事故的应急处置；④高处作业分级标准中规定的高处作业；⑤冷水作业分级标准中规定的冷水作业；⑥低温作业分级标准中规定的低温作业；⑦高温作业分级标准中规定的第三级、第四级的作业；⑧噪声作业分级标准中规定的第三级、第四级的作业；⑨体力劳动强度分级标准中规定的第三级、第四级体力劳动强度的作业；⑩在密闭空间、高压室作业或者潜水作业，伴有强烈振动的作业，或者需要频繁弯腰、攀高、下蹲的作业。

（3）女职工在哺乳期禁忌从事的劳动范围：①孕期禁忌从事的劳动范围的第一项、第三项、第九项；②作业场所空气中锰、氟、溴、甲醇、有机磷化合物、有机氯化合物等有毒物质浓度超过国家职业卫生标准的作业。

（三）未成年工的特殊保护

未成年工是指年满16周岁、未满18周岁的劳动者。

1. 未成年工禁忌劳动范围

不得安排未成年工从事矿山井下、有毒有害、国家规定的第四级体力劳动强度的作业和其他禁忌从事的劳动。

2. 定期健康检查制度

用人单位在给未成年工安排工作岗位之前，在未成年工工作满一年后，以及其年满18周岁，距前一次体检时间已超过半年时，都应该安排健康检查，并根据检查结果安排其从事适当的工作。

3. 未成年工使用和特殊保护登记制度

用人单位招收使用未成年工，除符合一般用工要件外，还须向所在地的县级以上劳动行政部门办理登记。各级劳动行政部门审核体检情况和拟安排的劳动范围。同时，未成年工须持《未成年工登记证》上岗。

第四节 社 会 保 险

【案例5-2】张海到某公司应聘，公司提出，每月工资多发1000元，公司不再为员工办理社会保险手续和缴纳社会保险费，由员工自行缴纳。张海觉得还是多拿工资好，至于办不办社会保险无所谓。于是双方签订两年劳动合同，张海每月均按约定领取了多发的1000元工资。一次工作事故中张海不幸受伤，经劳动鉴定委员会鉴定为六级伤残，属大部分丧失劳动能力。张海要求公司支付其应享受的工伤保险费待遇，但公司以劳动合同已有约定，且公司实际多发的 1000 元工资包括并超过了法定的社会保险费标准为由拒绝支付。请思考：公司的做法对吗？

一、社会保险概述

（一）社会保险的概念

社会保险，是指通过国家立法的形式，以劳动者为保障对象，以劳动者的年老、疾病、伤残、失业、死亡等特殊事件为保障内容、以政府强制实施为特点的一种保障制度。主要包括基本养老保险、基本医疗保险、失业保险、工伤保险和生育保险等项目。

社会保险是国家基本的社会保险制度，具有强制性、非营利性和普遍保障性的特点。社会保险经费来自国家、企业、个人三方面；社会保险实行缴费制度，只有先进行劳动并有特定的主体履行了缴费义务才能享受社会保险。

（二）社会救济、社会福利、社会优抚的概念

社会救济，是指国家和社会对因各种原因无法维持最低生活水平的公民给予无偿救助的一项社会保障制度。我国目前的社会救济包括两种：一是对长期无法解决生活困难的社会贫困成员的定期救助；二是对受意外灾害的社会成员的临时救助。社会救济是基础的、最低层次的社会保障，其目的是保障公民享有最低的生活水平，给付标准低于社会保险。社会救济的经费来源主要是政府财政支出和社会捐赠。

社会福利，广义上指国家和社会采取的一切有关改善和提高人民生活水平的各种措施。狭义上是指国家和社会直接对处于特殊情况的社会成员提供生活照顾或给予生活方便，其对象限于因生理缺陷而部分或完全丧失劳动能力的社会成员，或者为国家和社会尽义务做贡献而需要特殊照顾的人员，因无依无靠或未成年等必须借助社会力量给予扶助的人员。我国包括残疾人、孤儿、养老院等福利。社会福利资金的主要渠道是财政拨款、社会筹集、单位提留等。

社会优抚，是指政府对军属、烈属、复员转业军人、残疾军人所进行的优待抚恤制度，也包括对因公致残或牺牲的英雄模范人物及其家庭给予的物质上的帮助或照顾。社会优抚是一种特殊的社会保障方式。

（三）社会保险的结构层次

1. 国家基本保险

国家基本保险是由国家同意建立并强制实行的为全体劳动者平等地提供基本生活保障的社会保险，是法定的强制保险。基本保险是最主要的保险方式，要求所有的用人单位和劳动者都必须依法参加，在实行统筹的范围内，实行统一的缴费比例，统一的保险待遇发放标准，统一的管理体制和监督体制。

2. 用人单位补充保险

用人单位补充保险是除了国家基本保险之外，用人单位根据自己的经济条件为劳动者投保的高于基本保险标准的补充保险，是第二层次的保险。补充保险的建立依用人单位的经济承受能力而定，由用人单位自愿实行，国家不作强制的统一规定。用人单位必须在参加基本保险并按时足额缴纳基本保险费的前提下，才能实行补充保险。

3. 个人储蓄保险

个人储蓄保险是劳动者个人以储蓄形式参加社会保险，是对国家基本保险和用人单位补充保险的补充，属于第三层次。劳动者根据自己的经济能力和意愿决定是否投保，具有自愿性，费用由劳动者自己承担。

二、基本养老保险

养老保险是指劳动者因年老或病残丧失劳动能力而退出劳动岗位后，从国家和社会获得物质补偿和帮助的一种社会保险制度。

享受养老保险待遇的法定条件：

1. 退休。退休是达到退休年龄而退出工作岗位，养老休息并领取退休费的制度。我国规定的一般的退休条件为：（1）男年满60周岁，女工人年满50周岁，女职员年满55周岁，连续工龄满十年。（2）从事井下、高温、高空、特别繁重体力劳动或其他有害身体健康工作的，或经医院证明并经劳动鉴定委员会确认完全丧失劳动能力的，男年满55周岁，女年满45周岁，连续工龄满十年。（3）经批准延迟退休的高级专家，男性正高职称不得超过70周岁，副高职称不超过65周岁，女性不超过60周岁。

2. 离休。离休是指建国前参加革命工作的老干部符合国家规定的离休条件而退出工作岗位后，享受国家规定的政治待遇和生活待遇的一种社会保险制度。离休人员基本政治待遇不变，生活待遇略为从优。

3. 退职。退职是指劳动者因病残完全丧失劳动能力而提前退出工作岗位而领取退休费的制度。劳动者经医院证明，并经劳动能力鉴定委员会确认完全丧失劳动能力的男年满55周岁，女年满45周岁，连续工龄满十年的可办理退职手续。退职人员待遇按本人原标准工资发放，并按照离职休养制度的规定，享受生活补贴，政治待遇和其他保险待遇与一般退休职工相同。

根据我国法律规定，职工应当参加基本养老保险，由用人单位和职工共同缴纳基本养老保险费。无雇工的个体工商户、未在用人单位参加基本养老保险的非全日制从业人员以及其他灵活就业人员可以参加基本养老保险，由个人缴纳基本养老保险费。参加基本养老保险的个人，达到法定退休年龄时累计缴费满十五年的，按月领取基本养老金。参加基本养老保险的个人，达到法定退休年龄时累计缴费不足十五年的，可以缴费至满十五年，按月领取基本养老金；也可以申请转入户籍所在地新型农村社会养老保险或者城镇居民社会养老保险，享受相应的养老保险待遇；还可以书面申请终止职工基本养老保险关系，将个人账户储存额一次性支付给本人。

参加基本养老保险的个人，因病或者非因工死亡的，其遗属可以领取丧葬补助金和抚恤金；在未达到法定退休年龄时因病或者非因工致残完全丧失劳动能力的，可以领取病残津贴。所需资金从基本养老保险基金中支付。参加职工基本养老保险的个人死亡后，其个人账户中的余额可以全部依法继承。

国家建立和完善新型农村社会养老保险制度。新型农村社会养老保险实行个人缴费、集体补助和政府补贴相结合。参加新型农村社会养老保险的农村居民，符合国家规定条件的，按月领取新型农村社会养老保险待遇。

三、基本医疗保险

医疗保险是指劳动者由于患病或非因工负伤后，在医疗和生活上获得物质帮助的一种社会保险制度。

根据我国法律规定，职工应当参加职工基本医疗保险，由用人单位和职工按照国家规定共同缴纳基本医疗保险费。无雇工的个体工商户、未在用人单位参加职工基本医疗保险的非全日制从业人员以及其他灵活就业人员可以参加职工基本医疗保险，由个人按照国家规定缴纳基本医疗保险费。国家建立和完善新型农村合作医疗制度。新型农村合作医疗的管理办法，由国务院规定。国家建立和完善城镇居民基本医疗保险制度。城镇居民基本医疗保险实行个人缴费和政府补贴相结合。享受最低生活保障的人、丧失劳动能力的残疾人、低收入家庭60周岁以上的老年人和未成年人等所需个人缴费部分，由政府给予补贴。

参加职工基本医疗保险的个人，达到法定退休年龄时累计缴费达到国家规定年限的，退休后不再缴纳基本医疗保险费，按照国家规定享受基本医疗保险待遇；未达到国家规定年限的，可以缴费至国家规定年限。符合基本医疗保险药品目录、诊疗项目、医疗服务设施标准以及急诊、抢救的医疗费用，按照国家规定从基本医疗保险基金中支付。

下列医疗费用不纳入基本医疗保险基金支付范围：（1）应当从工伤保险基金中支付的；（2）应当由第三人负担的；（3）应当由公共卫生负担的；（4）在境外就医的。医疗费用依法应当由第三人负担，第三人不支付或者无法确定第三人的，由基本医疗保险基金先行支付。基本医疗保险基金先行支付后，有权向第三人追偿。

四、失业保险

失业保险，是指劳动者因失业而暂时中断生活来源的情况下，在法定期间内从国家和社会获得物质帮助的一种社会保险制度。劳动者只能在法定期限享受失业保险待遇，超过法定期限，即使仍在失业，也不能享受失业保险待遇。

根据我国法律规定，职工应当参加失业保险，由用人单位和职工按照国家规定共同缴纳失业保险费。失业人员符合下列条件的，从失业保险基金中领取失业保险金：（1）失业前用人单位和本人已经缴纳失业保险费满一年的；（2）非因本人意愿中断就业的；（3）已经进行失业登记，并有求职要求的。

失业人员失业前用人单位和本人累计缴费满一年不足五年的，领取失业保险金的期限最长为十二个月；累计缴费满五年不足十年的，领取失业保险金的期限最长为十八个月；累计缴费十年以上的，领取失业保险金的期限最长为二十四个月。重新就业后，再次失业的，缴费时间重新计算，领取失业保险金的期限与前次失业应当领取而尚未领取的失业保险金的期限合并计算，最长不超过二十四个月。

失业人员在领取失业保险金期间，参加职工基本医疗保险，享受基本医疗保险待遇。失业人员应当缴纳的基本医疗保险费从失业保险基金中支付，个人不缴纳基本医疗保险费。

失业人员在领取失业保险金期间死亡的，参照当地对在职职工死亡的规定，向其遗属发给一次性丧葬补助金和抚恤金。所需资金从失业保险基金中支付。个人死亡同时符合领取基本养老保险丧葬补助金、工伤保险丧葬补助金和失业保险丧葬补助金条件的，其遗属只能选择领取其中的一项。

用人单位应当及时为失业人员出具终止或者解除劳动关系的证明，并将失业人员的名单自终止或者解除劳动关系之日起十五日内告知社会保险经办机构。失业人员应当持本单位为其出具的终止或者解除劳动关系的证明，及时到指定的公共就业服务机构办理失业登记。失业人员凭失业登记证明和个人身份证明，到社会保险经办机构办理领取失业保险金的手续。失业保险金领取期限自办理失业登记之日起计算。

失业人员在领取失业保险金期间有下列情形之一的，停止领取失业保险金，并同时停止享受其他失业保险待遇：（1）重新就业的；（2）应征服兵役的；（3）移居境外的；（4）享受基本养老保险待遇的；（5）无正当理由，拒不接受当地人民政府指定部门或者机构介绍的适当工作或者提供的培训的。

五、生育保险

生育保险是指妇女劳动者因怀孕、分娩导致不能工作，收入暂时中断，国家和社会给予必要物质帮助的社会保险制度。

根据我国法律规定，职工应当参加生育保险，由用人单位按照国家规定缴纳生育保险费，职工不缴纳生育保险费。用人单位已经缴纳生育保险费的，其职工享受生育保险待遇；职工未就业配偶按照国家规定享受生育医疗费用待遇。所需资金从生育保险基金中支付。

生育保险待遇包括生育医疗费用和生育津贴。生育医疗费用包括下列各项：（1）生育的医疗费用；（2）计划生育的医疗费用；（3）法律、法规规定的其他项目费用。职工有下列情形之一的，可以按照国家规定享受生育津贴：（1）女职工生育享受产假；（2）享受计划生育手术休假；（3）法律、法规规定的其他情形。生育津贴按照职工所在用人单位上年度职工月平均工资计发。

六、工伤保险

工伤保险是指职工因工致伤、病、残、死亡，而依法获得经济补偿和物质帮助的一种社会保险制度。工伤保险遵循无过错原则，即只要劳动者在劳动过程中发生的职业伤害不是受害人故意所为，原则上受害人都能得到补偿。

根据我国法律规定，职工应当参加工伤保险，由用人单位缴纳工伤保险费，职工不缴纳工伤保险费。职工因工作原因受到事故伤害或者患职业病，且经工伤认定的，享受工伤保险待遇；其中，经劳动能力鉴定丧失劳动能力的，享受伤残待遇。职工（包括非全日制从业人员）在两个或者两个以上用人单位同时就业的，各用人单位应当分别为职工缴纳工伤保险费。职工发生工伤，由职工受到伤害时工作的单位依法承担工伤保险责任。

因工伤发生的下列费用，按照国家规定从工伤保险基金中支付：（1）治疗工伤的医疗费用和康复费用；（2）住院伙食补助费；（3）到统筹地区以外就医的交通食宿费；（4）安装配置伤残辅助器具所需费用；（5）生活不能自理的，经劳动能力鉴定委员会确认的生活护理费；（6）一次性伤残补助金和一至四级伤残职工按月领取的伤残津贴；（7）终止或者解除劳动合同时，应当享受的一次性医疗补助金；（8）因工死亡的，其遗属领取的丧葬补助金、供养亲属抚恤金和因工死亡补助金。因工死亡补助金是指一次性工亡补助金，其标准为工伤发生时上一年度全国城镇居民人均可支配收入的 20 倍。上一年度全国城镇居民人均可支配收入以国家统计局公布的数据为准；（9）劳动能力鉴定费。

因工伤发生的下列费用，按照国家规定由用人单位支付：（1）治疗工伤期间的工资福利，即按照《工伤保险条例》有关职工在停工留薪期内应当享受的工资福利和护理等待遇的规定执行；（2）五级、六级伤残职工按月领取的伤残津贴；（3）终止或者解除劳动合同时，应当享受的一次性伤残就业补助金。

工伤职工符合领取基本养老金条件的，停发伤残津贴，享受基本养老保险待遇。基本养老保险待遇低于伤残津贴的，从工伤保险基金中补足差额。

职工所在用人单位未依法缴纳工伤保险费，发生工伤事故的，由用人单位支付工伤保险待遇。用人单位不支付的，从工伤保险基金中先行支付。从工伤保险基金中先行支付的工伤保险待遇应当由用人单位偿还。用人单位不偿还的，社会保险经办机构可以依照社会保险法的相关规定追偿。由于第三人的原因造成工伤，第三人不支付工伤医疗费用或者无法确定第三人的，由工伤保险基金先行支付。工伤保险基金先行支付后，有权向第三人追偿。

工伤职工有下列情形之一的，停止享受工伤保险待遇：（1）丧失享受待遇条件的；（2）拒不接受劳动能力鉴定的；（3）拒绝治疗的。

职工发生事故伤害或者按照职业病防治法规定被诊断、鉴定为职业病，所在单位应当自事故伤害发生之日或者被诊断、鉴定为职业病之日起 30 日内，向统筹地区社会保险行政部门提出工伤认定申请。遇有特殊情况，经报社会保险行政部门同意，申请时限可以适当延长。用人单位未按规定提出工伤认定申请的，工伤职工或者其近亲属、工会组织在事故伤害发生之日或者被诊断、鉴定为职业病之日起 1 年内，可以直接向用人单位所在地统筹地区社会保险行政部门提出工伤认定申请。社会保险行政部门应当自受理工伤认定申请之日起 60 日内作出工伤认定的决定，并书面通知申请工伤认定的职工或者其近亲属和该职工所在单位。

职工发生工伤，经治疗伤情相对稳定后存在残疾、影响劳动能力的，应当进行劳动能力鉴定。劳动能力鉴定由用人单位、工伤职工或者其近亲属向设区的市级劳动能力鉴定委员会提出申请，并提供工伤认定决定和职工工伤医疗的有关资料。设区的市级劳动能力鉴定委员会应当自收到劳动能力鉴定申请之日起 60 日内作出劳动能力鉴定结论，必要时，作出劳动能力鉴定结论的期限可以延长 30 日。劳动能力鉴定结论应当及时送达申请鉴定的单位和个人。申请鉴定的单位或者个人对设区的市级劳动能力鉴定委员会作出的鉴定结论不服的，可以在收到该鉴定结论之日起 15 日内向省、自治区、直辖市劳动能力鉴定委员会提出再次鉴定申请。省、自治区、直辖市劳动能力鉴定委员会作出的劳动能力鉴定结论为最终结论。自劳动能力鉴定结论作出之日起 1 年后，工伤职工或者其近亲属、所在单位或者经办机构认为伤残情况发生变化的，可以申请劳动能力复查鉴定。

无营业执照或者未经依法登记、备案的单位以及被依法吊销营业执照或者撤销登记、备案的单位的职工受到事故伤害或者患职业病的，由该单位向伤残职工或者死亡职工的近亲属给予一次性赔偿，赔偿标准不得低于规定的工伤保险待遇；用人单位不得使用童工，用人单位使用童工造成童工伤残、死亡的，由该单位向童工或者童工的近亲属给予一次性赔偿，赔偿标准不得低于规定的工伤保险待遇。

【案例 5-2】当事人的约定违反了法律、法规关于社会保险属于强制性保险的规定，该约定是无效的，因此，公司应依法修改合同条款并为张海办理参加社会保险手续和缴纳社会保险费；公司应依法给予张海相应的社会保险待遇。

第五节　劳动争议处理

一、劳动争议的范围

劳动争议又称劳动纠纷，是指劳动关系双方当事人之间因劳动权利和劳动义务发生纠纷、争执。

（一）劳动争议的范围

1. 因确认劳动关系发生的争议；

2. 因订立、履行、变更、解除和终止劳动合同发生的争议；

3. 因除名、辞退和辞职、离职发生的争议；

4. 因工作时间、休息休假、社会保险、福利、培训以及劳动保护发生的争议；

5. 因劳动报酬、工伤医疗费、经济补偿或者赔偿金等发生的争议；

6. 法律、法规规定的其他劳动争议。

（二）不属于劳动争议的范围

1. 劳动者请求社会保险经办机构发放社会保险金的纠纷；

2. 劳动者与用人单位因住房制度改革产生的公有住房转让纠纷；

3. 劳动者对劳动能力鉴定委员会的伤残等级鉴定结论或者对职业病诊断鉴定委员会的职业病诊断鉴定结论的异议纠纷；

4. 家庭或者个人与家政服务人员之间的纠纷；

5. 个体工匠与帮工、学徒之间的纠纷；

6. 农村承包经营户与受雇人之间的纠纷。

二、劳动争议的处理机构

（一）劳动争议调解组织

劳动争议调解组织有企业劳动争议调解委员会、依法设立的基层人民调解组织和在乡镇、街道设立的具有劳动争议调解职能的组织。

（二）劳动争议仲裁委员会

劳动争议仲裁委员会按照统筹规划、合理布局和适应实际需要的原则设立，而不按行政区划层层设立。劳动争议仲裁委员会组成人员由劳动行政部门代表、工会代表、企业代

表三方组成，主任由同级劳动行政机关的负责人担任，其办事机构是劳动行政机关的劳动争议处理机构。

劳动争议由劳动合同履行地或者用人单位所在地的劳动争议仲裁委员会管辖。双方当事人分别向劳动合同履行地和用人单位所在地的劳动争议仲裁委员会申请仲裁的，由劳动合同履行地的劳动争议仲裁委员会管辖。

（三）人民法院

三、劳动争议的处理程序

（一）协商

通过协商方式自行和解，是劳动争议当事人应首先选择的解决争议的途径，同时也是在解决争议过程中可以随时采用的方式。协商以双方当事人自愿为基础，不愿协商或者经协商不能达成一致，当事人可以选择其他方式。

（二）调解

发生劳动争议，当事人可以到劳动争议调解组织申请调解。申请可以是书面，也可以是口头。经调解达成协议的，应当制作调解协议书，由双方当事人签名或者盖章，经调解员签名并加盖调解组织印章后生效，对双方当事人具有约束力，当事人应当履行。

自劳动争议调解组织收到调解申请之日起十五日内未达成调解协议的，当事人可以依法申请仲裁。达成调解协议后，一方当事人在协议约定期限内不履行调解协议的，另一方当事人可以依法申请仲裁。

因支付拖欠劳动报酬、工伤医疗费、经济补偿或者赔偿金事项达成调解协议，用人单位在协议约定期限内不履行的，劳动者可以持调解协议书依法向人民法院申请支付令，人民法院应当依法发出支付令。

（三）仲裁

1. 申请与受理

申请人申请仲裁应当提交书面仲裁申请。劳动争议仲裁委员会收到仲裁申请之日起五日内，认为符合受理条件的，应当受理，并通知申请人；认为不符合受理条件的，应当书面通知申请人不予受理，并说明理由。对劳动争议仲裁委员会不予受理或者逾期未作出决定的，申请人可以就该劳动争议事项向人民法院提起诉讼。

劳动争议申请仲裁的时效期间为一年，从当事人知道或者应当知道其权利被侵害之日起计算。劳动关系存续期间因拖欠劳动报酬发生争议的，劳动者申请仲裁不受仲裁时效期间的限制；但是，劳动关系终止的，应当自劳动关系终止之日起一年内提出。

劳动争议仲裁不收费。

2. 开庭与裁决

劳动争议仲裁委员会裁决劳动争议案件实行仲裁庭制。简单劳动争议案件可以由一名仲裁员独任仲裁。当事人在仲裁过程中有权进行质证和辩论。

仲裁庭在作出裁决前，应当先行调解。调解不成或者调解书送达前，一方当事人反悔的，仲裁庭应当及时作出裁决。

仲裁庭裁决劳动争议案件，应当自劳动争议仲裁委员会受理仲裁申请之日起四十五日内结束。案情复杂需要延期的，经劳动争议仲裁委员会主任批准，可以延期并书面通知当事人，但是延长期限不得超过十五日。逾期未作出仲裁裁决的，当事人可以就该劳动争议事项向人民法院提起诉讼。仲裁庭裁决劳动争议案件时，其中一部分事实已经清楚，可以就该部分先行裁决。

3. 裁决的效力

（1）一裁终局。对于追索劳动报酬、工伤医疗费、经济补偿或者赔偿金，不超过当地月最低工资标准十二个月金额争议的裁决和因执行国家的劳动标准在工作时间、休息休假、社会保险等方面发生争议的裁决，仲裁裁决为终局裁决，裁决书自作出之日起发生法律效力。只有劳动者对该仲裁裁决不服的，才可以自收到仲裁裁决书之日起十五日内向人民法院提起诉讼。

但是，用人单位有证据证明该裁决有下列情形之一的，则可以自收到裁决书之日起三十日内向劳动争议仲裁委员会所在地的中级人民法院申请撤销裁决：①适用法律、法规确有错误的；②劳动争议仲裁委员会无管辖权的；③违反法定程序的；④裁决所根据的证据是伪造的；⑤对方当事人隐瞒了足以影响公正裁决的证据的；⑥仲裁员在仲裁该案时有索贿受贿、徇私舞弊、枉法裁决行为的。裁决被人民法院裁定撤销的，当事人可以自收到裁定书之日起十五日内就该劳动争议事项向人民法院起诉。

（2）当事人对"一裁终局"以外的其他劳动争议案件的仲裁裁决不服的，可以自收到仲裁裁决书之日起十五日内向人民法院提起诉讼；期满不起诉的，裁决书发生法律效力。

（3）当事人对发生法律效力的调解书、裁决书，应当依照规定的期限履行。一方当事人逾期不履行的，另一方当事人可以依照民事诉讼法的有关规定向人民法院申请执行。受理申请的人民法院应当依法执行。

（四）诉讼

当事人不服仲裁裁决的争议案件，可在规定时效内向人民法院提起诉讼，人民法院依照民事诉讼程序进行审理。

劳动争议案件由用人单位所在地或者劳动合同履行地的基层人民法院管辖。劳动合同履行地不明确的，由用人单位所在地基层人民法院管辖。

总之，除"一裁终局"的情况外，"一调一裁两审"仍为我国劳动争议处理的一般模式，即仲裁是处理劳动争议的必经程序。

思 考 与 练 习

1. 王某的日工资为 80 元。2019 年 10 月 1 日至 7 日，根据政府规定放假 7 天，其中 3 天属于法定假日，4 天属于前后两周的周末公休日。公司安排王某在这 7 天加班。

问：根据劳动法的规定，公司除应向王某支付每日 80 元的工资外，还应当向王某支付多少加班费？

2. 胡某是一名司机，应聘到某商场采购部门担任司机，并同该商场签订了 3 年的劳动合同。胡某勤勤恳恳，非常敬业，为人也非常正直，得到了同事们的一致好评。胡某在某次采购过程中，目睹了部门主管的不规范事项，便向公司总裁进行了反映，部门主管因此受到了处罚。此后，该部门主管便常常借机对胡某打击报复。终于有一天，胡某同该主管发生了激烈的争吵，胡某非常生气，第二天便没有来公司上班，打电话通知该商场同其解除劳动合同，并很快应聘到另外一家物流公司担任卡车司机。工作几天之后，胡某及其所在的物流公司收到了当地劳动争议仲裁委员会的通知书，胡某的原工作单位商场认为胡某没有解除劳动合同便与其他公司签订劳动合同，给本单位造成了损失，应予以赔偿，而物流公司雇佣未解除劳动合同的员工，应承担连带责任。

问：本案应如何处理？

第六章　行　政　法

知识目标

- 了解行政法的概念、特征和基本原则
- 掌握行政主体的范围
- 掌握行政处罚的种类、适用和相关程序
- 掌握行政复议的范围和行政复议机关

能力素质目标

- 培养依法行政与依法维权理念
- 能够运用行政法律知识分析解决实际问题

第一节　行政法概述

一、行政法的概念、功能、特征和体系

行政法是调整国家行政权的创设、行使以及对其监督过程中发生的行政关系的法律规范的总称。

行政法的功能在于控制行政权、保护公民权。行政法是围绕着行政权展开的。行政法赋予行政机关行政权以实施行政管理的同时又监督行政权的行使以防止和消除违法行政行为。行政权作为一种公权力，其行使存在侵犯行政相对人私权利的可能性，因此，行政法的功能是规范和控制行政权，保障公民的合法权益。由此，行政法实际上是一部控权法。

行政法的特征来自两个方面，一方面是形式上的特征：行政法没有统一完整的行政法典；行政法规范名目繁多，层次多样，其数量之多居各部门法之首；另一方面是内容上的特征：行政法涉及的领域十分广泛，内容非常丰富；行政法是集实体法与程序法于一身的部门法。

行政法的体系包括三个部分，第一部分是行政主体法，即规定谁有资格去行使行政权；第二部分是行政行为法，即行政主体行使行政权的外在表现；第三部分是行政监督法，是对行政主体行使行政权的监督。行政监督的另一个方面就是给行政相对人提供法律

上的救济，所以，行政监督法从另一个角度也可以叫做行政救济法。

二、行政法的基本原则

（一）合法行政原则

合法行政原则是指行政机关职权的取得和行使必须以法律规定为依据，此原则是行政法的首要原则。行政机关的行政职权应当来自法律的授权，即"法无授权即禁止"。没有法律的规定，行政机关不得作出影响公民、法人和其他组织合法权益或者增加公民、法人和其他组织义务的规定和决定。行政机关在行政执法过程中也必须符合法定的行政程序。

（二）合理行政原则

合理行政原则是指行政机关行使行政职权应当符合法定目的，客观适度，符合理性。合理行政原则的要求包括：公平公正对待原则（行政机关要平等对待行政相对人，不偏私、不歧视），考虑相关因素原则（行政机关在作出行政决定和进行行政裁量时，只能考虑符合立法授权目的的相关因素，不得考虑不相关因素），比例原则或最小侵害原则（行政机关行使行政裁量权时应当全面地衡量公共利益和公民、法人和其他组织的个人利益，尽量采取对行政相对人损害最小的方式）。

（三）程序正当原则

程序正当原则要求行政机关实施行政管理有关事项应当公开；行政机关工作人员履行职责时，与行政管理相对人存在利害关系时，应当回避；不在事先未通知和未听取相对人申辩意见的情况下，作出对相对人不利的决定；作出行政决定时，应当说明作出行政决定的事实根据和法律依据；行政活动严格遵循法定的步骤、顺序、时限和形式。

（四）高效便民原则

高效要求行政机关实行行政管理，应当遵守法定时限，积极履行法定职责，提高办事效率，禁止不作为和不完全作为，禁止不合理迟延。便民要求行政机关实行行政管理，应当提供优质服务，方便当事人。

（五）诚实守信原则

诚实守信原则要求行政机关必须对自己的言行负责，"言必行，行必果"。诚实守信原则还要求行政机关公布的政府信息应全面、准确和真实。

（六）权责统一原则

权责统一原则是指行政机关依法享有多大权力就承担多大责任，做到执法有保障，有权必有责，用权受监督，违法受追究，侵权需赔偿。

三、行政法律关系主体

行政法律关系主体主要有行政主体和行政相对人。行政主体是指依法享有国家行政权力，以自己名义实施行政管理活动，并独立承担由此产生的法律责任的组织。行政相对人是指在行政管理活动中与行政主体相对应的，其权益受到行政主体行使权力影响的另一方当事人，可以是公民、法人或其他组织。

【案例 6-1】2021 年 1 月 6 日，接网民举报，一网民在微信群传播谣言称"石家庄死了 200 多人"的严重不实信息。保定网警接到举报后，第一时间展开核查，很快锁定违法人员。杨某某，男，27 岁，曲阳人。经曲阳县公安机关核查，杨某某对其在微信群编造虚假疫情信息的行为供认不讳。目前，杨某某因违反《中华人民共和国治安处罚法》，被曲阳县公安局处以行政拘留 6 日，并处罚款 100 元的处罚。

　　【分析】本案例中，曲阳县公安局就是行使治安管理行政职权的行政主体，杨某某就是受到治安处罚的行政相对人。

　　在我国，行政主体主要包括两类：一类是行政机关，一类是被授权的组织。行政机关简称政府，是行使行政权的国家机关，是最常见的行政主体。被授权的组织是依据法律、法规规定而享有并行使国家行政权力、进行行政管理的非行政机关组织。

　　行政机关包括中央行政机关和地方行政机关。中央行政机关包括国务院；国务院的各部、委、中国人民银行、审计署；直属机构和各部委管理的国家局。地方国家机关包括地方各级人民政府、县级以上人民政府的职能部门和派出机关（行政公署、区公所、街道办事处）。

　　被授权的组织。只有那些具有处理公共事务条件的组织才会取得法律、法规授予的相应的行政职权，具体包括行政机构和社会组织。其中行政机构包括内部机构、派出机构和临时机构。社会组织包括企事业单位、社会团体和群众性自治组织。例如：《教育法》授权公立学校及其他公立教育机构招收学生或者其他受教育者，对受教育者进行学籍、学位等方面的管理，这些组织由此获得了招生及学籍、学位管理的行政职权，成为行政主体。

四、公务员

　　公务员是指依法履行公职、纳入国家行政编制、由国家财政负担工资福利的工作人员。公务员是人民的公仆，是社会主义事业的中坚力量。公务员就职时应当依照法律规定公开进行宪法宣誓。

　　因犯罪受过刑事处罚的；被开除中国共产党党籍的；被开除公职的；被依法列为失信联合惩戒对象的不得录用为公务员。

　　公务员依法履行职责，对其处分分为：警告、记过、记大过、降级、撤职、开除。

　　我国《公务员法》还规定机关根据工作需要，经省级以上公务员主管部门批准，可以对专业性较强的职位和辅助性职位实行聘任制。所列职位涉及国家秘密的，不实行聘任制。

　　公务员与所属行政机关之间是一种职务委托关系。公务员兼具普通公民和公务员双重身份，如何判断其行为是个人行为还是公务行为，可以从以下几个方面综合判断：时间因素：公务员在上班时间实施的行为；名义或公务标志要素：公务员是以其所属的行政主体之名义或者佩戴、出示能表明其身份的公务标志实施的行为；公益要素：公务员的行为涉及公共利益或者以公共利益为目的；职权与职责要素：公务员的行为属于其职责与职权范围；命令要素：公务员的行为是根据其主管领导的命令、指示或者委托所实施的。

五、行政行为

行政行为是指行政主体行使行政职权作出的能够对行政相对人的权利义务产生一定影响的行为。不是所有行政主体作出的职权行为都可以成为行政行为，像行政指导、行政咨询、召开会议等，这些事实行为虽然也是由行政主体作出的，但是不会对相对人的权利义务产生影响，因此不能称之为行政行为。

根据不同的标准，可以将行政行为分为不同的类型。以行政行为针对的对象是否需特定为标准，可以将行政行为分为具体行政行为和抽象行政行为。

具体行政行为和抽象行政行为这种分类是行政行为最重要的分类。区分二者的主要意义在于：在我国目前的法律制度下，行政相对人只有对具体行政行为不服才可以申请行政复议或者提起行政诉讼，对抽象行政行为不服一般不能申请行政复议或者提起行政诉讼。二者的不同主要体现在以下三个方面：

首先，具体行政行为和抽象行政行为针对主体不同。抽象行政行为是针对不特定主体作出的；而具体行政行为是针对特定主体作出的。其次，产生效果不同。抽象行政行为不直接产生影响普通公民权利义务的效果；具体行政行为直接影响某个或某些公民的权利义务。最后，救济措施不同。抽象行政行为如果有误，一般由立法系统加以修改或撤销；具体行政行为有误，原则上可以申请行政复议或行政诉讼。

行政行为的内容主要包括以下几种，第一种是赋予权益和剥夺权益的内容，比如：授予律师资格、颁发营业执照都属于赋予权益；而吊销驾照属于剥夺权益。第二种是科以义务或免除义务的内容，比如：城市规划部门要求相对人拆除违章建筑，属于科以义务的内容；税务机关免除纳税人的纳税义务，属于免除义务的内容。第三种是确认法律事实和法律地位的内容，比如：交通事故或者医疗事故的鉴定结论，属于对于交通事故或者医疗事故的事实确认，而房屋管理部门对于房屋产权的确认属于法律地位的确认。

六、行政立法

行政立法指行政机关依照法定的权限和程序，制定行政法规和行政规章的活动。行政立法属于抽象行政行为。

行政法规的制定机关是国务院。行政法规的名称一般称"条例"，也可称"规定"和"办法"等。国务院根据全国人大及其常委会的授权决定制定的行政法规，称为暂行条例或者暂行规定。行政法规由总理签署国务院令公布。有关国防建设的行政法规，可以由总理签署国务院令公布，也可以由国务院总理、中央军事委员会主席共同签署国务院、中央军事委员会令公布。

行政规章包括部门规章和地方政府规章。部门规章是指有权制定规章的国务院部门依照规章制定程序制定并公布的行政规范性文件。地方政府规章是指有权制定规章的地方政府依照规章制定程序制定并公布的行政规范性文件。有权制定规章的地方政府包括省、自治区直辖市人民政府和较大的市人民政府，较大的市人民政府是指省、自治区政府所在地的市、经济特区所在地的市、经国务院批准的较大的市、设区的市和自治州政府。规章不得称"条例"，一般称"规定""办法"。

行政法规的效力低于宪法和法律，高于地方性法规、部门规章和地方政府规章；部门规章之间、部门规章与地方政府规章之间具有同等效力，在其各自的权限范围内施行。

第二节 行政处罚法

行政处罚是指行政机关依法对违反行政管理秩序的公民、法人或者其他组织，以减损权益或者增加义务的方式予以惩戒的行为。行政处罚属于一种具体行政行为。

《中华人民共和国行政处罚法》于 1996 年 3 月 17 日第八届全国人民代表大会第四次会议通过，2009 年 8 月、2017 年 9 月分别进行了修正。2021 年 1 月 22 日第十三届全国人民代表大会常务委员会第二十五次会议进行了修订，于 2021 年 7 月 15 日起施行。

行政处罚遵循公正、公开的原则。设定和实施行政处罚必须以事实为依据，与违法行为的事实、性质、情节以及社会危害程度相当。对违法行为给予行政处罚的规定必须公布；未经公布的，不得作为行政处罚的依据。

实施行政处罚，纠正违法行为，应当坚持处罚与教育相结合，教育公民、法人或者其他组织自觉守法。

公民、法人或者其他组织对行政机关所给予的行政处罚，享有陈述权、申辩权；对行政处罚不服的，有权依法申请行政复议或者提起行政诉讼。公民、法人或者其他组织因行政机关违法给予行政处罚受到损害的，有权依法提出赔偿要求。

一、行政处罚的种类和设定

（一）行政处罚的种类

1. 警告、通报批评；

2. 罚款、没收违法所得、没收非法财物；

3. 暂扣许可证件、降低资质等级、吊销许可证件；

4. 限制开展生产经营活动、责令停产停业、责令关闭、限制从业；

5. 行政拘留；

6. 法律、行政法规规定的其他行政处罚。

（二）行政处罚的设定

1. 法律可以设定各种行政处罚。限制人身自由的行政处罚，只能由法律设定。

2. 行政法规可以设定除限制人身自由以外的行政处罚。

3. 地方性法规可以设定除限制人身自由、吊销营业执照以外的行政处罚。

4. 国务院部门规章可以在法律、行政法规规定的给予行政处罚的行为、种类和幅度的范围内作出具体规定。尚未制定法律、行政法规的，国务院部门规章对违反行政管理秩序的行为，可以设定警告、通报批评或者一定数额罚款的行政处罚。罚款的限额由国务院规定。

5. 地方政府规章可以在法律、法规规定的给予行政处罚的行为、种类和幅度的范围内作出具体规定。尚未制定法律、法规的，地方政府规章对违反行政管理秩序的行为，可以设定警告、通报批评或者一定数额罚款的行政处罚。罚款的限额由省、自治区、直辖市人民代表大会常务委员会规定。

除法律、法规、规章外，其他规范性文件不得设定行政处罚。

二、行政处罚的管辖与适用

（一）行政处罚的管辖

行政处罚的管辖是关于某个行政违法行为由哪个享有行政处罚权的主体实施处罚，即处罚实施主体之间的权限分工。

1. 地域管辖

行政处罚由违法行为发生地的行政机关管辖。法律、行政法规、部门规章另有规定的，从其规定。

2. 级别管辖

行政处罚由县级以上地方人民政府具有行政处罚权的行政机关管辖。法律、行政法规另有规定的，从其规定。

省、自治区、直辖市根据当地实际情况，可以决定将基层管理迫切需要的县级人民政府部门的行政处罚权交由能够有效承接的乡镇人民政府、街道办事处行使，并定期组织评估。决定应当公布。

承接行政处罚权的乡镇人民政府、街道办事处应当加强执法能力建设，按照规定范围、依照法定程序实施行政处罚。

3. 指定管辖

两个以上行政机关都有管辖权的，由最先立案的行政机关管辖。

对管辖发生争议的，应当协商解决，协商不成的，报请共同的上一级行政机关指定管辖；也可以直接由共同的上一级行政机关指定管辖。

（二）行政处罚的适用

行政处罚的适用必须以事实为依据，与违法行为的事实、性质、情节以及社会危害程度相当；在特定条件下从轻、减轻或者不予处罚。

1. 从轻、减轻处罚的情形

（1）已满十四周岁不满十八周岁的未成年人有违法行为的；

（2）主动消除或者减轻违法行为危害后果的；

（3）受他人胁迫或者诱骗实施违法行为的；

（4）主动供述行政机关尚未掌握的违法行为的；

（5）配合行政机关查处违法行为有立功表现的。

2. 不予处罚的情形

（1）不满十四周岁的未成年人有违法行为的，不予行政处罚，责令监护人加以管教；

（2）精神病人、智力残疾人在不能辨认或者不能控制自己行为时有违法行为的，不予行政处罚；

（3）违法行为轻微并及时改正，没有造成危害后果的，不予行政处罚；

（4）初次违法且危害后果轻微并及时改正的，可以不予行政处罚；

（5）当事人有证据足以证明没有主观过错的，不予行政处罚。法律、行政法规另有规定，从其规定。

此外，《行政处罚法》规定：对当事人的违法行为依法不予行政处罚的，行政机关应当对当事人进行教育。

（三）行政处罚与民事责任、刑事责任

1. 行政处罚与民事责任

公民、法人或者其他组织因违法受到行政处罚，其违法行为对他人造成损害的，应当依法承担民事责任。行政处罚可以与民事责任的追究并存。

2. 行政处罚与刑事责任

违法行为构成犯罪应当依法追究刑事责任，不得以行政处罚代替刑事处罚。刑事责任与行政处罚可以并存。但是如果行政处罚的形式与刑事责任的形式属于同种性质时，可以抵扣。比如：行政拘留折抵拘役或有期徒刑的相应刑期；罚款折抵相应罚金。同时，《行政处罚法》还规定：行政机关尚未给予当事人罚款的，不再给予罚款。

（四）禁止重复处罚

《行政处罚法》规定："对当事人的同一个违法行为，不得给予两次以上罚款的行政处罚。同一个违法行为违反多个法律规范应当给予罚款处罚的，按照罚款数额高的规定处罚。"

（五）行政处罚的追诉时效

1. 行政处罚追诉时效的起算点

行政处罚的追诉时效一般从违法行为发生之日起计算。如果违法行为有连续或者持续状态的，从行为终了之日起计算。

2. 行政处罚追诉时效的期限

违法行为在2年内未被发现的，不再给予行政处罚；涉及公民生命健康安全、金融安全且有危害后果的，上述期限延长至5年。法律另有规定的除外。

（六）行政处罚无效

1. 行政处罚没有依据或者实施主体不具有行政主体资格

2. 违反法定程序构成重大且明显违法的

三、行政处罚的程序

行政处罚必须依据法定的程序作出，否则无效。行政处罚的决定程序有简易程序和普通程序。听证程序不适于简易程序，它是普通程序中的特殊程序，是普通程序中当事人的"陈述权""申辩权"的程序化。

公民、法人或者其他组织违反行政管理秩序的行为，依法应当给予行政处罚的，行政机关必须查明事实；违法事实不清、证据不足的，不得给予行政处罚。

行政机关应当及时告知当事人违法事实，并采取信息化手段或者其他措施，为当事人查询、陈述和申辩提供便利。不得限制或者变相限制当事人享有的陈述权、申辩权。

行政处罚应当由具有行政执法资格的执法人员实施。执法人员不得少于2人，法律另有规定的除外。执法人员与案件有直接利害关系或者有其他关系可能影响公正执法的，应当回避。

行政机关在作出行政处罚决定之前，应当告知当事人拟作出的行政处罚内容及事实、理由、依据，并告知当事人依法享有的陈述、申辩、要求听证等权利。

（一）简易程序

简易程序的适用条件：

1. 违法事实确凿；

2. 有法定依据；

3. 对公民处以 200 元以下、对法人或者其他组织处以 3000 元以下罚款或者警告的行政处罚。

执法人员当场作出行政处罚决定的，应当向当事人出示执法证件，填写预定格式、编有号码的行政处罚决定书，并当场交付当事人。当事人拒绝签收的，应当在行政处罚决定书上注明。

行政处罚决定书应当载明当事人的违法行为，行政处罚的种类和依据、罚款数额、时间、地点，申请行政复议、提起行政诉讼的途径和期限以及行政机关名称，并由执法人员签名或者盖章。

执法人员当场作出的行政处罚决定，应当报所属行政机关备案。

（二）普通程序

相对于简易程序，普通程序的流程会比较复杂，它所针对的是除适用简易程序以外的其他行政处罚案件。主要有立案、调查取证、告知申辩、审查决定、制作处罚决定书和送达 6 个步骤。

1. 普通程序与简易程序的主要区别

（1）简易程序适用的是违法事实确凿的案件，一般不需要调查。

（2）简易程序下行政处罚决定是由执法人员作出的，只需要向所属行政机关备案即可；普通程序下行政处罚决定由行政机关的负责人或者负责人集体讨论后作出。

（3）在简易程序下，行政处罚当场作出；在普通程序下，行政机关应当自行政处罚案件立案之日起 90 日内作出行政处罚决定。法律、法规、规章另有规定的，从其规定。

2. 审查决定

调查终结，行政机关负责人应当对调查结果进行审查，根据不同情况，分别作出如下决定：

（1）确有应受行政处罚的违法行为的，根据情节轻重及具体情况，作出行政处罚决定；

（2）违法行为轻微，依法可以不予行政处罚的，不予行政处罚；

（3）违法事实不能成立的，不予行政处罚；

（4）违法行为涉嫌犯罪的，移送司法机关。

对情节复杂或者重大违法行为给予行政处罚，行政机关负责人应当集体讨论决定。

（三）听证程序

1. 适用的案件类型

听证程序只适用于行政机关较大数额罚款；没收较大数额违法所得、没收较大价值非法财物；降低资质等级、吊销许可证件；责令停产停业、责令关闭、限制从业；其他较重的行政处罚的案件。

2. 举行听证的性质

（1）举行听证是当事人的权利，当事人可以要求听证，也可以不要求听证。

（2）举行听证是行政机关履行的程序义务，但这个义务是否实际履行，完全取决于当事人的要求。

3. 听证程序的具体流程

（1）当事人要求听证的，应当在行政机关告知后 5 日内提出。

（2）行政机关应当在举行听证的 7 日前，通知当事人及有关人员听证的时间、地点。

（3）除涉及国家秘密、商业秘密或者个人隐私依法予以保密外，听证公开举行。

（4）听证由行政机关指定的非本案调查人员主持；当事人认为主持人与本案有直接利害关系的，有权申请回避。

（5）当事人可以亲自参加听证，也可以委托 1 至 2 人代理。

（6）当事人及其代理人无正当理由拒不出席听证或者未经许可中途退出听证的，视为放弃听证权利，行政机关终止听证。

（7）举行听证时，调查人员提出当事人违法的事实、证据和行政处罚建议，当事人进行申辩和质证。

（8）听证应当制作笔录。笔录应当交当事人或者其代理人核对无误后签字或者盖章。当事人或者其代理人拒绝签字或者盖章的，由听证主持人在笔录中注明。

四、行政处罚的执行

《行政处罚法》规定："行政处罚决定依法作出后，当事人应当在行政处罚决定书载明的期限内，予以履行。当事人确有经济困难，需要延期或者分期缴纳罚款的，经当事人申请和行政机关批准，可以暂缓或者分期缴纳。"

（一）分离原则

作出罚款决定的行政机关应当与收缴罚款的机构分离。

除了简易程序外，作出行政处罚决定的行政机关及其执法人员不得自行收缴罚款。当事人应当自收到行政处罚决定书之日起 15 日内，到指定的银行或者通过电子支付系统缴纳罚款。银行应当收受罚款，并将罚款直接上缴国库。

（二）当场收缴罚款适用的案件

当场收缴罚款是分离原则的例外。当场收缴罚款只有以下 3 种情形：

1. 按照简易程序，当场作出的数额在 100 元以下的罚款。

2. 按照简易程序作出的不当场收缴事后难以执行的罚款。

3. 在边远、水上、交通不便地区，行政机关及其执法人员依法作出罚款决定后，当事人到指定的银行或者通过电子支付系统缴纳罚款确有困难，经当事人提出，行政机关及其执法人员可以当场收缴罚款。

（三）当场收缴罚款必须遵循的规则

1. 行政机关及其执法人员当场收缴罚款的，必须向当事人出具国务院财政部门或者省、自治区、直辖市人民政府财政部门统一制发的专用票据；不出具财政部门统一制发的专用票据的，当事人有权拒绝缴纳罚款。

2. 执法人员当场收缴的罚款，应当自收缴罚款之日起 2 日内，交至行政机关；在水上当场收缴的罚款，应当自抵岸之日起 2 日内交至行政机关；行政机关应当在 2 日内将罚款缴付指定的银行。

（四）行政处罚的强制执行

当事人逾期不履行行政处罚决定的，作出行政处罚决定的行政机关可以采取下列措施：

（1）到期不缴纳罚款的，每日按罚款数额的百分之三加处罚款，加处罚款的数额不得超出罚款的数额；

（2）根据法律规定，将查封、扣押的财物拍卖、依法处理或者将冻结的存款、汇款划拨抵缴罚款；

（3）根据法律规定，采取其他行政强制执行方式；

（4）依照《中华人民共和国行政强制法》的规定申请人民法院强制执行。

行政机关批准延期、分期缴纳罚款的，申请人民法院强制执行的期限，自暂缓或者分期缴纳罚款期限结束之日起计算。

第三节　行政复议法

一、行政复议范围

（一）行政机关的具体行政行为

《行政复议法》规定：有下列情形之一的，公民、法人或者其他组织可以申请行政复议：

1. 对行政机关作出的警告、罚款、没收违法所得、没收非法财物、责令停产停业、暂扣或者吊销许可证、暂扣或者吊销执照、行政拘留等行政处罚决定不服的；

2. 对行政机关作出的限制人身自由或者查封、扣押、冻结财产等行政强制措施决定不服的；

3. 对行政机关作出的有关许可证、执照、资质证、资格证等证书变更、中止、撤销的决定不服的；

4. 对行政机关作出的关于确认土地、矿藏、水流、森林、山岭、草原、荒地、滩涂、海域等自然资源的所有权或者使用权的决定不服的；

5. 认为行政机关侵犯合法的经营自主权的；

6. 认为行政机关变更或者废止农业承包合同，侵犯其合法权益的；

7. 认为行政机关违法集资、征收财物、摊派费用或者违法要求履行其他义务的；

8. 认为符合法定条件，申请行政机关颁发许可证、执照、资质证、资格证等证书，或者申请行政机关审批、登记有关事项，行政机关没有依法办理的；

9. 申请行政机关履行保护人身权利、财产权利、受教育权利的法定职责，行政机关没有依法履行的；

10. 申请行政机关依法发放抚恤金、社会保险金或者最低生活保障费，行政机关没有依法发放的；

11. 认为行政机关的其他具体行政行为侵犯其合法权益的。

（二）对部分抽象行政行为的"附带审查"

根据《行政复议法》规定：公民、法人或者其他组织认为行政机关的具体行政行为所依据的国务院部门的规定；县级以上地方各级人民政府及其工作部门的规定；乡、镇人民政府的规定不合法，在对具体行政行为申请行政复议时，可以一并向行政复议机关提出对该规定的审查申请。

前款所列规定不含国务院部、委员会规章和地方人民政府规章。规章的审查依照法律、行政法规办理。

当事人对抽象行政行为的审查申请必须在对具体行政行为申请复议的情况下附带提出；同时不是所有的抽象行政行为都可以作为审查对象，比如：行政法规、部门规章、地方政府规章均属于抽象行政行为，但不能在复议时一并要求审查。此外，地方性法规、自治条例、单行条例、经济特区法规，都是权力机关制定的规范性文件，不属于抽象行政行为，当然也不能对此类规范性文件提出审查申请。

二、行政复议机关

公民、法人或者其他组织对行政机关的具体行政行为不服申请行政复议的，作出具体行政行为的行政机关是被申请人。

行政复议机关一般是被申请人的上一级行政机关。具体规定如下：

（一）被申请人为县级以上地方各级人民政府工作部门

对县级以上地方各级人民政府工作部门的具体行政行为不服的，由申请人选择，可以向该部门的本级人民政府申请行政复议，也可以向上一级主管部门申请行政复议。比如：某市某县公安局为被申请人的，复议机关是县政府或者某市公安局。

（二）被申请人为海关、金融、国税、外汇管理等实行垂直领导的行政机关和国家安全机关

对海关、金融、国税、外汇管理等实行垂直领导的行政机关和国家安全机关的具体行政行为不服的，向上一级主管部门申请行政复议。比如：某市某县国税局为被申请人的，复议机关是某市国税局。

（三）被申请人为地方各级人民政府

对地方各级人民政府的具体行政行为不服的，向上一级地方人民政府申请行政复议。

（四）被申请人为省、自治区人民政府依法设立的派出机关所属的县级地方人民政府

对省、自治区人民政府依法设立的派出机关所属的县级地方人民政府的具体行政行为不服的，向该派出机关申请行政复议。

（五）被申请人为国务院部门或者省、自治区、直辖市人民政府

对国务院部门或者省、自治区、直辖市人民政府的具体行政行为不服的，向作出该具体行政行为的国务院部门或者省、自治区、直辖市人民政府申请行政复议。对行政复议决定不服的，可以向人民法院提起行政诉讼；也可以向国务院申请裁决，国务院依照本法的

规定作出最终裁决。

（六）被申请人为县级以上地方人民政府依法设立的派出机关

对县级以上地方人民政府依法设立的派出机关的具体行政行为不服的，向设立该派出机关的人民政府申请行政复议。比如：海淀区中关村街道办事处为被申请人的，复议机关是海淀区人民政府。

（七）被申请人为政府工作部门依法设立的派出机构

对政府工作部门依法设立的派出机构依照法律、法规或者规章规定，以自己的名义作出的具体行政行为不服的，向设立该派出机构的部门或者该部门的本级地方人民政府申请行政复议。

【案例2】某市桥西区公安局平安派出所对殴打他人的李某作出罚款500元的行政处罚决定。李某不服，申请行政复议。

【分析】本案中，李某是行政处罚的相对人，对行政处罚不服可以申请行政复议，李某为行政复议的申请人。平安派出所是公安局的派出机构，依法拥有500元以下的处罚权，并以自己名义作出处罚，因此，平安派出所是被申请人。复议机关可以是设立平安派出所的桥西区公安局也可以是桥西区人民政府。

（八）被申请人为法律、法规授权的组织

对法律、法规授权的组织的具体行政行为不服的，分别向直接管理该组织的地方人民政府、地方人民政府工作部门或者国务院部门申请行政复议。

（九）被申请人为数个行政机关

对两个或者两个以上行政机关以共同的名义作出的具体行政行为不服的，向其共同上一级行政机关申请行政复议。比如：县公安局和县文化局共同对某企业作出罚款2000元的决定，该企业申请复议的复议机关为县政府。

（十）作出具体行政行为的行政机关已经被撤销

对被撤销的行政机关在撤销前所作出的具体行政行为不服的，向继续行使其职权的行政机关的上一级行政机关申请行政复议。

对于（六）——（十）申请人也可以向具体行政行为发生地的县级地方人民政府提出行政复议申请，由接受申请的县级地方人民政府依照行政复议法的规定办理。

三、行政复议申请与受理

行政复议实行"不告不理"原则，即必须有复议申请人的申请，才能启动复议程序。复议申请必须符合法定的条件，复议机关才能受理。法定条件中最重要的是时间条件即复议申请期限。复议机关收到复议申请后，应当审查并作出是否受理的决定，如果复议机关决定不予受理，复议申请人享有相应的救济权。

（一）复议申请期限

1. 复议申请期限的起算点

从申请人知道具体行政行为之日起计算，而不是从具体行政行为作出之日起计算。

2. 复议申请期限

申请复议期限是 60 日，但是法律规定的申请期限超过 60 日的除外。

（二）复议机关对复议申请的处理

行政复议机关收到行政复议申请后，应当在 5 日内进行审查，审查后进行如下处理：

1. 对不符合法定条件的复议申请决定不予受理，并书面告知申请人。

2. 对符合法定条件的复议申请，但是不属于本机关受理的行政复议申请，应当告知申请人向有关行政机关提出。

（三）对复议机关不予受理的救济

行政复议机关对复议申请决定不予受理，申请人对此有以下救济途径：

1. 提起行政诉讼。法律、法规规定应当先向行政复议机关申请行政复议、对行政复议决定不服再向人民法院提起行政诉讼的，行政复议机关决定不予受理或者受理后超过行政复议期限不作答复的，公民、法人或者其他组织可以自收到不予受理决定书之日起或者行政复议期满之日起 15 日内，依法向人民法院提起行政诉讼。

2. 公民、法人或者其他组织依法提出行政复议申请，行政复议机关无正当理由不予受理的，上级行政机关应当责令其受理；必要时，上级行政机关也可以直接受理。

四、行政复议决定程序

行政复议机关受理复议申请后，应当对具体行政行为进行审查，并应当在法定的复议期限内作出相应的复议决定。

行政复议机关负责法制工作的机构应当自行政复议申请受理之日起 7 日内，将行政复议申请书副本或者行政复议申请笔录复印件发送被申请人。被申请人应当自收到申请书副本或者申请笔录复印件之日起 10 日内，提出书面答复，并提交当初作出具体行政行为的证据、依据和其他有关材料。

行政复议过程中，以具体行政行为不停止执行为原则，暂停执行为例外。行政复议过程中，被申请人对具体行政行为的合法性和适当性承担举证责任，并不得自行向申请人和其他有关组织或者个人收集证据。

（一）行政复议审理方式

1. 行政复议原则上采取书面审查的方式。

2. 申请人提出要求或者行政复议机关负责法制工作的机构认为有必要时，可以向有关组织和人员调查情况，听取申请人、被申请人和第三人的意见。

（二）行政复议决定的类型

行政复议决定有以下几种：

1. 维持决定

维持决定的适用条件：具体行政行为认定事实清楚，证据确凿，适用依据正确，程序合法内容适当的。

2. 履行决定

履行决定的适用条件：被申请人不履行法定职责的。

3. 撤销、变更或者确认该具体行政行为违法适用条件（具体行政行为有下列情形之一的）：主要事实不清、证据不足的；适用依据错误的；违反法定程序的；超越或者滥用职权的；具体行政行为明显不当的。

决定撤销或者确认该具体行政行为违法的，可以责令被申请人在一定期限内重新作出具体行政行为：

被申请人不按规定提出书面答复、提交当初作出具体行政行为的证据、依据和其他有关材料的，视为该具体行政行为没有证据、依据，决定撤销该具体行政行为。

（三）行政赔偿决定

在行政复议中，申请人可以提出赔偿请求；也可以不在行政复议时提出行政赔偿请求，而在复议程序结束后依法单独提起行政赔偿程序。

1. 复议机关依申请决定赔偿

申请人在申请行政复议时可以一并提出行政赔偿请求，行政复议机关对符合国家赔偿法的有关规定应当给予赔偿的，在决定撤销、变更具体行政行为或者确认具体行政行为违法时，应当同时决定被申请人依法给予赔偿。

2. 复议机关依职权决定赔偿

申请人没有提出行政赔偿请求的，行政复议机关没有义务主动作出相应的行政赔偿决定。但是，行政复议机关在特定条件下应当依职权主动作出相应的行政赔偿决定。

申请人在申请行政复议时没有提出行政赔偿请求的，行政复议机关在依法决定撤销或者变更罚款，撤销违法集资、没收财物、征收财物、摊派费用以及对财产的查封、扣押、冻结等具体行政行为时，应当同时责令被申请人返还财产，解除对财产的查封、扣押、冻结措施，或者赔偿相应的价款。

（四）行政复议期限

1. 法定复议期限的起算点

复议期限从复议机关受理申请之日起起算。

2. 法定复议期限

复议期限为 60 日，但是法律规定的行政复议期限少于 60 日的除外，这意味着：

（1）复议期限可以少于 60 日，但不能多于 60 日。

（2）复议期限少于 60 日，只能由法律规定，行政法规、地方性法规以及规章无权规定。

3. 法定复议期限的延长

复议期限可以延长，但必须符合以下条件：

（1）情况复杂，复议机关不能在规定期限内作出行政复议决定的；

（2）经过行政复议机关的负责人批准；

（3）延长期限最多不超过 30 日；

（4）必须告知申请人和被申请人，否则申请人可以复议机关在法定复议期限内未作出复议决定而提起行政诉讼。

行政复议机关作出行政复议决定，应当制作行政复议决定书，并加盖印章。

行政复议决定书一经送达，即发生法律效力。

思考与练习

1. 张三是运煤司机。一日，经过 308 国道某交通检查站时，执勤人员李四（身着交通警察制服，佩戴执勤袖章）向张三走过来，递给了张三一张处罚决定书，说："交 50 块钱再走。"张三接过处罚决定书，见上面印的全部内容是：根据有关规定，罚款 50 元。决定书上印着某省某市交通大队的印章。张三对李四说："为什么要罚我？"李四说："你超载。"张三辩称："我只拉半车煤，怎么就超载？"李四不耐烦地说："让你交你就交，啰嗦什么！"张三说："不说清楚，我就不交。"这时李四又递过来一张处罚决定书，并说："就你这态度再罚 50 块。"张三怕争执下去又要被罚，只好交了 100 元钱离去。李四，未出具任何票据。

试分析本案中的行政处罚行为，哪些地方违反《行政处罚法》的规定？

2. 2020 年 1 月，黑龙江省哈尔滨市 A 区龙江花园小区有居民报警称其楼下有人在聚众赌博。派出所两名民警及时赶到现场，发现在该单元房内（户主为张某）有四人（张某、王某、李某和赵某）正在打麻将。两名民警简单做完笔录后对张某当场作出罚款 1000 元并予以行政拘留 5 日的处罚决定，随即将张某强行带走。

5 日后张某被释放，当天，张某便以不服该派出所的处罚决定为由向哈尔滨市 A 区人民政府提出行政复议申请，一并提出了行政赔偿请求。

哈尔滨市 A 区人民政府经过一个星期的审查，决定受理该行政复议申请，并在两个半月后作出行政复议决定：撤销该派出所的处罚决定，并告知张某行政赔偿应该单独向区公安局提出。根据行政法相关规定回答下列问题：

（1）该案的派出所是否属于行政主体，其是否有权对张某作出罚款 1000 元和行政拘留 5 日的处罚决定？

（2）张某对派出所的处罚决定不服可以向哪些复议机关申请行政复议？

（3）张某在提出行政复议时是否可以一并提出行政赔偿申请？

（4）哈尔滨市 A 区人民政府对复议申请的审查和作出复议决定的时间上有无违法之处？

（5）哈尔滨市 A 区人民政府的复议决定是否符合法律规定？

第七章 刑 法

知识目标

- 了解刑法的性质、基本原则和效力范围
- 理解犯罪构成的四个要件
- 掌握正当防卫、紧急避险和故意犯罪的停止形态
- 掌握刑罚种类、量刑原则和量刑制度
- 了解重点罪名的概念和特征

能力素质目标

- 能够结合案例分析罪与非罪、此罪与彼罪
- 能够结合案例分析量刑情节

第一节 刑法概述

一、刑法的概念和基本原则

（一）刑法的概念

刑法是规定犯罪和刑罚的法律规范。1979 年我国颁布了第一部《中华人民共和国刑法》，1997 年对其进行了全面修订，即现行刑法。此后，我国相继出台了 11 个刑法修正案，对刑法进行了修改、补充和完善。

刑法具有区别于其他法律的性质：一是内容的特定性。刑法是规定犯罪和刑罚的法律规范，而其他法律规定的是一般违法行为及其法律后果。二是刑法所保护的社会关系更为广泛。其他部门法如民法、经济法、行政法等保护的法益，刑法都要保护。三是调整手段的严厉性。其他部门法对一般违法行为的强制性，主要有赔偿损失、警告、行政拘留等，而刑法规定的法律后果主要是刑罚，不仅可以剥夺犯罪分子的人身自由、财产权益等，还可能对罪行极其严重的犯罪人判处死刑，剥夺其生命权。

（二）刑法的基本原则

1. 罪刑法定原则

罪刑法定原则，是指"法律明文规定为犯罪行为的，依照法律定罪处刑；法律没有明文规定为犯罪行为的，不得定罪处刑"，即"法无明文规定不为罪，法无明文规定不处罚"。该原则要求规定犯罪及后果的法律必须是成文法，法官只能根据成文法定罪量刑，要求该法律由立法机关制定，以通用文字表述。

2. 平等适用刑法原则

平等适用刑法原则，是指对任何人犯罪，在适用法律上一律平等。不允许任何人有超越法律的特权。该原则要求平等地保护法益、平等地认定犯罪、平等地承担刑事责任、平等地量刑与行刑。

3. 罪责刑相适应原则

罪责刑相适应原则，又叫罪刑相当原则，是指刑罚的轻重，应当与犯罪分子所犯罪行和所承担的刑事责任相适应。即，刑罚与犯罪性质相适应；刑罚与犯罪情节相适应；刑罚与犯罪人的人身危险性相适应。重罪重罚、轻罪轻罚、罪刑相当、罚当其罪。

二、刑法的效力范围

刑法的效力范围，是指刑法可以适用的领域、人以及时间上的有效范围。

（一）刑法的空间效力

刑法的空间效力，解决的是一国刑法在什么地域、对什么人适用的问题。

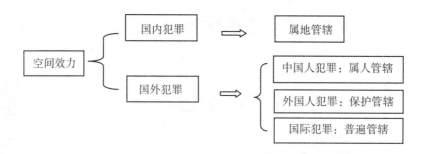

1. 国内犯罪（发生在本国领域内的犯罪）：属地管辖原则。一般情况下，只要发生在我国领域内的犯罪，就适用我国刑法。"中华人民共和国领域内"是指我国国境以内的全部区域，包括领陆（国境线以内的陆地以及陆地以下的底土）、领水（内水、领海及其领水的水床及底土）和领空（领陆、领水之上的空气空间）。"中华人民共和国船舶或者航空器"，包括挂有或者涂有我国国旗、国徽标识、注册地在我国或者所有权属于我国的船舶与航空器，不管其航行或者停放在何处，适用我国刑法。只要犯罪行为和犯罪结果有一项发生在我国领域内，就应当适用我国刑法。

2. 国外犯罪（发生在本国领域外的犯罪）。（1）属人管辖：中华人民共和国公民在中华人民共和国领域外犯刑法规定之罪的，适用我国刑法，但是按我国刑法规定的最高刑为3年以下有期徒刑的，可以不予追究。中华人民共和国国家工作人员和军人在中华人民共和国领域外犯我国刑法规定之罪的，适用我国刑法。

（2）保护管辖：外国人在中华人民共和国领域外对中华人民共和国国家或者公民犯

罪，而按我国刑法规定的最低刑为 3 年以上有期徒刑的，可以适用我国刑法，但是按照犯罪地的法律不受处罚的除外。

（3）普遍管辖：对于中华人民共和国缔结或者参加的国际条约所规定的罪行，中华人民共和国在所承担条约义务的范围内行使刑事管辖权的，适用我国刑法。第一，所犯之罪必须是危害人类共同利益的犯罪；第二，所犯之罪的管辖国应是有关公约的缔约国或参加国；第三，所犯之罪的管辖国国内刑法也规定该行为是犯罪；第四，犯罪人出现在管辖国境内。

【案例 7-1】1985 年 12 月 19 日，一架苏联"安–24"小型民航客机，降落在黑龙江省齐齐哈尔市甘南县长吉岗乡的一个农场麦地。劫机人阿里穆多拉夫·沙米利·哈吉·奥格雷，因对苏联民航局不满决定出逃。机上载客 38 人，机组人员 5 人，他掏出小刀威胁机长劫机成功。1986 年 3 月，哈尔滨市人民检察院向哈尔滨市中级人民法院提起公诉。哈尔滨中院依照我国参加的三个"国际反劫持民用航空器恐怖活动公约"（《东京公约》《海牙公约》《蒙特利尔公约》），依照《中华人民共和国刑法》规定，判处阿利穆拉多夫有期徒刑 8 年，到哈尔滨市监狱服刑，刑满释放后被送回俄罗斯。

【分析】这是适用普遍管辖的典型案例。符合普遍管辖的相关规定，依据我国《刑法》判处阿利穆拉多夫相应刑罚。

（4）对外国刑事判决的承认（消极承认）。凡在中华人民共和国领域外犯罪，依照我国刑法应当负刑事责任的，虽然经过外国审判，仍然可以依照我国刑法追究，但是在外国已经受过刑罚处罚的，可以免除或者减轻处罚。

（二）刑法的时间效力

刑法的时间效力，是指刑法的生效时间、失效时间以及刑法对它生效前的行为是否具有溯及既往的效力。

1. 刑法的生效时间，就是刑法开始发生法律效力的时间。

2. 刑法的失效时间，就是刑法失去法律效力的时间。

3. 刑法的溯及力。也称溯及既往的效力，是指刑法生效后，对它生效前未经审判或判决未确定的行为是否具有追溯适用效力，如果具有适用效力，则是有溯及力；否则就是没有溯及力。罪刑法定原则禁止不利于行为人的溯及既往，但允许有利于行为人的溯及既往。

我国刑法的溯及力原则是从旧兼从轻原则。我国《刑法》规定："中华人民共和国成立以后本法施行以前的行为，如果当时的法律不认为是犯罪的，适用当时的法律；如果当时的法律认为是犯罪的，依照本法总则第四章第八节的规定应当追诉的，按照当时的法律追究刑事责任，但是如果本法不认为是犯罪或者处刑较轻的，适用本法。本法施行以前，依照当时的法律已经作出的生效判决，继续有效。"

第二节 犯 罪

一、犯罪和犯罪构成

（一）犯罪

《刑法》规定："一切危害国家主权、领土完整和安全，分裂国家、颠覆人民民主专政的政权和推翻社会主义制度，破坏社会秩序和经济秩序，侵犯国有财产或者劳动群众集体所有的财产，侵犯公民私人所有的财产，侵犯公民的人身权利、民主权利和其他权利，以及其他危害社会的行为，依照法律应当受刑罚处罚的，都是犯罪，但是情节显著轻微危害不大的，不认为是犯罪。"犯罪具有三个基本特征：

1. 犯罪是严重危害社会的行为，即具有严重的社会危害性。这是犯罪的最基本特征，也是犯罪的本质属性。犯罪的社会危害性是质和量的统一，没有社会危害性，就没有犯罪；社会危害性没有达到相当的程度，也不构成犯罪。

2. 犯罪是触犯刑律的行为，即具有刑事违法性。刑事违法性是罪刑法定原则在犯罪概念上的体现。只有当行为违反了刑法时，才可能被认定为犯罪。反之，某种行为虽然具有严重的社会危害性，但如果该行为没有触犯刑法，就不能作为犯罪处理。

3. 犯罪是应受刑罚惩罚的行为，即具有应受刑罚惩罚性。即使刑法明文禁止某种行为，但只要刑法没有对其规定刑罚，该行为就不是犯罪。构成犯罪的行为通常会受到刑罚处罚。但这并不意味着任何犯罪都必然受到刑罚处罚。

（二）犯罪构成

犯罪构成，是指根据刑法规定，决定某一具体行为的社会危害性及其程度而为该行为构成犯罪所必需的一切客观要件和主观要件的有机统一。犯罪构成有四个共同要件，即犯罪客体、犯罪客观方面、犯罪主体与犯罪主观方面。

二、犯罪客体

犯罪客体是指刑法所保护而为犯罪行为所侵犯的法益，包括国家的、社会的以及个人的利益。

（一）犯罪客体的分类

任何犯罪都有犯罪客体。按照范围大小分为一般客体、同类客体和直接客体。

1. 一般客体是一切犯罪行为所共同侵犯的客体，它是刑法所保护的合法权益的整体。

2. 同类客体是某一类犯罪所共同侵犯的客体，也就是某一类犯罪所共同侵犯的合法权益的某个部分或者某个方面。根据同类客体，可以对犯罪进行分类。

3. 直接客体是指某一种犯罪直接侵犯的某种具体的合法权益。如故意杀人罪的直接客体是他人的生命权利。直接客体分为简单客体和复杂客体。简单客体是指一种犯罪行为仅仅侵犯一种合法权益。如盗窃罪只侵犯公私财产的所有权，故意伤害罪只侵犯他人的身体健康权。复杂客体是指一种犯罪行为同时侵犯两种或者两种以上合法权益。如抢劫罪既侵犯公私财产的所有权，又同时侵犯了他人的人身权。

（二）犯罪客体与犯罪对象

犯罪对象是指犯罪行为所侵犯或直接指向的人、物或信息。如故意杀人罪中的"人"，盗窃罪中的"公私财物"。犯罪对象是联系犯罪行为与犯罪客体的纽带。

犯罪对象与犯罪客体的区别是：（1）犯罪客体决定犯罪性质，犯罪对象则未必。如同样是盗窃汽车零部件，甲盗窃的是仓库中备用的零部件，而乙盗窃的是正在使用中的汽车上的零部件，前者可能构成盗窃罪而后者可能构成破坏交通工具罪。（2）犯罪客体是任何犯罪的必要构成要件，而犯罪对象则只是某些犯罪的必要构成要件。如脱逃罪、偷越国（边）境罪等没有犯罪对象。（3）任何犯罪都会使犯罪客体受到危害，而犯罪对象则不一定受损害。（4）犯罪客体是犯罪分类的基础，犯罪对象则不是。刑法分则规定的10类犯罪，主要是以同类客体为标准划分的。如果按犯罪对象则无法分类。

三、犯罪客观方面

犯罪客观方面是指刑法规定的、说明行为对刑法保护的法益的侵害性，成立犯罪所必须具备的客观事实特征。包括危害行为、行为对象、危害结果、危害行为和危害结果之间的因果关系、犯罪的时间、地点、方法等。

（一）危害行为

危害行为，是指刑法予以类型化了的在人的意志或者意识支配下实施的危害社会的身体动静。具有3个基本特征：（1）有体性。危害行为在客观上表现为人的身体动静。（2）有意性。危害行为必须是受行为人的意志或者意识支配下的身体动静。不具备有意性的行为，不是刑法上的危害行为。如：人体的本能反射运动；在睡梦中或精神错乱状态下的举动；人在不可抗力作用下的举动；人在身体受强制丧失意志自由情况下的举动等。（3）社会危害性。危害行为必须是对社会有危害的身体动静。

危害行为的基本表现形式有：（1）作为。是指行为人以积极的身体活动实施刑法所禁止的危害行为。是"不应为而为"。主要有：利用自己身体器官直接实施的作为；利用物质性工具实施的作为；利用他人实施的作为，包括利用未达刑事责任年龄的人、利用精神病人、利用不知情的无犯罪意图的他人等；利用动物实施的作为，如利用疯狗、毒蛇伤害、杀害他人；利用自然力实施的作为，如刮风、下雨、打雷、闪电等自然现象。（2）不作为。是指行为人负有实施某种行为的特定法律义务，能够履行而不履行从而危害社会的行为。是"应为而不为"。

成立不作为犯罪需要具备以下三个条件：第一，行为人负有实施特定积极行为的义务。义务来源主要有：法律、法规明文规定的义务，如婚姻法规定的父母对子女有抚养教育的义务，子女对父母有赡养扶助的义务；职务或业务上要求的义务，如游泳场救生员有抢救落水人的义务，消防队员有灭火义务；法律行为引起的义务，如保姆负有看护小孩使其免受意外伤害的合同义务；先行行为引起的义务，由于行为人先前实施的行为致使某种权利处于危险状态时，他就负有采取有效措施排除危险或防止危害结果发生的义务，如甲在宾馆房间吸烟，不小心燃着床单，就有灭火义务。第二，行为人有能力履行特定法律义务。如果行为人不具有履行特定法律义务的可能性，刑法不可能强人所难。第三，行为人不履行特定义务，造成或者可能造成危害结果。

（二）危害结果

危害结果，是指危害行为给刑法保护的法益造成的实际损害。具有 4 个特征：（1）客观性。是指危害行为所造成的客观事实情况，行为对什么客体造成损害，造成多大的损害，一经发生就不以人的意志为转移而存在。（2）因果性。是指只有危害行为引起的结果，才属于刑法上的危害结果。（3）侵害性。危害结果是表明刑法所保护的法益遭受侵害的事实特征，因而是反映社会危害性的事实。（4）多样性。如财产损失、身体受伤害、性权利受侵害等。

危害结果的分类：（1）直接结果与间接结果。前者是指由危害行为直接造成的侵害事实，后者是指由危害行为间接造成的侵害事实。（2）物质性结果与非物质性结果。前者是有形的、可测量的。后者往往是无形的，不能或者难以具体认定和测量，如对人格的损害等。（3）属于构成要件要素的危害结果与不属于构成要件要素的危害结果。前者是指该危害结果是具体犯罪客观要件的内容，如果行为没有造成这种结果，就不可能成立犯罪，如，国家机关工作人员的滥用职权或者玩忽职守行为，只有造成了公共财产、国家与人民利益的重大损失，才构成滥用职权罪或者玩忽职守罪。后者是指不是成立犯罪所必需的，而是构成要件之外的危害结果，如重伤、死亡不属于抢劫罪构成要件要素的危害结果。

（三）刑法上的因果关系

刑法上的因果关系，是指行为人的危害行为与危害结果之间的引起与被引起的联系。具有以下特征：（1）客观性。因果关系是客观存在的，是不以人的意志为转移的客观存在。（2）相对性。在某一种现象中作为原因的，又可以是另一种现象的结果；其中作为结果的，其本身也可以是另一现象的原因。（3）时间序列性。是指从发生时间来看，原因必定在先，结果只能在后，顺序不能颠倒。（4）复杂性。是指引起和被引起关系往往会呈现出错综复杂的特征。主要表现为一因一果、多因一果、一因多果、多因多果等。

认定危害行为与危害结果之间存在刑法上的因果关系，只是解决了行为人承担刑事责任的客观基础，要使行为人对自己的行为造成的危害结果负刑事责任，还必须达到刑事责任年龄、具有刑事责任能力，具备主观上的故意或过失。

（四）犯罪的时间、地点、方法（手段）

行为的时间、地点、方法不是犯罪构成的共同要件，但对定罪和量刑都有意义。有的条文要求行为必须在特定的时间、地点或以特定的方法实施。如非法捕捞水产品罪与非法狩猎罪，将禁渔期、禁猎期、禁渔区、禁猎区、禁用的工具、方法等作为构成要件。有的条文明确将特定的时间、地点、方法作为法定刑升格的条件或从重处罚情节。如刑法明确将"入户抢劫"和"在公共交通工具上抢劫"作为适用较重法定刑幅度的条件，行为的时间、地点与方法成为量刑的酌定情节。

四、犯罪主体

犯罪主体，是指实施危害社会的行为并且依法应当承担刑事责任的自然人和单位。自然人犯罪主体可以分为一般主体与特殊主体。

（一）自然人犯罪主体

是指达到了刑事责任年龄，具备刑事责任能力，实施了严重危害社会的行为，依法应负刑事责任的自然人。

1. 刑事责任能力。是指行为人辨认和控制自己行为的能力。辨认能力是指行为人具备对自己的行为在刑法上的意义、性质、作用、后果的分辨认识能力。控制能力是指行为人具备决定自己是否以行为触犯刑法的能力。刑事责任能力包括以下情况：

（1）完全刑事责任能力。是指行为人完全具备了刑法意义上的辨认和控制能力。在我国，凡年满 16 周岁、精神和生理功能健全且智力发展正常的人，都是完全刑事责任能力人。实施了犯罪行为的，应当依法负全部的刑事责任。

（2）完全无刑事责任能力。是指行为人没有刑法意义上的辨认和控制自己行为的能力。包括不满 12 周岁的人和行为时因精神病而不能辨认或者不能控制自己行为的人。其实施了刑法禁止的危害行为的，不负刑事责任。

（3）相对无刑事责任能力。是指行为人仅限于对刑法所明确规定的某些严重犯罪具有刑事责任能力，而对未明确限定的其他危害行为无刑事责任能力。在我国，已满 12 周岁不满 16 周岁的人，仅对刑法规定的 8 种犯罪具有刑事责任能力，应负刑事责任。

（4）减轻刑事责任能力。是指因年龄、精神状况、生理功能缺陷等原因，虽然具有责任能力，但其辨认或控制自己行为的能力有一定程度的减弱或降低。减轻刑事责任能力只影响量刑而不影响定罪。刑法规定有五种人：①已满 12 周岁不满 18 周岁的未成年人；②已满 75 周岁的人；③尚未完全丧失辨认或者控制自己行为能力的精神病人；④又聋又哑的人；⑤盲人。

2. 刑事责任年龄。是指法律所规定的行为人对自己实施的危害行为负刑事责任所必须达到的年龄。我国《刑法》划分为三个阶段。

（1）完全不负刑事责任年龄阶段。即不满 12 周岁的人。

（2）相对负刑事责任年龄阶段。即已满 12 周岁不满 14 周岁的人，犯故意杀人、故意伤害罪，致人死亡或者以特别残忍手段致人重伤造成严重残疾，情节恶劣，经最高人民检察院核准追诉的，应当负刑事责任。已满 14 周岁不满 16 周岁的人，犯故意杀人、故意伤害致人重伤或者死亡、强奸、抢劫、贩卖毒品、放火、爆炸、投放危险物质罪的，应当负刑事责任。此种年龄阶段的人如果实施上述 8 种犯罪以外的危害行为，不负刑事责任。因不满 16 周岁不予刑事处罚的，责令其父母或者其他监护人加以管教，在必要的时候，依法进行专门矫治教育。

（3）完全负刑事责任年龄阶段。即已满 16 周岁的人。

对未成年人、老年人犯罪案件，我国《刑法》规定了特殊的处理原则：一是从宽处理原则。已满 12 周岁不满 18 周岁的人犯罪的，应当从轻或者减轻处罚。已满 75 周岁的人故意犯罪的，可以从轻或者减轻处罚；过失犯罪的，应当从轻或者减轻处罚。二是不适用死刑原则。犯罪的时候不满 18 周岁的人不适用死刑。审判的时候已满 75 周岁的人，不适用死刑，但以特别残忍手段致人死亡的除外。

刑事责任年龄计算是指实足年龄即周岁，应当按公历的年、月、日计算，行为人过了 16 周岁生日，从第二天起才是已满 16 周岁。

【案例 7-2】 张三（男，15 岁），父母离异后辍学在家，混迹社会。某日，张三遇到朋友李四（男，17 岁），李四说自己想买台"便宜点"的笔记本电脑，看能不能从隔壁学校偷出 1 台卖给自己。张三表示同意，并翻墙进入该学校，在办公室内盗窃笔记本电脑 1 台（价值人民币 10000 元）和手机 1 部（价值人民币 5000 元）。张三将笔记本电脑交给李四，李四给张三人民币 2000 元。后张三将手机以 1000 元价格卖给王五（25 岁），并告知王五手机的来源。

【分析】 根据我国《刑法》规定，已满 14 周岁不满 16 周岁的人，犯故意杀人、故意伤害致人重伤或者死亡、强奸、抢劫、贩卖毒品、放火、爆炸、投放危险物质罪的，应当负刑事责任。张三不满 16 周岁，对盗窃罪不负刑事责任；李四事先与张三通谋盗窃，单独构成盗窃罪；根据最高人民法院《关于审理掩饰、隐瞒犯罪所得、犯罪所得收益罪刑事案件适用法律若干问题的解释》，上游犯罪事实经查证属实，但因行为人未达到刑事责任年龄等原因依法不予追究刑事责任的，不影响掩饰、隐瞒犯罪所得罪的认定，王五构成掩饰、隐瞒犯罪所得罪。

3. 精神状况。包括三种情况：

（1）完全无刑事责任能力的精神病人。精神病人在不能辨认或者不能控制自己行为的时候造成危害结果，经法定程序鉴定确认的，不负刑事责任。确认精神障碍者为无责任能力人有两个标准：一是医学标准，也称生物学标准；二是心理学标准，也称法学标准。首先判断行为人是否患有精神病，其次判断是否因患有精神病而于行为时丧失了辨认或者控制能力。前者由精神病医学专家依法定程序鉴定；后者由司法工作人员予以确认。

（2）完全有责任能力的精神病人。间歇性的精神病人在精神正常的时候犯罪，应当负刑事责任。"间歇性精神病"应以其实施行为时是否精神正常为标准，而不是以侦查、起诉、审判时是否精神正常为标准。

（3）限制责任能力的精神病人。尚未完全丧失辨认或者控制自己行为能力的精神病人犯罪的，应当负刑事责任，但是可以从轻或者减轻处罚。

4. 生理功能状况。又聋又哑的人或者盲人犯罪，可以从轻、减轻或者免除处罚。

5. 醉酒。醉酒的人犯罪，应当负刑事责任。醉酒可分为生理性醉酒和病理性醉酒两种。生理性醉酒又称普通醉酒，简称醉酒，指因饮酒过量而致精神过度兴奋甚至神志不清的情况，是常见的急性酒精中毒。对生理醉酒人犯罪应当追究其刑事责任，而且不得从轻或者减轻处罚。病理性醉酒很少见，是指因饮酒人自身存在潜在病症，少量饮酒后便会引起醉酒人的行为紊乱、记忆缺失、出现意识障碍，并伴有幻觉、错觉、妄想等精神病症状，且行为具有攻击性。病理性醉酒属于精神病，醉酒人完全丧失辨认控制能力。

（二）单位犯罪主体

1. 概念与特征。单位犯罪主体是指为本单位或者本单位全体成员谋取非法利益，由单位决策机构按照单位决策程序决定，由直接责任人员具体实施犯罪，依法应负刑事责任的公司、企业、事业单位、机关、团体。具有以下特征：

（1）单位犯罪主体是单位本身的犯罪，而不是单位各个成员的犯罪的集合，不是单位中所有成员的共同犯罪。但是单位与单位之间可以构成共同犯罪，单位与自然人之间也可以构成共同犯罪。

（2）以单位名义实施。即由单位的决策机构按照决策程序决定，并由直接责任人员具体实施，是在单位整体意志支配下实施的，是单位内部成员在相互联系、相互作用、协调一致下形成的意志。盗用、冒用单位名义实施犯罪，违法所得由实施犯罪的个人私分的，或者单位内部成员未经单位决策机构批准、同意或者认可而实施犯罪的，或者单位内部成员实施与其职务活动无关的犯罪行为的，都不属于单位犯罪，应当依照刑法有关自然人犯罪的规定定罪处罚。

（3）要求为本单位谋取非法利益或者以单位名义为本单位全体成员谋取非法利益。多数为故意犯罪，少数属于过失犯罪。

（4）犯罪主体范围具有法定性，即并非所有的犯罪都可由单位构成，只有法律明文规定单位可以成为犯罪主体的犯罪，单位才能承担刑事责任。刑法没有规定的，其主体只能是自然人。注意：刑法规定某些罪名不能由单位构成，但是单位实施了，可以直接追究直接责任人的自然人犯罪。单位涉嫌犯罪后，若被其主管部门、上级机构等吊销其营业执照、宣告其撤销或者破产，直接追究其直接责任人员或主管人员的刑事责任。

2. 单位犯罪主体的资格。《刑法》规定："公司、企业、事业单位、机关、团体实施的危害社会的行为，法律规定为单位犯罪的，应当负刑事责任。"单位犯罪的主体应是依法成立的组织。个人为进行违法犯罪活动而设立的公司、企业、事业单位实施犯罪的，或者公司、企业、事业单位设立后，以实施犯罪为主要活动的，不以单位犯罪论处，而应以共同犯罪（主要是集团共同犯罪）论处。以单位的分支机构或者内设机构、部门的名义实施犯罪，违法所得亦归分支机构或者内设机构、部门所有的，应认定为单位犯罪。如果分支机构或者内设机构、部门实施的犯罪是由单位决定、授意或者批准的，属于单位犯罪。

3. 处罚。单位犯罪的，对单位判处罚金，并对其直接负责的主管人员和其他直接责任人员判处刑罚。刑法分则和其他法律另有规定的，依照规定。对单位犯罪，原则上实行双罚制，特殊情况也可采取单罚制，只处罚直接责任人员。

五、犯罪主观方面

犯罪主观方面，是指刑法规定成立犯罪必须具备的、犯罪主体对其实施的危害行为及其危害结果所持的心理态度。犯罪故意与犯罪过失合称为罪过。犯罪故意与过失是一切犯罪的主观要件。

（一）犯罪故意

1. 犯罪故意。是指行为人明知自己的行为会发生危害社会的结果，并且希望或者放任这种结果发生的主观心理态度。

2. 犯罪故意的心理结构。（1）认识因素。第一、认识的内容。包括：对危害行为的认识，即对刑法规定的危害社会行为的内容及其性质的认识；对危害结果的认识，即对危害行为产生或将要产生的危害社会结果的内容与性质的认识；对法定的犯罪对象要有认识；对法定的犯罪时间、地点、方法有认识，例如非法狩猎罪就要求行为人明知自己是在禁猎期、禁猎区或者使用了禁用的方法进行狩猎有认识。第二、认识的程度。"会发生"包括：①必然发生。即明知自己的行为必然要发生某种特定的危害结果。②可能发生。即明知自己的行为可能要发生某种特定的危害结果。如行为人丙想枪杀丁，但枪法不好，又没办法接近丁，只好在远距离开枪射击，甲明知开枪可能打死丁，也可能打不死丁。

（2）意志因素。即行为人对自己行为的危害结果的发生所持的希望或者放任态度。可分两种：第一、希望结果发生。是指行为人对危害结果抱着积极追求的心理态度，危害结果的发生正是行为人通过一系列犯罪活动想要实现的犯罪目的，表现为进行充分准备，竭力实施，排除各种障碍去促成危害结果的发生。第二、放任结果发生。是指行为人不是积极追求危害结果的发生，但也不反对和不设法阻止结果的发生，对结果的发生听之任之。从意志的坚定程度来看，放任要低于希望。

3. 犯罪故意的分类。（1）直接故意。是指行为人明知自己的行为必然或者可能发生危害社会的结果，并且希望这种结果发生的心理态度。意志因素只能是希望危害结果的发生。按照认识因素中认识程度的不同，分两种：第一、明知自己的行为必然发生危害社会的结果，并且希望这种结果发生，即"必然发生＋希望发生"。例如，甲开车追杀乙，在将乙撞到在地后，用车轮反复碾压，导致乙立即死亡。第二、明知自己的行为可能发生危害社会的结果，并且希望这种结果发生，即"可能发生＋希望发生"。例如，丙蓄谋杀死丁，但丁的保镖保卫严密，丙一直无法下手，最终只能于晚上趁丁返家途中隔小河射击，由于光线较暗，距离较远，丙的枪法也不太准，他对能否打死丁没有把握，但他不愿放过这个机会，希望能打死丁，实施了射杀行为。

（2）间接故意。是指行为人明知自己的行为可能发生危害社会的结果，并且放任这种结果发生的心理态度，即"可能发生＋放任发生"。认识因素是行为人认识到自己的行为"可能"发生危害社会结果，即行为人根据对自身犯罪能力、犯罪对象情况、犯罪工具情况或者犯罪的时间、地点、环境等情况的了解，认识到行为导致危害结果的发生只是具有或然性、可能性，而不是具有必然性。意志因素是行为人放任危害结果发生，"放任"不是希望，不是积极追求，但对危害结果发生的障碍不去排除，也不设法阻止危害结果的发生，而是听之任之。实践中分为三种情况：一是行为人为追求某一犯罪目的而放任另一危害结果的发生，如甲为杀妻，在妻子饭碗中下毒，而放任孩子可能吃妈妈碗中的饭被毒死。二是行为人为追求某一非犯罪目的而放任某一危害结果的发生，如甲为打一野兔而置可能误中正在附近采果实的某乙于不顾，并开枪击中某乙致死。三是突发性犯罪中，行为人不计后果放任某种严重危害结果的发生，如某人临时起意，动辄行凶，不计后果，捅人一刀扬长而去并致人死亡。

（二）犯罪过失

1. 犯罪过失是指行为人应当预见自己的行为可能发生危害社会的结果，因为疏忽大意而没有预见，或者已经预见但轻信能够避免，以致发生这种结果的心理态度。过失的主观恶性小于故意，刑法对过失犯罪规定了较轻的法定刑。

2. 分类。（1）过于自信过失，是指行为人预见到自己的行为可能发生危害社会的结果，但轻信能够避免，以致发生这种结果的心理态度。认识因素是已经预见到自己的行为可能发生危害社会的结果。意志因素是轻信能够避免危害结果的发生，行为人过高地估计了可以避免危害结果发生的有利因素（包括其自身的能力、先前的预防措施、被害人的能力和周围环境等其他因素），过低地估计了自己的行为导致危害结果发生的可能性程度。（2）疏忽大意过失，是指行为人应当预见到自己的行为可能发生危害社会的结果，因为疏忽大意而没有预见，以致发生这种结果的心理态度。应当预见是指行为人应当预见到自己的行为可能发生危害社会的结果，应当同时具备三个条件：行为人必须有预见义务；行为人必须有预见能力；行为当时必须具有预见可能性。没有预见是指行为人由于疏忽大意，而没有预见到自己的行为可能发生危害社会的结果。

（三）无罪过事件

刑法规定，行为在客观上虽然造成了损害结果，但不是出于行为人的故意或者过失，而是由于不能预见或不能抗拒的原因所引起的，不是犯罪。这就是无罪过事件。由于不能遇见原因引起的称为意外事件，由于不能抗拒原因引起的称为不可抗力。

各种罪过形式的区分

罪过形式	认识因素	意志因素
直接故意	认识到必然或可能发生	积极追求（赞成）
间接故意	认识到可能发生	放任（弃权）
过于自信过失	认识到可能发生，本应避免	不想发生（反对）
疏忽大意过失	没有预见，但应当预见	不想发生
意外事件	没有预见，也无法预见	不想发生
不可抗力	预见到，但无法避免	不想发生

（四）犯罪目的与犯罪动机

1. 犯罪目的。是指犯罪人希望通过实施犯罪行为达到某种危害社会结果的心理态度。如某人在实施诈骗行为时有非法占有公私财物的目的。犯罪目的仅存在于直接故意犯罪中，间接故意犯罪和过失犯罪不存在犯罪目的。

犯罪目的影响定罪：一是区分罪与非罪。对于目的犯而言，犯罪目的是区分罪与非罪的重要标准。如盗窃、诈骗等，"以非法占有为目的"是这类行为的必有含义。再如，侵犯著作权罪必须"以营利为目的"。二是区分此罪与彼罪。如传播淫秽物品牟利罪要求"以牟利为目的"，传播淫秽物品罪是牟利之外的其他犯罪目的。

2. 犯罪动机。是指刺激犯罪人实施犯罪行为以达到犯罪目的的内心冲动或者起因。如对直接故意杀人罪来讲，非法剥夺他人生命是其犯罪目的，而内心起因即犯罪动机，可以是贪财、仇恨、奸情或者极端的嫉妒心理等。犯罪动机只存在于直接故意犯罪中。

犯罪动机侧重影响量刑。同一犯罪的动机多种多样，不同的犯罪动机能够说明行为人的主观恶性不同，反映出改造犯罪人的难易程度，这是量刑必须考虑的因素。

六、排除犯罪性的行为

排除犯罪性的行为，是指在形式上符合犯罪特征但实质上不具有社会危害性，而是对社会有益的行为。我国刑法规定了正当防卫和紧急避险。

（一）正当防卫

正当防卫，是指为了使国家、公共利益、本人或者他人的人身、财产免受正在进行的不法侵害，而采取的制止不法侵害并对不法侵害人造成损害的行为。正当防卫的本质是鼓励见义勇为，制止不法侵害。分为一般正当防卫和特殊正当防卫。

1. 一般正当防卫的成立条件：（1）必须有实际的不法侵害行为存在。不法侵害既包括违法行为，也包括犯罪行为。往往具有暴力性、破坏性、紧迫性。实际的不法侵害，是指不法侵害客观存在。如果不存在不法侵害，行为人误认为存在不法侵害，而对臆想中的侵害者进行所谓防卫，从而对无辜者造成损害的，属于假想防卫。对假想防卫不能以故意犯罪论处，应以过失犯罪或者意外事件处理。

（2）不法侵害必须正在进行。是指不法侵害已经开始并且尚未结束。合法权益处于紧迫的被侵害或者威胁之中。开始时间以不法侵害人着手实行不法侵害时为开始。结束时间是指合法权益不再处于紧迫、现实的侵害、威胁之中，或者说不法侵害已经不可能（继续）侵害或者威胁合法权益，如不法侵害人已被制服；已经丧失了侵害能力；已经自动中止了不法侵害；已经逃离现场；不法侵害行为已经造成了危害结果并且不可能继续造成更严重的危害结果。在不法侵害尚未开始或者已经结束时，进行所谓"防卫"的，称为防卫不适时，即事前防卫或事后防卫，构成犯罪的应当负刑事责任。

（3）具有防卫意识。包括防卫认识与防卫意志。防卫认识是指防卫人认识到不法侵害正在进行。防卫意志是指防卫人出于保护国家、公共利益、本人或者他人的人身、财产和其他权利免受正在进行的不法侵害的目的。防卫挑拨、相互斗殴、偶然防卫等不具有防卫意识，不属于正当防卫。防卫挑拨是指为了侵害对方，故意挑起对方对自己进行侵害，然后以正当防卫为借口给对方造成侵害。相互斗殴是指双方以侵害对方身体意图进行相互攻击。偶然防卫是指故意侵害他人合法权益的行为，巧合了正当防卫的其他条件。

（4）防卫行为必须针对不法侵害人进行。正当防卫的对象只限于实施不法侵害的自然人，不得针对第三者，包括针对不法侵害人的人身或者财产进行防卫。对于未成年人和精神病人的侵害，只要具有紧迫性，不管事前是否知道其为无责任能力人，都可以对其进行防卫，但防卫手段上应有所节制。对于动物的侵害，如果属于自然侵害而将其打死打伤，不是正当防卫；如果是作为犯罪工具被人驱使，将动物打死打伤，是对人的防卫。

（5）防卫行为没有明显超过必要限度，造成重大损害。否则便是防卫过当。必要限度应以制止不法侵害、保护合法权益所必需为标准。要分析双方的手段、强度、人员多少与强弱、在现场所处的客观环境与形势。保护的合法权益与所损害的利益之间不能过于悬殊，不能为了保护微小权利而造成不法侵害人重伤或者死亡。

2. 特殊正当防卫。对正在进行的行凶、杀人、抢劫、强奸、绑架及其他严重危及人身安全的暴力犯罪，采取防卫行为，造成不法侵害人伤亡的，不属于防卫过当，不负刑事责任。其他严重危及人身安全的暴力犯罪，如抢劫枪支弹药、劫持航空器等。

3. 防卫过当。是指正当防卫明显超过必要限度，造成重大损害的行为。防卫过当是防卫行为的正当性和损害结果的非正当性的统一。防卫过当在主观上一般是过失，但也不排除间接故意的可能性。防卫过当的，应当负刑事责任，但是应当减轻或者免除处罚。

【案例 7-3】2018 年 8 月 27 日 21 时 30 分许，刘海龙驾驶宝马轿车在江苏省昆山市震川路西行至顺帆路路口，与同向骑自行车的于海明发生争执。刘海龙从车中取出一把砍刀连续击打于海明，后被于海明反抢砍刀并捅刺、砍击数刀，刘海龙身受重伤，经抢救无效死亡。9 月 1 日，警方通报于海明的行为属于正当防卫，不负刑事责任。

【分析】刘海龙的行为属于刑法意义上的"行凶"。刘海龙的不法侵害是一个持续的过程。纵观本案，在同车人员与于海明争执基本平息的情况下，刘海龙醉酒滋事，先是下车对于海明拳打脚踢，后又返回车内取出砍刀，对于海明连续数次击打，不法侵害不断升级。刘海龙砍刀甩落在地后，又上前抢刀。于海明被致伤后，刘海龙仍没有放弃侵害的迹象。于海明的人身安全一直处在刘海龙的暴力威胁之中。于海明的行为出于防卫目的，可行使无过当防卫权。

(二) 紧急避险

紧急避险，是指为了使国家、公共利益、本人或者他人人身、财产和其他权利免受正在发生的危险，不得已损害另一较小合法权益的行为。紧急避险的本质是避免现实危险，保护较大合法权益。

成立条件。(1) 必须遭遇现实的危险。危险的来源和种类有：自然力量产生的危险，如洪水、地震、飓风造成的灾害危险等，机械、能源设备产生的危险，如车船、飞机故障、油库自燃产生的危险等，动物侵袭造成的危险，人的危害行为造成的危险等。如果本来没有现实的危险而误认为有现实的危险，实行紧急避险的，属于假想避险。对假想避险的处理原则与假想防卫的处理原则相同。

现实危险不包括职务上、业务上负有特定责任的人所面临的对本人的危险。例如，执勤的人民警察在面临罪犯的不法侵害时，不能为了自己的利益而紧急避险；消防人员不能为了避免火灾对本人的危险而紧急避险。

(2) 必须是正在发生的危险。是指危险迫在眉睫，合法权益正处于危险威胁之中。如不实行紧急避险，危险立即会转化为现实的危害，使有关的合法权益遭受不可挽回的损失。如果危险尚未成为现实的危险，或者现实的危险已经过去，损害合法权益进行所谓避险的，是避险不适时，对避险不适时，应分别情况，比照防卫不适时的原则处理。

(3) 必须是在迫不得已的情况下才能实行紧急避险。是指在无其他方法可避免危险的情况下，选择损害合法权益的方法来避免危险。

(4) 必须出于保护合法权益的目的。不能出于损人利己和故意损害他人合法利益的目的。根本没有避险意识，其故意或者过失实施的侵害行为巧合紧急避险客观要件的，属于偶然避险。偶然避险不是紧急避险，而是违法犯罪行为。

(5) 必须没有超过必要限度造成不应有的损害。紧急避险的必要限度，是指紧急避险行为所引起的损害小于所避免的损害。一般来说，人身权利大于财产权利，人身权利中的生命权重于其他人身权利，财产权利的大小应以财产价值的多少为标准来衡量。

2. 避险过当。紧急避险超过必要限度，造成不应有损害的，是避险过当，应负法律责任。根据避险过当所造成的损害的大小，依法减轻或者免除处罚。

（三）正当防卫与紧急避险的区别

1. 正当防卫是合法权益与不法权益之间的冲突，是"正义战胜邪恶"的问题，而紧急避险则是两个合法权益之间的冲突，是"两害相权取其轻"的问题。

2. 正当防卫打击的是不法侵害人本人，紧急避险损害的则是第三方的合法利益。

3. 起因不同，正当防卫面临的是不法侵害，紧急避险面临的是各种危险。

4. 限制不同，紧急避险必须具备可行性条件，即不得已才可行，而正当防卫无此限制。

5. 限度不同，正当防卫在特定情况下可以行使特殊防卫权，紧急避险则永远是保护的权益大于损害的权益。

6. 禁止的范围不同。在紧急避险的场合，关于避免本人危险的规定，不适用于职务上、业务上负有特定责任的人。而正当防卫则无此规定。

七、故意犯罪的停止形态

（一）故意犯罪的完成形态

犯罪的完成形态即犯罪既遂，是刑法分则规定的犯罪的基本形态，指行为人故意实施的行为已经具备了某种犯罪构成的全部要件。有以下类型：

1. 结果犯。是指不仅要实施具体犯罪构成客观要件的行为，而且必须发生法定的犯罪结果才构成既遂。如故意杀人罪，只有被害人死亡的才能构成犯罪既遂。

2. 行为犯。是指以法定的犯罪行为的完成作为犯罪既遂标准。既遂不要求造成物质性的、有形的结果，而以行为的完成作为标志。如偷越国（边）境罪，以行为人达到越过边境线的程度为犯罪既遂标志。

3. 危险犯。是指以行为人实施的危害行为造成法定的发生某种危害结果的危险状态为既遂标志。如破坏交通工具罪，以造成足以使火车、汽车、电车、船只、航空器发生倾覆危险作为既遂标志。

4. 举动犯。是指行为人一着手犯罪实行行为即告完成和完全符合构成要件，从而构成犯罪既遂，如组织、领导、参加恐怖组织罪等。

（二）故意犯罪的未完成形态

1. 犯罪预备。为了犯罪，准备工具，制造条件的，是犯罪预备。具有以下特征：（1）行为人已经开始实施犯罪的预备行为。犯罪工具是指犯罪分子进行犯罪活动所用的一切器械物品，如枪弹、汽车、翻墙爬窗用的梯子等。准备犯罪工具包括制造、购买、借用、盗窃、加工、改造犯罪工具等。为实施犯罪制造条件的行为，如为实施犯罪事先调查犯罪场所、时机和被害人行踪；准备实施犯罪的手段，如为实施入户盗窃而事先练习爬楼入窗技术；排除犯罪障碍；追踪被害人、守候被害人的到来或者进行其他接近被害人、接近犯罪对象物品的行为；出发前往犯罪场所或者诱骗被害人赶赴预定犯罪地点；勾引、集结共同犯罪人，进行犯罪预谋；拟定实施犯罪和犯罪后逃避侦查追踪的计划等。（2）犯罪在实行行为尚未着手时停止下来，是由于行为人意志以外的原因所致。

对于预备犯，可以比照既遂犯从轻、减轻处罚或免除处罚。

2. 犯罪未遂。已经着手实行犯罪，但由于意志以外的原因而未得逞的，是犯罪未遂。具有以下特征：（1）行为人已经着手犯罪的实行行为。是指行为人开始实施刑法分则条文所规定的具体犯罪的实行行为。（2）犯罪未完成而停止下来。这是区分犯罪未遂与犯罪既遂的主要标志。（3）犯罪未完成是由于行为人意志以外的原因。这是区别犯罪未遂与犯罪实行阶段中止的关键。行为人意志以外的原因是指不是行为人主动、自愿停下来的，而是外界因素阻碍了行为人完成犯罪。

对于未遂犯，可以比照既遂犯从轻或者减轻处罚。

3. 犯罪中止。在犯罪过程中，自动放弃犯罪或者自动有效地防止犯罪结果的发生的，是犯罪中止。

对于中止犯，没有造成损害的，应当免除处罚；造成损害的，应当减轻处罚。不同犯罪阶段可能出现的犯罪停止形态见下图：

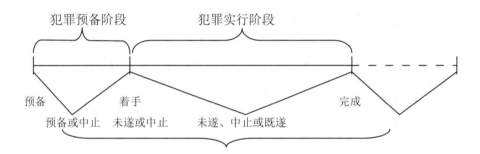

八、共同犯罪

共同犯罪是指 2 人以上共同故意犯罪。

（一）共同犯罪的成立条件

1. 必须 2 人以上。（1）2 个以上的自然人。达到刑事责任年龄的人支配没达到刑事责任年龄的人实施犯罪行为的，不构成共同犯罪。（2）2 个以上的单位。如单位共同生产、销售伪劣商品，共同走私等。（3）自然人与单位。如公司、企业、事业单位与走私的犯罪分子通谋，为其提供贷款、资金、账号、发票、证明，或者为其提供运输、保管、邮寄或者其他方便的。

2. 必须有共同故意。各共犯人均有犯罪故意。即共犯人不仅认识到自己有犯罪故意，而且认识到其他人也有犯罪的故意。共同故意要求各共犯人都明知共同犯罪行为的内容、社会意义与危害结果，并且希望或者放任危害结果的发生。即使故意的具体内容不完全相同，也可成立共同犯罪。

共同故意要求共犯人主观上具有意思联络，即共犯人主观上存在意思联络，相互沟通，认识到自己不是在孤立地实施犯罪，而是在和他人一起共同犯罪。

没有共同故意、不成立共同犯罪的情形：（1）共同过失犯罪不成立共同犯罪。如医生甲疏忽大意在开药方时加大了药物的剂量，而护士乙在将此物混入生理盐水中给病人输液时，又加快了滴速，最终导致患者丙死亡。应当分别承担过失致人死亡罪之刑事责任。

（2）故意犯罪行为与过失犯罪行为不成立共同犯罪。如看守所值班武警擅离职守，重大案犯趁机脱逃。前者为过失，后者为故意，客观上虽然有一定联系，但不成立共同犯罪。（3）同时犯不成立共同犯罪。同时犯是指2人以上同时以各自行为侵害同一对象，但彼此之间无意思联络的情况。如甲、乙趁商店失火之机，不谋而合的同时到失火地点窃取商品。由于2人主观上没有意思联络，故不成立共同犯罪。（4）先后故意实施相关犯罪行为，但彼此没有主观联系的不成立共犯。例如，甲先到丙家窃取电视机，乙后到丙家窃取1辆摩托车。由于缺乏"共同"故意，所以不成立共同犯罪。（5）超出共同故意之外的犯罪，不是共同犯罪。如甲教唆乙盗窃丙女的财物，乙除实施盗窃行为之外，还强奸了丙女，甲对此毫不知情。甲、乙成立盗窃罪的共同犯罪，但不成立强奸罪的共同犯罪。（6）事前无通谋的窝藏、包庇、窝藏赃物、销售赃物等行为，不构成共同犯罪。但如果事前有通谋的，则成立共同犯罪。

【案例7-4】赵甲、钱乙乘坐出租车，一路上商量如何抢劫路人发财，突然发现一妇女背着挎包在路上走，赵甲、钱乙马上告诉司机孙丙立即调头跟上那妇女，并表示多付车费。孙丙明白赵甲、钱乙的意思，但为了挣取车费，仍然调头开到妇女身边，赵甲、钱乙下车抢走妇女挎包。

【分析】孙丙虽然事先和赵甲、钱乙之间没有通谋，但由于孙丙在赵甲、钱乙实施犯罪过程中加入了赵甲、钱乙的共同犯罪行为，因此，孙丙与赵甲、钱乙构成抢劫罪共犯。

3. 必须有共同行为。"共同行为"不仅指各共犯人都实施了属于同一犯罪构成的行为，而且指各共犯人的行为在共同故意支配下相互配合、相互协调、相互补充，形成一个整体。表现形式：一是共同作为，即各共犯人的行为都是作为。二是共同不作为，即各共犯人的行为都是不作为。如夫妻二人看到婴儿高烧不退，都不救助，导致婴儿死亡。三是作为与不作为相结合，即部分共犯人的行为是作为，部分共犯人的行为是不作为。如丈夫欲杀害脑瘫儿子，向儿子投毒，妻子看到后默不作声，导致儿子死亡。

（二）共同犯罪人的种类及其刑事责任

我国刑法分为主犯、从犯、胁从犯、教唆犯。

1. 主犯。是指组织、领导犯罪集团进行犯罪活动或者在共同犯罪中起主要作用的犯罪分子。主犯有两种：一是对组织、领导犯罪集团的首要分子，按照集团所犯的全部罪行处罚，而不是按"全体成员"所犯的全部罪行处罚；即集团成员超出集团犯罪计划，独自实施的犯罪行为，不属于集团所犯的罪行，首要分子对此不承担责任。二是在共同犯罪中起主要作用的其他主犯。对于组织、指挥共同犯罪的人（如聚众共同犯罪中的首要分子），应当按照其组织、指挥的全部犯罪处罚（如聚众斗殴罪）。对于没有从事组织、指挥活动但在共同犯罪中起主要作用的人，应按其参与的全部犯罪处罚。如盗窃集团中首要分子以外的主犯，只对自己参与盗窃的数额承担责任。对犯罪集团的首要分子不适用缓刑。

2. 从犯。是指在共同犯罪中起次要或者辅助作用的犯罪分子。如指示犯罪对象和犯罪地点；提供犯罪工具；打探和传递有关犯罪实施和完成的信息；为实行犯望风等。对于从犯，应当从轻、减轻或者免除处罚。

3. 胁从犯。是指被胁迫参加犯罪的人。对于胁从犯，应当按照他的犯罪情节减轻或者免除处罚。

4. 教唆犯。是指故意唆使他人产生犯罪决意，进而使其基于此决意实行犯罪的情况。教唆他人犯罪的，应当按照他在共同犯罪中所起的作用处罚。教唆不满18周岁的人犯罪的，应当从重处罚。如果被教唆的人没有犯被教唆的罪，对于教唆犯，可以从轻或者减轻处罚。

九、罪数形态

区分一罪与数罪，看犯罪构成的个数。单纯的一罪和典型的数罪不难判断。难以区分的是貌似数罪而实为一罪的情况，主要有实质的一罪、法定的一罪和处断的一罪。

（一）实质的一罪

1. 继续犯。是指犯罪行为与不法状态在一定时间内一直处于持续状态的犯罪。如非法拘禁罪。对继续犯的追诉期限，从犯罪行为终了之日起计算。处罚时认定为一罪。

2. 想象竞合犯。是指一个行为触犯了数个罪名。如行为人开一枪而致一人死亡、一人重伤，同时触犯了故意杀人罪和故意伤害罪。对想象竞合犯采取从一重罪处断原则。

3. 结果加重犯。是指法律规定的一个犯罪行为（基本犯），由于发生了严重结果而加重其法定刑的情况。如故意伤害致人死亡。刑法对结果加重犯规定了加重的法定刑，只能认定为一个犯罪，并且根据加重的法定刑量刑。

（二）法定的一罪

1. 结合犯。是指数个原本独立的犯罪行为，根据刑法规定结合成为一个犯罪。如绑架他人并杀害被绑架人的只定绑架罪。

2. 集合犯。是指犯罪构成预定了数个同种类的行为的犯罪。如非法行医罪。

（三）处断的一罪

1. 连续犯。是指基于同一的或者概括的犯罪故意，连续实施性质相同的数个行为，触犯同一罪名的犯罪。如甲对乙一家怀有仇恨，欲杀乙一家，在一星期内分三次分别将乙家人从家中骗出并予以杀害。

2. 吸收犯。是指事实上数个不同的行为，其一行为吸收其他行为，仅成立吸收行为一个罪名的犯罪。如行为人盗窃枪支后又私藏的。

3. 牵连犯。是指犯罪的手段行为与目的行为，或结果行为与原因行为分别触犯不同罪名。对牵连犯的处理：一是从一重罪论处；二是以法定的一罪论处；三是数罪并罚。

第三节 刑 罚

刑罚是国家审判机关依法对犯罪人科处的以限制或者剥夺其一定权益为内容的强制性制裁措施。我国刑罚的目的是预防犯罪。我国的刑罚方法分为主刑与附加刑。

一、主刑

（一）管制

管制的期限，为 3 个月以上 2 年以下；数罪并罚不超过 3 年；从判决执行之日起计算；判决执行以前先行羁押的，羁押 1 日折抵刑期 2 日。判处管制，可以根据犯罪情况，同时禁止犯罪分子在执行期间从事特定活动，进入特定区域、场所，接触特定的人。对判处管制的犯罪分子，依法实行社区矫正。违反禁止令的，由公安机关依照《中华人民共和国治安管理处罚法》的规定处罚。

（二）拘役

拘役的期限，为 1 个月以上 6 个月以下；数罪并罚不超过 1 年；从判决执行之日起计算；判决执行以前先行羁押的，羁押 1 日折抵刑期 1 日。被判处拘役的犯罪分子，由公安机关就近执行。在执行期间，被判处拘役的犯罪分子每月可以回家 1 天至 2 天；参加劳动的，可以酌量发给报酬。

（三）有期徒刑

有期徒刑的期限，除另有规定外，为 6 个月以上 15 年以下。被判处有期徒刑、无期徒刑的犯罪分子，在监狱或者其他执行场所执行；凡有劳动能力的，都应当参加劳动，接受教育和改造。有期徒刑的刑期，从判决执行之日起计算；判决执行以前先行羁押的，羁押 1 日折抵刑期 1 日。有期徒刑的期限，数罪并罚时，总和刑期不满 35 年的，最高不超过 20 年，总和刑期在 35 年以上的，最高不超过 25 年。

（四）无期徒刑

是自由刑中最严厉的刑罚方法，不能孤立适用，应当附加剥夺政治权利终身。

（五）死刑

1. 适用对象的限制：犯罪的时候不满 18 周岁的人；审判的时候怀孕的妇女；审判的时候已满 75 周岁的人，不适用死刑，但以特别残忍手段致人死亡的除外。死刑只适用于罪行极其严重的犯罪分子。对于应当判处死刑的犯罪分子，如果不是必须立即执行的，可以判处死刑同时宣告缓期 2 年执行。死刑除依法由最高人民法院判决的以外，都应当报请最高人民法院核准。死刑缓期执行的，可以由高级人民法院判决或者核准。

2. 死缓制度。判处死刑缓期执行的，在死刑缓期执行期间，如果没有故意犯罪，2 年期满以后，减为无期徒刑；如果确有重大立功表现，2 年期满以后，减为 25 年有期徒刑；如果故意犯罪，情节恶劣的，报请最高人民法院核准后执行死刑；对于故意犯罪未执行死刑的，死刑缓期执行的期间重新计算，并报最高人民法院备案。

对被判处死刑缓期执行的累犯以及因故意杀人、强奸、抢劫、绑架、放火、爆炸、投放危险物质或者有组织的暴力性犯罪被判处死刑缓期执行的犯罪分子，人民法院根据犯罪情节等情况可以同时决定对其限制减刑。死刑缓期执行的期间，从判决确定之日起计算。死刑缓期执行减为有期徒刑的刑期，从死刑缓期执行期满之日起计算。

二、附加刑

附加刑是补充主刑适用的刑罚方法。既可以独立适用，也可以附加适用。

（一）罚金

判处罚金，应当根据犯罪情节决定罚金数额。罚金在判决指定的期限内一次或者分期缴纳。期满不缴纳的，强制缴纳。对于不能全部缴纳罚金的，人民法院在任何时候发现被执行人有可以执行的财产，应当随时追缴。由于遭遇不能抗拒的灾祸等原因缴纳确实有困难的，经人民法院裁定，可以延期缴纳、酌情减少或者免除。

（二）没收财产

没收财产是没收犯罪分子个人所有财产的一部或者全部。没收全部财产的，应当对犯罪分子个人及其扶养的家属保留必需的生活费用。在判处没收财产的时候，不得没收属于犯罪分子家属所有或者应有的财产。没收财产以前犯罪分子所负的正当债务，需要以没收的财产偿还的，经债权人请求，应当偿还。

（三）剥夺政治权利

剥夺政治权利是剥夺下列权利：选举权和被选举权；言论、出版、集会、结社、游行、示威自由的权利；担任国家机关职务的权利；担任国有公司、企业、事业单位和人民团体领导职务的权利。

对于危害国家安全的犯罪分子应当附加剥夺政治权利；对于故意杀人、强奸、放火、爆炸、投毒、抢劫等严重破坏社会秩序的犯罪分子，可以附加剥夺政治权利。独立适用剥夺政治权利的，依照刑法分则的规定。剥夺政治权利的效力当然施用于主刑执行期间。被剥夺政治权利的犯罪分子，在执行期间，应当遵守法律、行政法规和国务院公安部门有关监督管理的规定，服从监督；不得行使《刑法》第54条规定的各项权利。

剥夺政治权利的期限和起算

剥夺政治权利		期限	刑期起算
独立适用		1~5年	从判决确定之日
附加适用	管制	与管制刑期相等	同时执行
	拘役、有期徒刑	1~5年	从主刑执行完毕或假释之日起算
	无期徒刑、死刑	终身	从判决发生法律效力之日起算
	减为有期徒刑	3~10年	从主刑执行完毕或假释之日起算

（四）驱逐出境

驱逐出境是强迫犯罪的外国人离开中国国（边）境的刑罚方法。

三、量刑

（一）量刑原则

量刑，是指人民法院对于犯罪分子依法裁量刑罚的一种刑事审判活动。《刑法》规定："对于犯罪分子决定刑罚的时候，应当根据犯罪的事实、犯罪的性质、情节和对于社会的危害程度，依照本法的有关规定判处。"

1. 以犯罪事实为依据。认真查清犯罪事实，就是要查明谁在什么样的心理状态支配下，实施了什么行为，侵犯了什么利益，引起了什么危害后果，符合什么犯罪构成；准确认定犯罪性质，就是根据犯罪事实，决定具体适用哪个刑法分则条文，适用什么样的法定刑；全面掌握犯罪情节，就是查明犯罪构成基本事实以外的其他影响社会危害程度的各种具体事实，如犯罪人的个人情况、犯罪前的表现和犯罪后的态度等；准确评价犯罪的社会危害程度，就是通过分析、考察犯罪事实、性质与情节，综合评价罪行的程度。

2. 以刑事法律为准绳。严格依照刑法关于刑罚的适用权限与适用条件的规定，如死刑只适用于罪行极其严重的犯罪分子等；严格遵守刑法分则规定的法定刑，应该适用哪个法条，适用哪个刑种和采用什么样的量刑幅度；严格遵守各种量刑制度，如刑法总则中规定的自首、立功、缓刑和数罪并罚制度等。依照刑法关于量刑情节的适用原则，正确把握从重、从轻、减轻和免除处罚等情节。

（二）量刑情节

量刑情节是指人民法院对犯罪分子裁量刑罚时应当考虑的，据以决定量刑轻重或者免除刑罚处罚的各种情况。分为法定情节与酌定情节。

1. 法定情节，是指刑法明文规定的、刑罚裁量时必须予以考虑的各种犯罪事实情况，即从重、从轻、减轻和免除处罚情节。《刑法》规定，"犯罪分子具有本法规定的从重处罚、从轻处罚情节的，应当在法定刑的限度以内判处刑罚。""犯罪分子具有本法规定的减轻处罚情节的，应当在法定刑以下判处刑罚；本法规定有数个量刑幅度的，应当在法定量刑幅度的下一个量刑幅度内判处刑罚。犯罪分子虽然不具有本法规定的减轻处罚情节，但是根据案件的特殊情况，经最高人民法院核准，也可以在法定刑以下判处刑罚。""对于犯罪情节轻微不需要判处刑罚的，可以免予刑事处罚"。

2. 酌定情节，是指刑法中虽然没有明文规定，但司法实践中可能影响法院适用刑罚的与犯罪事实和犯罪人有关的情况。主要有：犯罪造成的实际危害结果；犯罪的时间、地点；犯罪手段；犯罪对象；犯罪动机；行为人犯罪前的一贯表现；行为人犯罪后的表现。

（三）量刑制度

1. 累犯。是指被判处一定刑罚的犯罪分子，在刑罚执行完毕或者赦免以后，在法定期限内又犯一定之罪的情况。根据《刑法》规定，被判处有期徒刑以上刑罚的犯罪分子，刑罚执行完毕或者赦免以后，在 5 年以内再犯应当判处有期徒刑以上刑罚之罪的，是累犯，应当从重处罚，但是过失犯罪和不满 18 周岁的人犯罪的除外。危害国家安全犯罪、恐怖活动犯罪、黑社会性质的组织犯罪的犯罪分子在刑罚执行完毕或者赦免以后，在任何时候再犯上述任一类罪的，都以累犯论处。对于累犯，应当从重处罚，且不能适用缓刑，不能适用假释。

被假释的犯罪分子在假释考验期内又犯新罪，被判处有期徒刑宣告缓刑的犯罪分子在缓刑考验期间又犯新罪，均不构成累犯，应当撤销缓刑，适用数罪并罚。

2. 自首。《刑法》规定，"犯罪以后自动投案，如实供述自己的罪行的，是自首。对于自首的犯罪分子，可以从轻或者减轻处罚。其中，犯罪较轻的，可以免除处罚。""被采取强制措施的犯罪嫌疑人、被告人和正在服刑的罪犯，如实供述司法机关尚未掌握的本人其他罪行的，以自首论。"对于自首的犯罪分子，可以从轻或者减轻处罚；其中，犯罪较轻的，可以免除处罚。

3. 坦白。是指犯罪嫌疑人被动归案后，如实供述自己罪行的行为。刑法规定，"犯罪嫌疑人虽不具有前两款规定的自首情节，但是如实供述自己罪行的，可以从轻处罚；因其如实供述自己罪行，避免特别严重后果发生的，可以减轻处罚。"

4. 立功。是指犯罪分子检举、揭发他人犯罪行为，查证属实，或者提供重要线索，从而得以侦破其他案件等表现的，或者阻止他人犯罪活动的，或者协助司法机关抓捕其他犯罪嫌疑人的，或者具有其他有利于国家和社会的突出表现的行为。分为一般立功和重大立功。一般立功的，可以从轻或者减轻处罚；重大立功的，可以减轻或者免除处罚。

5. 数罪并罚。是指人民法院对犯罪分子在法定期限内所犯数罪分别定罪量刑后，按照法定的并罚原则及刑期计算方法，决定其应执行的刑罚的制度。

《刑法》规定，判决宣告以前 1 人犯数罪的，除判处死刑和无期徒刑的以外，应当在总和刑期以下、数刑中最高刑期以上，酌情决定执行的刑期，但是管制最高不能超过 3 年，拘役最高不能超过 1 年，有期徒刑总和刑期不满 35 年的，最高不能超过 20 年，总和刑期在 35 年以上的，最高不能超过 25 年。数罪中有判处有期徒刑和拘役的，执行有期徒刑。数罪中有判处有期徒刑和管制，或者拘役和管制的，有期徒刑、拘役执行完毕后，管制仍须执行。数罪中有判处附加刑的，附加刑仍须执行，其中附加刑种类相同的，合并执行，种类不同的，分别执行。

判决宣告以后，刑罚执行完毕以前，发现被判刑的犯罪分子在判决宣告以前还有其他罪没有判决的，应当对新发现的罪作出判决，把前后两个判决所判处的刑罚，依法决定执行的刑罚。已经执行的刑期，应当计算在新判决决定的刑期以内。

判决宣告以后，刑罚执行完毕以前，被判刑的犯罪分子又犯罪的，应当对新犯的罪作出判决，把前罪没有执行的刑罚和后罪所判处的刑罚，依法决定执行的刑罚。

6. 缓刑。是指人民法院对于被判处拘役、3 年以下有期徒刑的犯罪分子，根据其犯罪情节、悔罪表现、再犯危险及对所居住社区的影响，认为暂缓执行原判刑罚，确实不致再危害社会的，规定一定的考验期，暂缓其刑罚的执行，若犯罪分子在考验期内没有发生法定撤销缓刑的情形，原判刑罚就不再执行。缓刑效力不及于附加刑，附加刑仍需执行。

拘役的缓刑考验期限为原判刑期以上 1 年以下，但是不能少于 2 个月。有期徒刑的缓刑考验期限为原判刑期以上 5 年以下，但是不能少于 1 年。缓刑的考验期限，从判决确定之日起计算。

四、刑罚执行

刑罚执行，是指有行刑权的专门机关将生效判决、裁定确定的刑罚付诸实施的刑事司法活动。被判处管制的，依法实行社区矫正，其执行机关是司法行政机关。拘役的执行机关是公安机关。有期徒刑、无期徒刑的执行机关是监狱。对被判处有期徒刑的罪犯，在被交付执行刑罚前，剩余刑期在 3 个月以下的，由看守所代为执行。死刑立即执行的机关是人民法院。对被判处死刑缓期 2 年执行的罪犯，依法送交监狱执行。罚金和没收财产由人民法院执行。剥夺政治权利由公安机关执行。对被宣告缓刑、假释或者暂予监外执行的罪犯，依法实行社区矫正。对未成年犯应当在未成年犯管教所执行。第一审人民法院判决被告人无罪、免除刑事处罚的，如果被告人在押，在宣判后应当立即释放。我国的刑罚执行制度有减刑、假释。

（一）减刑

根据《刑法》规定，被判处管制、拘役、有期徒刑、无期徒刑的犯罪分子，在执行期间，认真遵守监规，接受教育改造，确有悔改表现或者有立功表现的，可以适用减刑；有下列重大立功表现之一的，应当减刑：（1）阻止他人重大犯罪活动的；（2）检举监狱内外重大犯罪活动，经查证属实的；（3）有发明创造或者重大技术革新的；（4）在日常生产、生活中舍己救人的；（5）在抗御自然灾害或者排除重大事故中，有突出表现的；（6）对国家和社会有其他重大贡献的。

减刑以后实际执行的刑期不能少于下列期限：处管制、拘役、有期徒刑的，不能少于原判刑期的二分之一；判处无期徒刑的，不能少于13年；人民法院依法限制减刑的死刑缓期执行的犯罪分子，缓期执行期满后依法减为无期徒刑的，不能少于25年，缓期执行期满后依法减为25年有期徒刑的，不能少于20年。

对于犯罪分子的减刑，由执行机关向中级以上人民法院提出减刑建议书。人民法院应当组成合议庭进行审理，对确有悔改或者立功事实的，裁定予以减刑。非经法定程序不得减刑。

（二）假释

假释是指对被判处有期徒刑或无期徒刑的犯罪分子，在刑罚执行一定时间后，确有悔改表现，不致再危害社会，因而将其附条件提前释放的制度。简言之，假释就是对犯罪分子附条件地提前释放。

根据《刑法》规定，被判处有期徒刑的犯罪分子，执行原判刑期二分之一以上，被判处无期徒刑的犯罪分子，实际执行13年以上，如果认真遵守监规，接受教育改造，确有悔改表现，没有再犯罪的危险的，可以假释。如果有特殊情况，经最高人民法院核准，可以不受上述执行刑期的限制。假释的程序同于减刑程序。非经法定程序不得假释。对犯罪分子决定假释时，应当考虑其假释后对所居住社区的影响。

对累犯以及因故意杀人、强奸、抢劫、绑架、放火、爆炸、投放危险物质或者有组织的暴力性犯罪被判处10年以上有期徒刑、无期徒刑的犯罪分子，不得假释。

对假释的犯罪分子，在假释考验期限内，依法实行社区矫正，如果没有假释的撤销情形，假释考验期满，就认为原判刑罚已经执行完毕，并公开予以宣告。

被假释的犯罪分子，在假释考验期限内犯新罪，应当撤销假释，依法实行数罪并罚。在假释考验期限内，发现被假释的犯罪分子在判决宣告以前还有其他罪没有判决的，应当撤销假释，依法实行数罪并罚。被假释的犯罪分子，在假释考验期限内，有违反法律、行政法规或者国务院有关部门关于假释的监督管理规定的行为，尚未构成新的犯罪的，应当依照法定程序撤销假释，收监执行未执行完毕的刑罚。

五、刑罚的消灭

（一）追诉时效

追诉时效，是指刑法规定的对犯罪分子追究刑事责任的有效期限。法定最高刑为不满5年有期徒刑的，经过5年；法定最高刑为5年以上不满10年有期徒刑的，经过10年；

法定最高刑为 10 年以上有期徒刑的，经过 15 年；法定最高刑为无期徒刑、死刑的，经过 20 年。如果 20 年以后认为必须追诉的，须报请最高人民检察院核准。

在人民检察院、公安机关、国家安全机关立案侦查或者在人民法院受理案件以后，逃避侦查或者审判的，不受追诉期限的限制。被害人在追诉期限内提出控告，人民法院、人民检察院、公安机关应当立案而不予立案的，不受追诉期限的限制。

追诉期限从犯罪之日起计算；犯罪行为有连续或者继续状态的，从犯罪行为终了之日起计算。在追诉期限以内又犯罪的，前罪追诉的期限从犯后罪之日起计算。

【案例 7-5】2000 年 11 月，李某（17 周岁）抢劫杀人后逃往外地。2005 年 7 月，李某诈骗他人 5000 元现金。2014 年 10 月，李某在嫖娼时得知邓某 13 岁，被强迫卖淫，但李某仍与邓某发生性关系。后李某在扒窃时被抓获。

【分析】李某所犯抢劫罪，追诉时效为 20 年，仍在追诉期限内；其所犯诈骗罪，数额较大，法定最高刑为 3 年，追诉时效为 5 年，已过追诉时效；根据最高院、最高检、公安部、司法部《关于依法惩治性侵害未成年人犯罪的意见》，知道或应当知道幼女被他人强迫卖淫而仍与其发生性关系的，以强奸罪论处，李某与邓某发生性关系，对其应当以强奸罪定罪处罚。因此，对李某应以抢劫罪、强奸罪和盗窃罪追究刑事责任。

（二）赦免

赦免是国家宣告对犯罪人免除其罪、免除其刑的一种法律制度，包括大赦与特赦。大赦的对象是不特定的犯罪人，既赦罪也赦刑。特赦的对象是特定的犯罪人，只赦刑，不赦罪。我国只规定了特赦。

一般由党中央或国务院提出建议，经全国人大常委会审议决定，由国家主席发布特赦令，并授权最高人民法院和高级人民法院执行。

第四节 罪 与 罚

我国《刑法》分则共有 10 章。本节仅介绍各章的部分罪与罚。

一、危害国家安全罪

背叛国家罪，是指勾结外国或与境外机构、组织、个人相勾结，危害中华人民共和国的主权、领土完整和安全的行为。

二、危害公共安全罪

（一）交通肇事罪

交通肇事罪是指违反交通运输管理法规，因而发生重大事故，致人重伤、死亡或者使公私财产遭受重大损失的行为。有下列情形之一的，构成交通肇事罪：死亡 1 人或者重伤 3 人以上，负事故全部或者主要责任的；死亡 3 人以上，负事故同等责任的；造成公共财产或者他人财产直接损失，负事故全部或者主要责任，无能力赔偿数额在 30 万元以上的。交通肇事致 1 人以上重伤，负事故全部或者主要责任，并具有下列情形之一的，以交通肇事罪定罪处罚：酒后、吸食毒品后驾驶机动车辆的；无驾驶资格驾驶机动车辆的；明知是安全装置不全或者安全机件失灵的机动车辆而驾驶的；明知是无牌证或者已报废的机动车辆而驾驶的；严重超载驾驶的；为逃避法律追究逃离事故现场的。

在偷开机动车辆过程中因过失撞死、撞伤他人或者撞坏车辆的，成立交通肇事罪。单位主管人员、机动车辆所有人或者机动车辆承包人指使、强令他人违章驾驶造成重大交通事故的，以交通肇事罪定罪处罚。交通肇事后，单位主管人员、机动车辆所有人、承包人或者乘车人指使肇事人逃逸，致使被害人因得不到救助而死亡的，以交通肇事罪的共犯论处。

行为人在交通肇事后，将被害人带离事故现场后隐藏或者遗弃，致使被害人无法得到救助而死亡或者严重残疾的，应当分别以故意杀人罪或者故意伤害罪定罪处罚。

（二）危险驾驶罪

危险驾驶罪是指在道路上驾驶机动车，有下列情形之一的行为：追逐竞驶，情节恶劣的；醉酒驾驶机动车的；从事校车业务或者旅客运输，严重超过额定乘员载客，或者严重超过规定时速行驶的；违反危险化学品安全管理规定运输危险化学品，危及公共安全的。机动车所有人、管理人对前款第 3 项、第 4 项行为负有直接责任的，依照前款的规定处罚。

危险驾驶行为同时构成其他犯罪的，依照处罚较重的规定定罪处罚。如追逐竞驶造成严重后果构成交通肇事罪的，以交通肇事罪论处。如果致人伤亡的严重后果不是由追逐竞驶引起，而是其他违章行为（如闯红灯等）引起的，则应以危险驾驶罪与交通肇事罪数罪并罚。行为人故意实施危险驾驶行为，具有与放火、爆炸等相当的公共危险，应认定为以危险方法危害公共安全罪。如在高速公路上逆向追逐竞驶或者醉酒高速驾驶，但没有造成严重后果的。实施危险驾驶行为，以暴力、威胁方法阻碍公安机关依法检查，又构成妨害公务罪等其他犯罪的，依照数罪并罚的规定处罚。

（三）妨害安全驾驶罪

妨害安全驾驶罪是指对行驶中的公共交通工具的驾驶人员使用暴力或者抢控驾驶操纵装置，干扰公共交通工具正常行驶，危及公共安全的行为。犯本罪的，处 1 年以下有期徒刑、拘役或者管制，并处或者单处罚金。

前款规定的驾驶人员在行驶的公共交通工具上擅离职守，与他人互殴或者殴打他人，危及公共安全的，依照前款的规定处罚。

有前两款行为，同时构成其他犯罪的，依照处罚较重的规定定罪处罚。

三、破坏社会主义市场经济秩序罪

（一）生产、销售伪劣产品罪

生产、销售伪劣产品罪是指生产者、销售者在产品中掺杂、掺假，以假充真，以次充好或者以不合格产品冒充合格产品，销售金额 5 万元以上的行为。

（二）非法吸收公众存款罪

非法吸收公众存款罪是指非法吸收公众存款或者变相吸收公众存款，扰乱金融秩序的行为。违反国家金融管理法律规定，向社会公众（包括单位和个人）吸收资金的行为，同时具备下列四个条件的，除刑法另有规定的以外，应当认定为"非法吸收公众存款或者变相吸收公众存款"：未经有关部门依法批准或者借用合法经营的形式吸收资金；通过媒体、推介会、传单、手机短信等途径向社会公开宣传；承诺在一定期限内以货币、实物、股权等方式还本付息或者给付回报；向社会公众即社会不特定对象吸收资金。未向社会公开宣传，在亲友或者单位内部针对特定对象吸收资金的，不属于非法吸收或者变相吸收公众存款。

（三）集资诈骗罪

集资诈骗罪是指以非法占有为目的，使用诈骗方法非法集资，数额较大的行为。以虚假转让股权的方式非法吸收资金，集资后用于生产经营活动与筹集资金规模明显不成比例，致使集资款不能返还的，以集资诈骗罪定罪处罚。"诈骗的方法"是指行为人采取虚构集资用途，以虚假的证明文件和高回报率为诱饵，骗取集资款等手段。"非法集资"是指法人、其他组织或者个人，未经有权机关批准，向社会公众募集资金的行为。"数额较大"指个人集资诈骗数额在10万元以上，单位集资诈骗数额在50万元以上。使用诈骗方法非法集资，具有下列情形之一的，可以认定为"以非法占有为目的"：集资后不用于生产经营活动或者用于生产经营活动与筹集资金规模明显不成比例，致使集资款不能返还的；肆意挥霍集资款，致使集资款不能返还的；携带集资款逃匿的；将集资款用于违法犯罪活动的；抽逃、转移资金、隐匿财产，逃避返还资金的；隐匿、销毁账目，或者搞假破产、假倒闭，逃避返还资金的；拒不交代资金去向，逃避返还资金的；其他可以认定非法占有目的的情形。

四、侵犯公民人身权利、民主权利罪

非法拘禁罪，是指非法拘禁他人或者以其他方法非法剥夺他人人身自由的行为。具有殴打、侮辱情节的，从重处罚。犯前款罪，致人重伤的，处3年以上10年以下有期徒刑；致人死亡的，处10年以上有期徒刑。使用暴力致人伤残、死亡的，按照故意伤害罪、故意杀人罪定罪处罚。为索取债务非法扣押、拘禁他人的，依照前两款的规定处罚。国家机关工作人员利用职权犯前三款罪的，依照前三款的规定从重处罚。

五、侵犯财产罪

（一）抢劫罪

抢劫罪是指以非法占有为目的，以暴力、胁迫或者其他方法，强取公私财物的行为。以非法占有为目的，以买卖、交易、服务为幌子采取暴力、胁迫手段迫使他人交出与合理价钱、费用相差悬殊的钱物的，以抢劫罪定罪处罚。行为结构是：实施暴力、胁迫等强制手段——压制对方反抗——对方因为无法反抗而放弃财物——行为人取得财物。

犯盗窃、诈骗、抢夺罪，为窝藏赃物、抗拒抓捕或者毁灭罪证而当场使用暴力或者以暴力相威胁的，依照抢劫罪定罪处罚。

有下列情形之一的，处 10 年以上有期徒刑、无期徒刑或者死刑，并处罚金或者没收财产：入户抢劫的；在公共交通工具上抢劫的；抢劫银行或者其他金融机构的；多次抢劫或者抢劫数额巨大的；抢劫致人重伤、死亡的；冒充军警人员抢劫的；持枪抢劫的；抢劫军用物资或者抢险、救灾、救济物资的。

（二）抢夺罪

抢夺罪是指抢夺公私财物，数额较大的，或者多次抢夺的行为。抢夺罪与抢劫罪的区别：对物暴力是抢夺行为。对物暴力并不是直接对被害人行使足以压制反抗的暴力；行为人实施抢夺行为时，被害人来不及抗拒，而不是被暴力压制不能抗拒，也不是受胁迫不敢抗拒。对人暴力是抢劫行为，暴力达到了足以压制他人反抗的程度；抢夺行为，暴力没有达到足以压制他人反抗的程度。

对于驾驶机动车、非机动车夺取他人财物的，一般以抢夺罪从重处罚。但具有下列情形之一的，应当以抢劫罪定罪处罚：驾驶车辆，逼挤、撞击或强行逼倒他人以排除他人反抗，乘机夺取财物的；驾驶车辆强抢财物时，因被害人不放手而采取强拉硬拽方法劫取财物的；行为人明知其驾驶车辆强行夺取他人财物的手段会造成他人伤亡的后果，仍然强行夺取并放任造成财物持有人轻伤以上后果的。

携带凶器抢夺的，依照抢劫罪定罪处罚。"携带凶器抢夺"，是指行为人随身携带枪支、爆炸物、管制刀具等国家禁止个人携带的器械进行抢夺或者为了实施犯罪而携带其他器械进行抢夺的行为。行为人随身携带国家禁止个人携带的器械以外的其他器械抢夺，但有证据证明该器械确实不是为了实施犯罪准备的，不以抢劫罪定罪。

（三）盗窃罪

盗窃罪是指以非法占有为目的，窃取他人占有的数额较大的财物，或者多次盗窃、入户盗窃、携带凶器盗窃、扒窃的行为。盗窃公私财物价值 1000 元至 3000 元以上的，应当认定为"数额较大"。盗窃公私财物并造成财物损毁，采用破坏性手段盗窃公私财物，造成其他财物损毁的，以盗窃罪从重处罚；同时构成盗窃罪和其他犯罪的，择一重罪从重处罚。

盗窃罪的行为结构，是将他人占有的财物——通过平和手段——变成自己占有，本质是将他人占有的财物转移为自己占有。采用平和手段，不要求具有秘密性。貌似抢夺，实为公开盗窃的，如行为人进入他人住宅后，明知胆小的被害人盯着自己，仍然搬走其电视机。盗窃罪的既遂，即行为人取得（控制）了财物（行为人事实上占有了财物）。入户盗窃，是指非法进入他人生活的与外界相对隔离的住所（包括封闭的院落、牧民的帐篷、渔民作为家庭生活场所的渔船、为生活租用的房屋等）进行盗窃的行为。携带凶器盗窃不以数额较大为前提。扒窃是指在公共场所窃取他人随身携带的财物的行为。

（四）诈骗罪

诈骗罪是指以非法占有为目的，使用欺骗方法，骗取数额较大的公私财物的行为。行为结构是行为人实施欺骗行为——对方（被骗者）产生错误认识——对方（被骗者）基于错误认识处分财产——行为人或第三者取得财产。诈骗的本质是在具体状况下，使对方产生错误认识，并作出行为人所希望的财产处分。行为人实施了欺骗行为，即虚构事实或隐瞒真相的行为。

（五）敲诈勒索罪

敲诈勒索罪是指敲诈勒索公私财物，数额较大或者多次敲诈勒索的行为。司法解释规定，以在信息网络上发布、删除等方式处理网络信息为由，威胁、要挟他人，索取公私财物，数额较大，或者多次实施上述行为的，以敲诈勒索罪定罪处罚。2 年内敲诈勒索 3 次以上的，应当认定为"多次敲诈勒索"，构成敲诈勒索罪。受到行政处罚但未经刑事处罚的敲诈勒索行为，应当计入敲诈勒索的次数。行为结构是对他人实施恐吓行为——对方产生恐惧心理——对方基于恐惧心理交付财物——行为人或第三者取得财物。

（六）职务侵占罪

职务侵占罪是指公司、企业或者其他单位的工作人员，利用职务上的便利，将本单位财物非法占为己有，数额较大的行为。国有公司、企业或者其他国有单位中从事公务的人员和国有公司、企业或者其他国有单位委派到非国有公司、企业以及其他单位从事公务的人员有前款行为的，按照贪污罪定罪处罚。

六、妨害社会管理秩序罪

（一）冒名顶替罪

冒名顶替罪是指盗用、冒用他人身份，顶替他人取得的高等学历教育入学资格、公务员录用资格、就业安置待遇的行为。犯本罪的，处 3 年以下有期徒刑、拘役或者管制，并处罚金。

组织、指使他人实施前款行为的，依照前款的规定从重处罚。国家工作人员有前两款行为，又构成其他犯罪的，依照数罪并罚的规定处罚。

（二）组织考试作弊罪

组织考试作弊罪是指在法律规定的国家考试中，组织作弊的行为。犯本罪的，处 3 年以下有期徒刑或者拘役，并处或者单处罚金；情节严重的，处 3 年以上 7 年以下有期徒刑，并处罚金。

为他人实施前款犯罪提供作弊器材或者其他帮助的，依照前款的规定处罚。

（三）非法出售、提供试题、答案罪

非法出售、提供试题、答案罪是指为实施考试作弊行为，向他人非法出售或者提供法律规定的国家考试的试题、答案的行为。处罚同组织考试作弊罪。

（四）代替考试罪

代替考试罪是指代替他人或者让他人代替自己参加法律规定的国家考试的行为。犯本罪的，处拘役或者管制，并处或者单处罚金。

（五）高空抛物罪

高空抛物罪是指从建筑物或者其他高空抛掷物品，情节严重的行为。犯本罪的，处 1 年以下有期徒刑、拘役或者管制，并处或者单处罚金。

有前款行为，同时构成其他犯罪的，依照处罚较重的规定定罪处罚。

（六）寻衅滋事罪

寻衅滋事罪是指有下列行为之一，破坏社会秩序的行为：随意殴打他人，情节恶劣的；追逐、拦截、辱骂、恐吓他人，情节恶劣的；强拿硬要或者任意损毁、占用公私财

物，情节严重的；在公共场所起哄闹事，造成公共场所秩序严重混乱的。纠集他人多次实施前款行为，严重破坏社会秩序的，处 5 年以上 10 年以下有期徒刑，可以并处罚金。编造虚假信息，或者明知是编造的虚假信息，在信息网络上散布，或者组织、指使人员在信息网络上散布，起哄闹事，造成公共秩序严重混乱的，以寻衅滋事罪定罪处罚。

（七）掩饰、隐瞒犯罪所得、犯罪所得收益罪

掩饰、隐瞒犯罪所得、犯罪所得收益罪是指明知是犯罪所得及其产生的收益而予以窝藏、转移、收购、代为销售或者以其他方法掩饰、隐瞒的行为。

七、危害国防利益罪

阻碍军人执行职务罪，是指以暴力、威胁方法阻碍军人依法执行职务的行为。

八、贪污贿赂罪

（一）贪污罪

贪污罪是指国家工作人员利用职务上的便利，侵吞、窃取、骗取或者以其他手段非法占有公共财物的行为。受国家机关、国有公司、企业、事业单位、人民团体委托管理、经营国有财产的人员，利用职务上的便利，侵吞、窃取、骗取或者以其他手段非法占有国有财物的，以贪污论。

《刑法》规定，对犯贪污罪的，根据情节轻重，分别依照下列规定处罚：（1）贪污数额较大或者有其他较重情节的，处 3 年以下有期徒刑或者拘役，并处罚金。（2）贪污数额巨大或者有其他严重情节的，处 3 年以上 10 年以下有期徒刑，并处罚金或者没收财产。（3）贪污数额特别巨大或者有其他特别严重情节的，处 10 年以上有期徒刑或者无期徒刑，并处罚金或者没收财产；数额特别巨大，并使国家和人民利益遭受特别重大损失的，处无期徒刑或者死刑，并处没收财产。对多次贪污未经处理的，按照累计贪污数额处罚。犯贪污罪，在提起公诉前如实供述自己罪行、真诚悔罪、积极退赃，避免、减少损害结果的发生，有第 1 项规定情形的，可以从轻、减轻或者免除处罚；有第 2 项、第 3 项规定情形的，可以从轻处罚。犯贪污罪，有第 3 项规定情形被判处死刑缓期执行的，人民法院根据犯罪情节等情况可以同时决定在其死刑缓期执行 2 年期满依法减为无期徒刑后，终身监禁，不得减刑、假释。

（二）挪用公款罪

挪用公款罪是指国家工作人员利用职务上的便利，挪用公款归个人使用，进行非法活动的，或者挪用公款数额较大、进行营利活动的，或者挪用公款数额较大、超过 3 个月未还的，是挪用公款罪，处 5 年以下有期徒刑或者拘役；情节严重的，处 5 年以上有期徒刑。挪用公款数额巨大不退还的，处 10 年以上有期徒刑或者无期徒刑。挪用用于救灾、抢险、防汛、优抚、扶贫、移民、救济款物归个人使用的，从重处罚。

（三）受贿罪

受贿罪是指国家工作人员利用职务上的便利，索取他人财物的，或者非法收受他人财物，为他人谋取利益的行为。国家工作人员在经济往来中，违反国家规定，收受各种名义的回扣、手续费，归个人所有的，以受贿论处。国家工作人员利用本人职权或者地位形成

的便利条件，通过其他国家工作人员职务上的行为，为请托人谋取不正当利益，索取请托人财物或者收受请托人财物的，以受贿论处。

九、渎职罪

滥用职权罪或者玩忽职守罪是指国家机关工作人员滥用职权或者玩忽职守，致使公共财产、国家和人民利益遭受重大损失的，处 3 年以下有期徒刑或者拘役；情节特别严重的，处 3 年以上 7 年以下有期徒刑。

十、军人违反职责罪

为境外窃取、刺探、收买、非法提供军事秘密罪，是指违反国家和军队的保密规定，为境外的机构、组织、人员窃取、刺探、收买、非法提供军事秘密的行为。

思考与练习

1. 甲因为盗窃乙的自行车（价值 460 元）被抓获，公安机关对其作出行政拘留 15 日的处罚。在被行政拘留期间，甲主动交代了盗窃丙的摩托车（价值 2 万元）的犯罪事实，该事实经公安机关查证属实。对甲主动交代盗窃摩托车一事的行为，应如何定性？

2. 甲乙共谋教训其共同的仇人丙。由于乙对丙有夺妻之恨，暗藏杀丙之心，但未将此意告诉甲。某日，甲、乙二人共同去丙处。为确保万无一失，甲、乙以入室盗窃为由邀请不知情的丁在楼下望风。进入丙的房间后，甲、乙同时对丙拳打脚踢，致丙受伤死亡。甲、乙二人旋即逃离现场。在逃离现场前甲在乙不知情的情况下从丙家的箱子里拿走人民币 5 万元。出门后，甲背着乙向丁谎称从丙家窃取现金 3 万元，分给丁 1 万元，然后一起潜逃。潜逃期间，甲窃得一张信用卡，向乙谎称该卡是从街上捡的，让乙到银行柜台取出了信用卡中的 3 万元现金。犯罪所得财物挥霍一空后，丁因生活无着，向公安机关投案，交待了自己和甲共同盗窃的事实，但隐瞒了事后知道的甲、乙致丙死亡的事实。

（1）就被害人丙的死亡而言，分析甲、乙、丁的行为性质及是否成立共同犯罪？

（2）对于甲从丙家的箱子里拿走人民币 5 万元，丁望风并分得赃物这一情节，分析甲与丁的行为性质及犯罪数额？

（3）分析甲、乙盗窃和使用信用卡的行为性质？

（4）对于丁的投案行为，是否成立自首、立功？

第八章 诉讼法与仲裁法

学习目标

知识目标

- 掌握刑诉、民诉、行政诉讼案件的范围
- 掌握刑诉、民诉、行政诉讼管辖、证据制度、强制措施的基本规定
- 掌握刑事辩护、民事代理制度常识
- 了解刑诉、民诉、行政诉讼案件的审理程序
- 掌握仲裁活动的基本规则

能力目标

- 树立程序意识，培养公平、公正、效率的价值理念
- 了解维护权益、解决纠纷需遵循的法定程序

第一节 诉讼法概述

一、诉讼与诉讼法

（一）诉讼的含义及特征

诉讼，是指国家司法机关在当事人和其他诉讼参与人的参加下，依照法定程序处理案件的专门活动。诉讼与和解、调解、仲裁等解决争议的方式相比，其主要特征有以下几点：

1. 诉讼是公力救济方式

合法权益受到侵害后，可以寻求的救济途径有两种：公力救济和私力救济。诉讼是通过国家机关履行法定职能来保护合法权益，因此属于公力救济的方式。诉讼具有强制性、权威性，是最有效的、最终的冲突解决手段。

2. 诉讼具有司法性

诉讼离不开司法机关，并且由国家司法机关主导。同时，诉讼活动必须有当事人和其他诉讼参与人的参加，而且必须以当事人所进行的活动为前提。

3. 诉讼具有规范性

诉讼活动的规范性表现在：①诉讼请求必须符合法律规范。诉讼请求必须明确且必须有法律依据。②整个诉讼过程是由若干个诉讼阶段组成的，构成诉讼过程的各个诉讼阶段又是互相衔接的。③诉讼裁决必须以法律规范为根据。

（二）诉讼法的含义

诉讼法，是指国家制定的司法机关在当事人和其他诉讼参与人参加下进行诉讼活动必须遵守的法律规范的总称。

二、诉讼的类型及三大诉讼的区别

依据所解决问题的性质，诉讼可以分为：刑事诉讼、民事诉讼和行政诉讼三种，相应的法律规范有刑事诉讼法、民事诉讼法和行政诉讼法。

刑事诉讼、民事诉讼和行政诉讼共同构成了我国的诉讼体系，用来处理不同类型的社会纠纷。

三大诉讼对照表

	刑事诉讼	民事诉讼	行政诉讼
目的	保证刑法的正确实施，惩罚犯罪，保护人民，保障国家安全和社会公共安全，维护社会主义社会秩序	保护当事人行使诉讼权利，保证人民法院查明事实，分清是非，正确适用法律，及时审理民事案件，确认民事权利义务关系，制裁民事违法行为，保护当事人的合法权益，教育公民自觉遵守法律，维护社会秩序、经济秩序，保障社会主义建设事业顺利进行	保证人民法院公正、及时审理行政案件，解决行政争议，保护公民、法人和其他组织的合法权益，监督行政机关依法行使职权
原则	遵循国家干预原则	遵循当事人处分和国家干预相结合的原则	遵循原告处分原则
提起主体	人民检察院、被害人	与案件有直接利害关系的人	行政相对人
专门机关	公、检、法	法、检（事后监督）	法、检（事后监督）
适用法律	《中华人民共和国刑法》等刑事实体法、《中华人民共和国刑事诉讼法》	《中华人民共和国民法典》等民事实体法以及《中华人民共和国民事诉讼法》	行政法律、法规以及《中华人民共和国行政诉讼法》
审判组织	合议庭、独任庭	合议庭、独任庭	合议庭
结案方式	判决、调解（少量自诉案件）	判决、调解	判决

三、诉讼法的基本原则

诉讼法的基本原则，是指对诉讼过程具有普遍指导意义和规范作用，并为国家专门机关和诉讼参与人进行或参与诉讼必须遵循的基本行为准则。它包括三大诉讼共有的原则和各自具有的原则。本部分先介绍三大诉讼的共有原则，特有原则见之后内容。

（一）人民法院依法独立行使职权原则

人民法院依法独立行使职权原则是我国宪法所确立的一项诉讼原则。人民法院作为国家唯一的审判机关，其在法律规定的职责范围内是独立的，不受行政机关、社会团体和个人的干涉，同时，人民法院行使审判权，必须严格遵守宪法和法律的各项规定。

（二）以事实为根据，以法律为准绳原则

"以事实为根据"，就是指在审判案件中，必须以已经查证属实的证据证明的案件事实为根据，禁止以主观想象和怀疑猜测等为根据对案件作出判断。它强调办案人员必须重证据、重调查研究，在没有充分、确实的证据时，不能轻率认定案件事实。"以法律为准绳"，就是以诉讼法和实体法等法律规定为标准，指导诉讼的进行。

（三）当事人在适用法律上一律平等原则

在诉讼中，公安司法机关对一切当事人都必须平等对待。所谓平等对待，就是不分民族、种族、性别、年龄、职业、出身、宗教信仰、教育程度、财产状况等，任何当事人均应当得到同等对待，公安司法机关不得有任何歧视或优待。任何当事人的正当权利和合法权益都平等的受到保护，任何当事人的违法行为都毫无例外的予以追究和制裁，不允许有不受法律约束的特殊当事人。

（四）使用本民族语言文字进行诉讼原则

各民族公民都有用本民族语言文字进行诉讼的权利。人民法院、人民检察院和公安机关对于不通晓当地通用的语言文字的诉讼参与人，应当为他们翻译。在少数民族聚居或者多民族杂居的地区，应当用当地通用的语言进行审讯，用当地通用的文字发布判决书、布告和其他文件。

（五）审判公开原则

审判公开，是指人民法院审理案件，除法律特别规定外，应当向社会公开，允许人民群众旁听，允许新闻记者采访报道。涉及国家秘密等案件依法不公开审理。无论公开审理还是不公开审理的案件，合议庭评议阶段一律不公开，宣告判决一律公开。

（六）两审终审原则

两审终审制，是指一起案件经过两级人民法院审判才能终审的制度。在我国，上下级法院之间是一种审级监督关系，而非行政领导关系。上级人民法院不能干预下级人民法院正在审理的案件，只能在第二审程序中对第一审裁判进行审查。地方各级人民法院按照第一审程序对案件作出的裁判，不能立即发生法律效力，只有在经过了法定期限没有上诉或抗诉的情况下，第一审裁判才能发生法律效力。人民法院依第二审程序审理后所作出的裁判为终审裁判。

第二节　刑事诉讼法

一、刑事诉讼与刑事诉讼法

刑事诉讼，是指公安司法机关在当事人及其他诉讼参与人的参加下，依照法律规定的程序、方法、步骤，追诉犯罪，解决被追诉人刑事责任的活动。

刑事诉讼法有狭义和广义之分。狭义的刑事诉讼法指 1979 年 7 月 1 日第五届全国人民代表大会第二次会议通过，1996 年 3 月 17 日第八届全国人民代表大会第四次会议、2012 年 3 月 14 日第十一届全国人民代表大会第五次会议、2018 年 10 月 26 日第十三届全国人民代表大会常务委员会第六次会议先后三次修正的《中华人民共和国刑事诉讼法》；广义的刑事诉讼法还包括其他法律、法令、司法解释中一切有关刑事诉讼程序的规定。

二、刑事诉讼特有原则

（一）侦查权、检察权、审判权由专门机关行使原则

对刑事案件的侦查、拘留、执行逮捕、预审，由公安机关负责。检察、批准逮捕、检察机关直接受理案件的侦查、提起公诉，由人民检察院负责。审判由人民法院负责。除法律特别规定的以外，其他任何机关、团体和个人都无权行使这些权力。人民法院、人民检察院和公安机关进行刑事诉讼，必须严格遵守本法和其他法律的有关规定。

（二）人民法院、人民检察院依法独立行使职权原则

该原则的基本含义包括：第一，人民法院行使审判权，人民检察院行使检察权，在法律规定的职责范围内都是独立的，不受行政机关、社会团体和个人的干涉。第二，人民法院行使审判权和人民检察院行使检察权，必须严格遵守宪法和法律的各项规定。

（三）检察监督原则

人民检察院作为国家的法律监督机关，在刑事诉讼中主要从以下几个方面对刑事诉讼活动进行监督：①刑事立案监督；②侦查活动监督；③审判活动监督；④刑事判决、裁定监督；⑤死刑复核法律监督；⑥羁押和办案期限监督；⑦看守所执法活动监督；⑧执行监督；⑨强制医疗执行监督。

（四）未经人民法院依法判决不得确定有罪原则

该原则的基本含义包括：①确定被告人有罪的权力由人民法院统一行使，其他任何机关、团体和个人都无权行使。②人民法院判决被告人有罪，必须严格依照法定程序，组成合格的独立的法庭进行公正、公开的审理，并须予以被告人一切辩护上所需的保障。③未经人民法院依法判决，对任何人都不得确定有罪。

（五）具有法定情形不予追究刑事责任原则

具有下列情形之一的，不予追究刑事责任，已经追究的，应当撤销案件，或者不起诉，或者终止审理，或者宣告无罪：①情节显著轻微、危害不大，不认为是犯罪的。②犯罪已过追诉时效期限的。③经特赦令免除刑罚。④依照刑法规定告诉才处理的犯罪，没有告诉或者撤回告诉的。⑤犯罪嫌疑人、被告人死亡的。⑥其他法律规定免予追究刑事责

任的。

三、专门机关与诉讼参与人

（一）专门机关

在我国，刑事诉讼中的专门机关是指依法在刑事诉讼中承担一定诉讼职能的公安司法机关，主要包括公安机关、人民检察院、人民法院等，通常称为公检法机关。

1. 公安机关

公安机关是国家的治安保卫机关，隶属于同级人民政府，是人民政府的职能部门。

在刑事诉讼中，除人民检察院、国家安全部门、军队保卫部门、监狱等侦查机关侦查的案件以外，绝大部分刑事案件都是由公安机关进行侦查的。

公安机关在刑事诉讼中的主要职权有：①刑事案件的立案、侦查、预审；②决定、执行强制措施；③对依法不追究刑事责任的不予立案，已经追究的撤销案件；④对侦查终结应当起诉的案件，移送人民检察院审查决定；⑤对不够刑事处罚的犯罪嫌疑人需要行政处理的，依法予以处理移送有关部门；⑥对判处有期徒刑的罪犯，在被交付执行刑罚前，剩余刑期在 3 个月以下的，代为执行刑罚；执行拘役、剥夺政治权利、驱逐出境的刑罚。

2. 人民检察院

人民检察院是国家的法律监督机关，代表国家行使检察权。

在刑事诉讼中，人民检察院的职权主要有：对国家工作人员职务犯罪的自行侦查权、提起公诉权、出庭支持公诉权和法律监督权。

3. 人民法院

人民法院是国家的审判机关，代表国家行使审判权。

人民法院在刑事诉讼中的具体职权主要有：①对起诉进行审查，决定开庭审理；②对被告人决定采取拘传、取保候审、监视居住、逮捕等强制措施；③采取勘验、检查、扣押、鉴定、查询、冻结等手段以调查核实证据；④依法为被告人指定辩护人；⑤指挥法庭审理活动，制止违反法庭秩序的行为，根据情况可以将有关人员带出法庭、罚款、拘留或追究刑事责任；⑥经开庭审理，就被告人是否有罪、构成何罪及其刑事责任问题作出判决；⑦依法收缴赃款、赃物，为保全附带民事诉讼，在必要时可以查封、扣押被告人的财产；⑧依照审判监督程序对生效裁判进行再审；⑨执行判处无罪、免予刑事处罚、死刑立即执行、罚金、没收财产的判决或裁定。

4. 刑事诉讼中其他专门机关

国家安全机关在刑事诉讼中依法办理危害国家安全的刑事案件，行使与公安机关相同的职权。中国人民解放军内部设立保卫部门，负责军队内部发生的刑事案件的侦查工作。监狱对罪犯在监狱内的犯罪案件进行侦查。社区矫正机构对被判处管制、宣告缓刑、假释或者暂予监外执行的罪犯负责执行。

（二）诉讼参与人

刑事诉讼中的诉讼参与人是指除侦查人员、检察人员、审判人员以外的，参加刑事诉讼并在诉讼中享有一定权利、承担一定义务的人。刑事诉讼参与人包括当事人和其他诉讼参与人两类。

1. 当事人

当事人是指与案件事实和诉讼结局有直接利害关系，为保护自身利益而参加诉讼的人，包括被害人、自诉人、犯罪嫌疑人、被告人、附带民事诉讼的原告人和被告人。

2. 其他诉讼参与人

其他诉讼参与人，是指除当事人以外的诉讼参与人，包括法定代理人、诉讼代理人、辩护人、证人、鉴定人和翻译人员。法定代理人是指根据法律规定代理被代理人参加诉讼的人，包括被代理人的父母、养父母、监护人和负有保护责任的机关、团体的代表。诉讼代理人是指公诉案件的被害人及其法定代理人或者近亲属、自诉案件的自诉人及其法定代理人委托代为参加诉讼的人和附带民事诉讼的当事人及其法定代理人委托代为参加诉讼的人。辩护人是指在诉讼中接受犯罪嫌疑人、被告人及其法定代理人的委托，或经人民法院的指定，为犯罪嫌疑人、被告人进行辩护的人。证人是指除当事人以外了解案情并向司法机关作证的人。鉴定人是指接受司法机关的指派或聘请以其专门知识和技能，对案件中的专门性问题进行鉴别判断的人。翻译人员是指接受司法机关的指派或聘请，在诉讼中进行语言文字翻译的人。

四、刑事诉讼基本制度

（一）管辖

刑事管辖，是指公安机关、人民检察院和人民法院之间在直接受理具体刑事案件上的权限划分以及人民法院系统内部在审理第一审刑事案件上的权限划分。

1. 立案管辖

立案管辖又称为职能管辖或者部门管辖，是指公安机关、人民检察院和人民法院之间，在直接受理刑事案件上的分工。

（1）公安机关立案侦查的案件

刑事案件的侦查由公安机关进行，法律另有规定的除外。

（2）人民检察院直接受理的案件

人民检察院在对诉讼活动实行法律监督中发现的司法工作人员利用职权实施的非法拘禁、刑讯逼供、非法搜查等侵犯公民权利、损害司法公正的犯罪，可以由人民检察院立案侦查。对于公安机关管辖的国家机关工作人员利用职权实施的重大犯罪案件，需要由人民检察院直接受理的时候，经省级以上人民检察院决定，可以由人民检察院立案侦查。

（3）人民法院直接受理的案件

第一，自诉案件，由人民法院直接受理。

第二，公安机关、人民检察院或者人民法院对于报案、控告、举报，都应当接受。对于不属于自己管辖的，应当移送主管机关处理，并且通知报案人、控告人、举报人；对于不属于自己管辖而又必须采取紧急措施的，应当先采取紧急措施，然后移送主管机关。

2. 审判管辖

审判管辖，是指人民法院之间审理第一审刑事案件的分工与权限。审判管辖包括级别管辖、地区管辖和专门管辖。

（1）级别管辖

级别管辖，就是指各级人民法院之间审理第一审刑事案件的分工与权限。

①级别管辖原则规定：基层人民法院管辖第一审普通刑事案件，但依法由上级人民法院管辖的除外；中级人民法院管辖危害国家安全的案件，可能判处无期徒刑、死刑的案件；高级人民法院管辖全省（自治区、直辖市）性的重大刑事案件。最高人民法院管辖全国性的重大刑事案件。

②移送管辖：上级人民法院在必要的时候，可以审判下级人民法院管辖的第一审刑事案件；下级人民法院认为案情重大、复杂需要由上级人民法院审判的第一审刑事案件，可以请求移送上一级人民法院审判。

（2）地区管辖

地区管辖，是指同级人民法院之间审理第一审刑事案件上的分工与权限。

①地区管辖的原则分工：刑事案件由犯罪地的人民法院管辖。如果由被告人居住地的人民法院审判更为适宜的，可以由被告人居住地的人民法院管辖。几个同级人民法院都有权管辖的案件，由最初受理的人民法院审判，在必要的时候，可以移送主要犯罪地的人民法院审判。

②指定管辖：上级人民法院可以指定下级人民法院审判管辖不明的案件，也可以指定下级人民法院将案件移送其他人民法院审判。

（3）专门管辖

专门管辖，是指专门人民法院和普通人民法院之间，各种专门人民法院之间审理第一审刑事案件的分工与权限。

我国具有刑事案件审理权的专门人民法院有军事法院和铁路运输法院。军事法院审理的是现役军人的犯罪案件，包括：现役军人犯违反职责罪及现役军人、在军队编制内服务的无军职人员、普通公民危害与破坏国防军事的犯罪案件。铁路运输法院审理的是铁路系统公安机关负责侦破的刑事案件，主要是危害和破坏铁路运输和生产的案件，破坏铁路交通设施的案件，在火车上发生的犯罪案件以及违反铁路运输法规、制度造成重大事故或严重后果的案件。铁路运输法院与地方人民法院因管辖不明而发生争议的，一般由地方人民法院管辖。

（二）强制措施

强制措施，是指公安机关（含国家安全机关）、人民检察院、人民法院为保证刑事诉讼活动的顺利进行，防止现行犯、犯罪嫌疑人、被告人或者重大嫌疑分子继续危害社会，依法对其人身自由加以暂时限制或者剥夺的方法。

根据《刑事诉讼法》的规定，强制措施按照由轻到重的次序包括拘传、取保候审、监视居住、拘留、逮捕五种。

1. 拘传

拘传，是指在刑事诉讼中，公安机关、人民检察院、人民法院对于未被羁押的犯罪嫌疑人、被告人，依法强制其在指定时间到指定场所接受讯问或者审问的一种强制措施。

拘传持续的时间最长不得超过12小时。案情特别重大、复杂，需要采取拘留、逮捕措施的，拘传持续的时间最长不得超过24小时。不得以连续拘传的形式变相拘禁被告人。应当保证被告人的饮食和必要的休息时间。

2. 取保候审

取保候审，是指在刑事诉讼中，公安机关、人民检察院、人民法院责令未被逮捕的犯罪嫌疑人、被告人，提供保证人或者交纳保证金，并出具保证书，保证随传随到的一种强制措施。

取保候审适用于以下犯罪嫌疑人和被告人：①罪行较轻，可能判处管制、拘役或者独立适用附加刑的。②罪行较重，可能判处有期徒刑以上刑罚，采取取保候审不致发生社会危险性的。③应当逮捕，但患有严重疾病，或者正在怀孕、哺乳自己婴儿的妇女。④羁押期限届满，案件尚未办结，需要采取取保候审的。

对累犯，犯罪集团的主犯，以自伤、自残的办法逃避侦查的犯罪嫌疑人，严重暴力犯罪以及其他严重犯罪的犯罪嫌疑人不得取保候审，但犯罪嫌疑人患有严重疾病、生活不能自理，怀孕或者正在哺乳自己婴儿的妇女，采取取保候审不致发生社会危害性的或者羁押期限届满，案件尚未办结，需要继续侦查的除外。

人民检察院对于严重危害社会治安的犯罪嫌疑人，以及其他犯罪性质恶劣、情节严重的犯罪嫌疑人不得取保候审。

取保候审有"人保"和"财保"两种。"人保"即由保证人保证。"财保"即由保证金保证。

被羁押的犯罪嫌疑人、被告人及其法定代理人、近亲属，侦查阶段所聘请的律师或者审查起诉之后委托的律师辩护人，均有权提出取保候审的申请。申请取保候审应当采用书面形式。取保候审统一由公安机关执行。取保候审最长不得超过 12 个月。

3. 监视居住

监视居住，是指在刑事诉讼中，公安机关、人民检察院、人民法院对未被逮捕的犯罪嫌疑人、被告人，责令其未经批准不得离开指定的区域，并对其行动进行监视的一种强制措施。

人民法院、人民检察院和公安机关对符合逮捕条件，有下列情形之一的犯罪嫌疑人、被告人，可以监视居住：①患有严重疾病、生活不能自理的；②怀孕或者正在哺乳自己婴儿的妇女；③系生活不能自理的人的唯一扶养人；④因为案件的特殊情况或者办理案件的需要，采取监视居住措施更为适宜的；⑤羁押期限届满，案件尚未办结，需要采取监视居住措施的。对符合取保候审条件，但犯罪嫌疑人、被告人不能提出保证人，也不交纳保证金的，可以监视居住。

监视居住由公安机关执行。

监视居住应当在犯罪嫌疑人、被告人的住处执行；无固定住处的，可以在指定的居所执行。对于涉嫌危害国家安全犯罪、恐怖活动犯罪，在住处执行可能有碍侦查的，经上一级公安机关批准，也可以在指定的居所执行。但是，不得在羁押场所、专门的办案场所执行。指定居所监视居住的，除无法通知的以外，应当在执行监视居住后 24 小时以内，通知被监视居住人的家属。

指定居所监视居住的，不得要求被监视居住人支付费用。

执行机关对被监视居住的犯罪嫌疑人、被告人，可以采取电子监控、不定期检查等监视方法对其遵守监视居住规定的情况进行监督；在侦查期间，可以对被监视居住的犯罪嫌疑人的通信进行监控。

指定居所监视居住的期限应当折抵刑期。被判处管制的，监视居住1日折抵刑期1日；被判处拘役、有期徒刑的，监视居住2日折抵刑期1日。

监视居住最长不得超过6个月。

4. 拘留

拘留，是指在刑事诉讼的侦查过程中，公安机关、人民检察院对现行犯或重大犯罪嫌疑分子，在遇到法定的紧急情况时，所采取的临时剥夺其人身自由的一种强制措施。

适用拘留的法定情形：①正在预备犯罪、实行犯罪或者在犯罪后即时被发觉的；②被害人或者在场亲眼看见的人指认他犯罪的；③在身边或者住处发现有犯罪证据的；④犯罪后企图自杀、逃跑或者在逃的；⑤有毁灭、伪造证据或者串供可能的；⑥不讲真实姓名、住址，身份不明的；⑦有流窜作案、多次作案、结伙作案重大嫌疑的。

公安机关拘留人的时候，必须出示拘留证。拘留后，应当立即将被拘留人送看守所羁押，至迟不得超过24小时。除无法通知或者涉嫌危害国家安全犯罪、恐怖活动犯罪通知可能有碍侦查的情形以外，应当在拘留后24小时以内，通知被拘留人的家属。有碍侦查的情形消失以后，应当立即通知被拘留人的家属。

公安机关对被拘留的人，应当在拘留后的24小时以内进行讯问。在发现不应当拘留的时候，必须立即释放，发给释放证明。

5. 逮捕

逮捕，是指在刑事诉讼过程中，公安机关、人民检察院和人民法院依法暂时剥夺犯罪嫌疑人、被告人人身自由的一种强制措施。

对有证据证明有犯罪事实，可能判处徒刑以上刑罚的犯罪嫌疑人、被告人，采取取保候审尚不足以防止发生下列社会危险性的，应当予以逮捕：①可能实施新的犯罪的；②有危害国家安全、公共安全或者社会秩序的现实危险的；③可能毁灭、伪造证据，干扰证人作证或者串供的；④可能对被害人、举报人、控告人实施打击报复的；⑤企图自杀或者逃跑的。批准或者决定逮捕，应当将犯罪嫌疑人、被告人涉嫌犯罪的性质、情节、认罪认罚等情况，作为是否可能发生社会危险性的考虑因素。对有证据证明有犯罪事实，可能判处十年有期徒刑以上刑罚的，或者有证据证明有犯罪事实，可能判处徒刑以上刑罚，曾经故意犯罪或者身份不明的，应当予以逮捕。被取保候审、监视居住的犯罪嫌疑人、被告人违反取保候审、监视居住规定，情节严重的，可以予以逮捕。

逮捕犯罪嫌疑人、被告人，必须经过人民检察院批准或者人民法院决定，由公安机关执行。

公安机关逮捕人的时候，必须出示逮捕证。逮捕后，应当立即将被逮捕人送看守所羁押。除无法通知的以外，应当在逮捕后24小时以内，通知被逮捕人的家属。人民法院、人民检察院对于各自决定逮捕的人，公安机关对于经人民检察院批准逮捕的人，都必须在逮捕后的24小时以内进行讯问。在发现不应当逮捕的时候，必须立即释放，发给释放证明。

（三）辩护与代理

1. 刑事诉讼辩护

刑事诉讼辩护，是指犯罪嫌疑人、被告人及其辩护人根据事实和法律，针对被控诉的一部分或全部内容，提出有利于犯罪嫌疑人、被告人的材料和意见，论证犯罪嫌疑人、被告人无罪、罪轻或者应当从轻、减轻、免除处罚，以维护犯罪嫌疑人、被告人合法权益的一种诉讼活动。

我国刑事诉讼辩护分为自行辩护、委托辩护、指定辩护三种。

自行辩护，是犯罪嫌疑人、被告人针对有罪的指控，自己进行反驳、申辩和辩解的行为。

委托辩护，是指犯罪嫌疑人、被告人及其法定代理人委托律师或者其他公民充当辩护人，协助其行使辩护权。在刑事案件的审查起诉和审判阶段，犯罪嫌疑人、被告人及其法定代理人可以委托1至2人作为辩护人帮助犯罪嫌疑人、被告人进行辩护。犯罪嫌疑人自被侦查机关第一次讯问或者采取强制措施之日起，有权委托辩护人；在侦查阶段，只能委托律师辩护人。被告人有权随时委托辩护人。

指定辩护，是指在具备法定条件的情况下，公、检、法机关通知法律援助机构为没有委托辩护人的犯罪嫌疑人、被告人指定承担法律援助义务的律师为其进行辩护。

被告人没有委托辩护人的，人民法院自受理案件之日起3日以内，应当告知其有权委托辩护人；被告人因经济困难或者其他原因没有委托辩护人的，应当告知其可以申请法律援助；被告人属于应当提供法律援助情形的，应当告知其将依法通知法律援助机构指派律师为其提供辩护。被告人没有委托辩护人，法律援助机构也没有指派律师为其提供辩护的，人民法院应当告知被告人有权约见值班律师，并为被告人约见值班律师提供便利。告知可以采取口头或者书面方式。

对下列没有委托辩护人的被告人，人民法院应当通知法律援助机构指派律师为其提供辩护：①盲、聋、哑人；②尚未完全丧失辨认或者控制自己行为能力的精神病人；③可能被判处无期徒刑、死刑的人。高级人民法院复核死刑案件，被告人没有委托辩护人的，应当通知法律援助机构指派律师为其提供辩护。死刑缓期执行期间故意犯罪的案件，适用前述规定。

具有下列情形之一，被告人没有委托辩护人的，人民法院可以通知法律援助机构指派律师为其提供辩护：①共同犯罪案件中，其他被告人已经委托辩护人的；②案件有重大社会影响的；③人民检察院抗诉的；④被告人的行为可能不构成犯罪的；⑤有必要指派律师提供辩护的其他情形。

被告人拒绝法律援助机构指派的律师为其辩护，坚持自己行使辩护权的，人民法院应当准许。属于应当提供法律援助的情形，被告人拒绝指派的律师为其辩护的，人民法院应当查明原因。理由正当的，应当准许，但被告人应当在5日以内另行委托辩护人；被告人未另行委托辩护人的，人民法院应当在3日以内通知法律援助机构另行指派律师为其提供辩护。

（1）辩护人的范围

可以被委托担任辩护人的包括：律师；人民团体或者犯罪嫌疑人、被告人所在单位推荐的人；犯罪嫌疑人、被告人的监护人、亲友。

下列人员不能担任辩护人：①正在被执行刑罚或者处于缓刑、假释考验期间的人；

②依法被剥夺、限制人身自由的人；③被开除公职或者被吊销律师、公证员执业证书的人；④人民法院、人民检察院、监察机关、公安机关、国家安全机关、监狱的现职人员；⑤人民陪审员；⑥与本案审理结果有利害关系的人；⑦外国人或者无国籍人；⑧无行为能力或者限制行为能力的人。上述第③项至第⑦项规定的人员，如果是被告人的监护人、近亲属，由被告人委托担任辩护人的，可以准许。

审判人员和人民法院其他工作人员从人民法院离任后 2 年内，不得以律师身份担任辩护人。审判人员和人民法院其他工作人员从人民法院离任后，不得担任原任职法院所审理案件的辩护人，但系被告人的监护人、近亲属的除外。审判人员和人民法院其他工作人员的配偶、子女或者父母不得担任其任职法院所审理案件的辩护人，但系被告人的监护人、近亲属的除外。

（2）辩护人的诉讼地位

辩护人具有独立的诉讼地位。辩护人依法根据自己对案件事实的掌握和对法律的理解进行辩护，不受公诉人、人民法院、犯罪嫌疑人或被告人等任何组织、团体、单位、个人的非法干预。

（3）辩护人的诉讼权利

律师辩护人与非律师辩护人诉讼权利的主要区别

	律师辩护人	非律师辩护人
是否可以在侦查阶段被委托担任辩护人	是	否
阅卷权的行使是否需办案机关许可	否	是
会见、通信权的行使是否需办案机关许可	否	是
调查和申请调查的权利	有	无
申请取保候审的权利	有	无

（4）辩护人的诉讼义务

辩护人的诉讼义务主要有：①依法进行辩护。②辩护人或者其他任何人，不得帮助犯罪嫌疑人、被告人隐匿、毁灭、伪造证据或者串供，不得威胁、引诱证人作伪证以及进行其他干扰司法机关诉讼活动的行为。违反上述规定的，应当依法追究法律责任，辩护人涉嫌犯罪的，应当由办理辩护人所承办案件的侦查机关以外的侦查机关办理。辩护人是律师的，应当及时通知其所在的律师事务所或者所属的律师协会。③辩护律师在执业活动中知悉委托人或者其他人，准备或者正在实施危害国家安全、公共安全以及严重危害他人人身安全的犯罪的，应当及时告知司法机关。④辩护人收集的有关犯罪嫌疑人不在犯罪现场、未达到刑事责任年龄、属于依法不负刑事责任的精神病人的证据，应当及时告知公安机关、人民检察院。

2. 刑事诉讼代理

刑事诉讼代理，是指诉讼代理人接受公诉案件的被害人及其法定代理人或者近亲属、自诉案件的自诉人及其法定代理人、附带民事诉讼的当事人及其法定代理人的委托，以被代理人的名义，在被代理人授权的范围内，为维护其合法权益所进行的诉讼活动。

（四）刑事诉讼证据

刑事诉讼证据，是指公安司法机关的侦查人员、检察人员、审判人员依照法定的程序、方法收集的并依照法定形式固定的，可以用于证明案件事实的材料。

刑事诉讼证据有以下 8 种：物证；书证；证人证言；被害人陈述；犯罪嫌疑人、被告人供述和辩解；鉴定意见；勘验、检查、辨认、侦查实验等笔录；视听资料、电子数据。

刑事诉讼中，公诉案件中被告人有罪的举证责任由人民检察院承担，自诉案件中被告人有罪的举证责任由自诉人承担。犯罪嫌疑人、被告人既不承担证明自己有罪的责任，也不承担证明自己无罪的责任。作为审判机关的人民法院，在刑事诉讼中，负有调查、核实证据中的疑问的责任，原则上不承担证明责任，在必要的情况下，也可以收集证据。

审判人员、检察人员、侦查人员必须依照法定程序，收集能够证实犯罪嫌疑人、被告人有罪或者无罪、犯罪情节轻重的各种证据。严禁刑讯逼供和以威胁、引诱、欺骗以及其他非法方法收集证据，不得强迫任何人证实自己有罪。必须保证一切与案件有关或者了解案情的公民，有客观地充分地提供证据的条件，除特殊情况外，可以吸收他们协助调查。

对一切案件的判处都要重证据，重调查研究，不轻信口供。只有被告人供述，没有其他证据的，不能认定被告人有罪和处以刑罚；没有被告人供述，证据确实、充分的，可以认定被告人有罪和处以刑罚。证据确实、充分，应当符合以下条件：（1）定罪量刑的事实都有证据证明；（2）据以定案的证据均经法定程序查证属实；（3）综合全案证据，对所认定事实已排除合理怀疑。

采用刑讯逼供等非法方法收集的犯罪嫌疑人、被告人供述和采用暴力、威胁等非法方法收集的证人证言、被害人陈述，应当予以排除。收集物证、书证不符合法定程序，可能严重影响司法公正的，应当予以补正或者作出合理解释；不能补正或者作出合理解释的，对该证据应当予以排除。在侦查、审查起诉、审判时发现有应当排除的证据的，应当依法予以排除，不得作为起诉意见、起诉决定和判决的依据。

五、刑事审前程序

（一）立案

立案是诉讼程序的开始阶段，是指公安机关、人民检察院或人民法院，对报案、控告、举报、自首等材料审查后，认为有犯罪事实发生、需要追究刑事责任时，依法决定作为刑事案件进行侦查或者审判的一种诉讼活动。

立案是我国刑事诉讼活动的首要程序和必经程序。刑事案件只有立案后，才能进行公诉案件的侦查、起诉、审判和自诉案件的审判活动。

（二）侦查

侦查，是指公安机关（包括公安机关、国家安全机关、军队保卫部门、监狱、海关侦查部门）、人民检察院，为了发现、揭露和证实犯罪，查获犯罪嫌疑人，依照法定程序进行的专门调查工作和有关强制性措施的诉讼活动。

在刑事诉讼中，侦查人员主要的侦查手段包括：讯问犯罪嫌疑人；询问证人、被害人；勘验、检查；搜查；扣押物证、书证；查询、冻结存款、汇款；鉴定；辨认；通缉。

公安机关和人民检察院经过一系列的侦查活动，根据已查明的案件事实和证据，依照法律规定，足以对案件作出起诉或者撤销案件的结论时终结侦查。

（三）审查起诉

审查起诉，是指人民检察院对于公安机关移送提起公诉的案件和自行侦查终结的案件，进行全面的审查，以决定是否将犯罪嫌疑人作为被告人交付人民法院审判的诉讼活动。

凡需要提起公诉的案件，一律由人民检察院审查决定。

人民检察院对于移送审查起诉的案件，应当在 1 个月内作出决定；重大、复杂的案件，可以延长 15 日；犯罪嫌疑人认罪认罚，符合速裁程序适用条件的，应当在 10 日以内作出决定，对可能判处的有期徒刑超过 1 年的，可以延长至 15 日。

人民检察院对公安机关移送起诉的案件进行审查后，分别情况作出提起公诉或者不起诉的决定。人民检察院自行侦查终结的案件，经审查后，应当分别情况作出提起公诉、不起诉、撤销案件的决定。

六、刑事审判程序

刑事审判程序包括一审程序、二审程序、死刑复核程序、审判监督程序。

（一）一审程序

1. 一审普通程序

（1）公诉案件

公诉案件是指人民检察院提起公诉的刑事案件。

①对公诉案件的庭前审查

人民法院对于人民检察院提起公诉的刑事案件进行庭前审查，以决定是否开庭。人民法院对提起公诉的案件进行审查后，对于起诉书中有明确的指控犯罪事实的，应当决定开庭审判。

②开庭前的准备

人民法院经审查决定开庭审判后，为了保证法庭审判工作的顺利进行，须做以下各项准备工作：确定合议庭的组成人员；将人民检察院的起诉书副本至迟在开庭 10 日以前送达被告人及其辩护人；召开庭前会议；通知当事人、法定代理人、辩护人、诉讼代理人在开庭 5 日前提供证人、鉴定人名单，以及拟当庭出示的证据；申请证人、鉴定人、有专门知识的人出庭的，应当列明有关人员的姓名、性别、年龄、职业、住址、联系方式；开庭 3 日前将开庭的时间、地点通知人民检察院；开庭 3 日前将传唤当事人的传票和通知辩护人、诉讼代理人、法定代理人、证人、鉴定人等出庭的通知书送达；通知有关人员出庭，也可以采取电话、短信、传真、电子邮件等能够确认对方收悉的方式；公开审理的案件，在开庭 3 日以前公布案由、被告人姓名、开庭时间和地点。

③法庭审判

法庭审判可以分为宣布开庭、法庭调查、法庭辩论、被告人最后陈述、评议和宣判五个阶段。

审判的时候被告人不满 18 周岁的案件，不公开审理。但是，经未成年被告人及其法定代理人同意，未成年被告人所在学校和未成年人保护组织可以派代表到场。

人民法院审理公诉案件，应当在受理后 2 个月以内宣判，至迟不得超过 3 个月。对于可能判处死刑的案件或者附带民事诉讼的案件，以及有《刑事诉讼法》第 158 条规定情形之一的，经上一级人民法院批准，可以延长 3 个月；因特殊情况还需要延长的，报请最高人民法院批准。人民法院改变管辖的案件，从改变后的人民法院收到案件之日起计算审理期限。人民检察院补充侦查的案件，补充侦查完毕移送人民法院后，人民法院重新计算审理期限。

【案例 8-1】被告人胡某，2000 年出生。2014 年某天因抢劫女被害人赵某被周围群众抓获，扭送到附近的某人民检察院，检察院工作人员认为这是公安机关管辖的案件，于是告诉群众此事不归检察院管，应将其扭送到派出所。胡某被扭送到派出所后，公安人员依法将胡某拘留。2015 年人民检察院对被告人胡某提起公诉。人民法院认为，应对胡某实施逮捕，于是派法警将其逮捕归案。法院公开审理本案。在庭审过程中，胡某嫌法律援助机构指派的辩护律师辩护不力，拒绝其继续辩护，要求自行辩护获得合议庭批准。法庭经审理认为胡某构成抢劫罪，判处有期徒刑 3 年，缓刑 3 年。

此案处理程序不符合刑事诉讼法规定的做法有：（1）检察院认为胡某一案是公安机关管辖的案件而不接受群众扭送是错误的，应当先采取紧急措施，然后移送主管机关；（2）人民法院在案件审理过程中，认为应对胡某实施逮捕而派法警将其逮捕归案是错误的，应当在决定逮捕后由公安机关执行逮捕；（3）法院公开审理本案是错误的，因为本案开庭审理时，胡某不满 18 周岁；（4）人民法院在胡某拒绝指定辩护律师后，未为其再另行指定辩护律师的做法错误。犯罪嫌疑人、被告人是未成年人，没有委托辩护人的，人民法院应当通知法律援助机构指派律师为其提供辩护。未成年被告人拒绝指派的律师为其辩护的，人民法院应当查明原因，理由正当的，应当准许，但被告人须另行委托辩护人；被告人未另行委托辩护人的，人民法院应当在 3 日内书面通知法律援助机构另行指派律师为其提供辩护。

（2）自诉案件

自诉案件包括下列案件：①告诉才处理的案件；②被害人有证据证明的轻微刑事案件；③害人有证据证明对被告人侵犯自己人身、财产权利的行为应当依法追究刑事责任，而公安机关或者人民检察院不予追究被告人刑事责任的案件。

提起自诉案件的主体是自诉人，主要有：①被害人；②被害人的法定代理人；③被害人的近亲属。

提起自诉有书面和口头两种。人民法院在收到自诉状或自诉人口头起诉后，应当指定审判人员认真进行审查，并在 15 日内作出是否受理的决定，以书面形式告知自诉人。

人民法院审理一审自诉案件应当参照公诉案件的第一审程序进行，并注意以下特点：

①对告诉才处理的案件和被害人起诉的有证据证明的轻微刑事案件，可以进行调解。

②自诉人在宣告判决前，可以同被告人自行和解或者撤回自诉。

③自诉案件的被告人在诉讼过程中，可以对自诉人提起反诉。

④人民法院审理自诉案件的期限，被告人被羁押的，应当在受理后 2 个月以内宣判，至迟不得超过 3 个月。对于可能判处死刑的案件或者附带民事诉讼的案件，以及有《刑事诉讼法》第 158 条规定情形之一的，经上一级人民法院批准，可以延长 3 个月；因特殊情况还需要延长的，报请最高人民法院批准。人民法院改变管辖的案件，从改变后的人民法院收到案件之日起计算审理期限。未被羁押的，应当在受理后 6 个月以内宣判。

2. 简易程序

简易程序，是指基层人民法院采用的较普通程序简化的第一审程序，如审判组织简化、审判程序简化、审限短。简易程序的简化程度由法律明文规定，法院、检察院无权自行决定。

基层人民法院管辖的案件，符合下列条件的，可以适用简易程序审判：①案件事实清楚、证据充分的；②被告人承认自己所犯罪行，对指控的犯罪事实没有异议的；③被告人对适用简易程序没有异议。人民检察院在提起公诉的时候，可以建议人民法院适用简易程序。

有下列情形之一的，不适用简易程序：①被告人是盲、聋、哑人，或者是尚未完全丧失辨认或者控制自己行为能力的精神病人的；②有重大社会影响的；③共同犯罪案件中部分被告人不认罪或者对适用简易程序有异议的；④其他不宜适用简易程序审理的。

适用简易程序审理案件，人民法院应当在受理后 20 日以内审结；对可能判处的有期徒刑超过 3 年的，可以延长至 1 个半月。

3. 速裁程序

基层人民法院管辖的可能判处 3 年有期徒刑以下刑罚的案件，案件事实清楚，证据确实、充分，被告人认罪认罚并同意适用速裁程序的，可以适用速裁程序，由审判员 1 人独任审判。

人民检察院在提起公诉的时候，可以建议人民法院适用速裁程序。

有下列情形之一的，不适用速裁程序：①被告人是盲、聋、哑人，或者是尚未完全丧失辨认或者控制自己行为能力的精神病人的；②被告人是未成年人的；③案件有重大社会影响的；④共同犯罪案件中部分被告人对指控的犯罪事实、罪名、量刑建议或者适用速裁程序有异议的；⑤被告人与被害人或者其法定代理人没有就附带民事诉讼赔偿等事项达成调解或者和解协议的；⑥其他不宜适用速裁程序审理的。

适用速裁程序审理案件，一般不进行法庭调查、法庭辩论，但在判决宣告前应当听取辩护人的意见和被告人的最后陈述意见。

适用速裁程序审理案件，应当当庭宣判。

适用速裁程序审理案件，人民法院应当在受理后 10 日以内审结；对可能判处的有期徒刑超过 1 年的，可以延长至 15 日。

人民法院在审理过程中，发现有被告人的行为不构成犯罪或者不应当追究其刑事责任、被告人违背意愿认罪认罚、被告人否认指控的犯罪事实或者其他不宜适用速裁程序审理的情形的，应当按照第一审普通程序或简易程序的规定重新审理。

（二）第二审程序

第二审程序，又称上诉审程序，是指上一级人民法院根据合法的上诉或者抗诉，对下一级人民法院已经作出的尚未发生法律效力的第一审刑事案件的判决、裁定，进行重新审判时应遵循的方式、方法和步骤。

提起第二审程序的方式有上诉和抗诉两种。

上诉，是指有上诉权的人不服地方各级人民法院的第一审判决、裁定，在法定的上诉期限内，请求上一级人民法院对案件重新审判的诉讼行为。被告人、自诉人和他们的法定代理人，不服地方各级人民法院第一审的判决、裁定，有权用书状或者口头向上一级人民法院上诉。被告人的辩护人和近亲属，经被告人同意，可以提出上诉。附带民事诉讼的当事人和他们的法定代理人，可以对地方各级人民法院第一审的判决、裁定中的附带民事诉讼部分，提出上诉。公诉案件中的被害人只有请求抗诉权，没有上诉权。

抗诉，是指地方各级人民检察院认为同级人民法院的第一审判决、裁定确有错误时，以抗诉书的形式，要求上一级人民法院对案件重新审判的诉讼行为。人民检察院对一审未生效的判决、裁定提出抗诉，必须有明确理由，必须以"本级人民法院第一审的判决、裁定确有错误"为理由。地方各级人民检察院对同级人民法院第一审判决、裁定的抗诉，应当通过原审人民法院提出抗诉书，并且将抗诉书抄送上一级人民检察院。原审人民法院应当将抗诉书连同案卷、证据移送上一级人民法院，并且将抗诉书副本送交当事人。上级人民检察院如果认为抗诉不当，可以向同级人民法院撤回抗诉，并且通知下级人民检察院。

不服判决的上诉和抗诉的期限为10日，不服裁定的上诉和抗诉的期限为5日，从接到判决书、裁定书的第2日起算。

第二审人民法院对于下列案件，应当组成合议庭，开庭审理：（1）被告人、自诉人及其法定代理人对第一审认定的事实、证据提出异议，可能影响定罪量刑的上诉案件；（2）被告人被判处死刑的上诉案件；（3）人民检察院抗诉的案件；（4）其他应当开庭审理的案件。第二审人民法院决定不开庭审理的，应当讯问被告人，听取其他当事人、辩护人、诉讼代理人的意见。第二审人民法院开庭审理上诉、抗诉案件，可以到案件发生地或者原审人民法院所在地进行。

第二审人民法院审理上诉、抗诉案件，应当就第一审判决、裁定认定的事实和适用法律进行全面审查，不受上诉、抗诉范围的限制。

第二审人民法院审理被告人或者他的法定代理人、辩护人、近亲属上诉的案件，不得加重被告人的刑罚。第二审人民法院发回原审人民法院重新审判的案件，除有新的犯罪事实，人民检察院补充起诉的以外，原审人民法院也不得加重被告人的刑罚。人民检察院提出抗诉或者自诉人提出上诉的，不受前述规定的限制。

【案例8-2】被告人王某，某国有股份有限公司经理。市检察院收到一封检举信，揭露该公司偷税100万元的事实。检察院经调查后，认为该公司确有偷税事实，依法应追究刑事责任，遂经检察长批准对该公司立案侦查。后来，检察院批准逮捕王某，并派检察院侦查人员将王某逮捕。后该案向区人民法院提起公诉，经法庭审理，认为该公司的行为已构成偷税罪，判处被告人王某有期徒刑 3 年，缓刑 3 年，对该公司判处 200 万元的罚金。检察院认为一审法院对被告人王某量刑过轻，直接向二审法院提交抗诉状，提起抗诉。抗诉期满后，对该公司判处的罚金一审法院即交付执行。二审法院经不开庭审理后，认为一审法院认定事实正确，但量刑过轻，裁定撤销原判，改处被告人王某有期徒刑 7 年。

该案中人民检察院及人民法院的做法不合法的地方有：（1）此案应由公安机关管辖，检察院对该案件的立案侦查是错误的。（2）检察院派检察人员直接逮捕犯罪嫌疑人的行为是违法的。此外，即使对于由人民检察院进行的立案侦查，需要逮捕犯罪嫌疑人时，应当是人民检察院决定逮捕而非批准逮捕。（3）检察院没有经过原审人民法院直接向上一级人民法院提出抗诉的做法违法。（4）二审人民法院对于检察院抗诉的案件不开庭审理是违法的。

第二审人民法院的审理方式可以分为开庭审理和不开庭审理两种。

第二审人民法院对不服一审判决、裁定的上诉、抗诉案件进行审理后，应当分别情况作出如下处理：①裁定驳回上诉或者抗诉，维持原判；②直接改判；③撤销原判、发回重审。

第二审人民法院受理上诉、抗诉案件，应当在 2 个月以内审结。对于可能判处死刑的案件或者附带民事诉讼的案件，以及有《刑事诉讼法》第 158 条规定情形之一的，经省、自治区、直辖市高级人民法院批准或者决定，可以延长 2 个月；因特殊情况还需要延长的，报请最高人民法院批准。

最高人民法院受理上诉、抗诉案件的审理期限，由最高人民法院决定。

（三）死刑复核程序

死刑复核程序，是指对死刑判决、裁定专门进行审查核准的一种特殊程序。凡是判处死刑立即执行和死刑缓期执行的案件，均应经过该程序才能发生法律效力。

根据刑事诉讼法的规定，死刑立即执行的案件由最高人民法院复核，死刑缓期执行的案件由高级人民法院复核。

（四）审判监督程序

审判监督程序，又称再审程序，是指对已经发生法律效力的判决和裁定，发现在认定事实或者适用法律上确有错误时，依法提起并由人民法院对案件进行重新审判的诉讼程序。

1. 再审的启动

当事人及其法定代理人、近亲属，对已经发生法律效力的判决、裁定，可以向人民法院或者人民检察院提出申诉，但是不能停止判决、裁定的执行，申诉符合法定情形的，人民法院应当重新审判。各级人民法院院长对本院已经发生法律效力的判决和裁定，如果发现在认定事实上或者在适用法律上确有错误，必须提交审判委员会处理。最高人民法院对各级人民法院已经发生法律效力的判决和裁定，上级人民法院对下级人民法院已经发生法律效力的判决和裁定，如果发现确有错误，有权提审或者指令下级人民法院再审。最高人民检察院对各级人民法院已经发生法律效力的判决和裁定，上级人民检察院对下级人民法院已经发生法律效力的判决和裁定，如果发现确有错误，有权按照审判监督程序向同级人民法院提出抗诉。人民检察院抗诉的案件，接受抗诉的人民法院应当组成合议庭重新审理，对于原判决事实不清楚或者证据不足的，可以指令下级人民法院再审。

2. 再审案件的审理

上级人民法院指令下级人民法院再审的，应当指令原审人民法院以外的下级人民法院审理；由原审人民法院审理更为适宜的，也可以指令原审人民法院审理。人民法院按照审判监督程序重新审判的案件，由原审人民法院审理的，应当另行组成合议庭进行。如果原来是第一审案件，应当依照第一审程序进行审判，所作的判决、裁定，可以上诉、抗诉；如果原来是第二审案件，或者是上级人民法院提审的案件，应当依照第二审程序进行审判，所作的判决、裁定，是终审的判决、裁定。人民法院开庭审理的再审案件，同级人民检察院应当派员出席法庭。人民法院决定再审的案件，需要对被告人采取强制措施的，由人民法院依法决定；人民检察院提出抗诉的再审案件，需要对被告人采取强制措施的，由人民检察院依法决定。人民法院按照审判监督程序审判的案件，可以决定中止原判决、裁定的执行。人民法院按照审判监督程序重新审判的案件，应当在作出提审、再审决定之日起 3 个月以内审结，需要延长期限的，不得超过 6 个月。

七、执行

刑事执行，是指人民法院、人民检察院、公安机关和监狱等刑罚执行机关，为实现已经发生法律效力的判决、裁定所确定的内容，依照法定程序而进行的活动。

执行依据的是已经发生法律效力的判决和裁定。

执行由人民法院、人民检察院、公安机关和监狱等法律授权的机关进行。人民法院负责无罪、免予刑事处罚、罚金和没收财产、死刑立即执行判决的执行。公安机关负责有期徒刑缓刑、拘役缓刑、管制、剥夺政治权利、暂予监外执行和假释执行；对于被判处有期徒刑的罪犯，在被交付执行刑罚前，剩余刑期在一年以下的，在看守所执行。监狱负责有期徒刑、无期徒刑、死刑缓期二年执行判决的执行。未成年犯管教所负责对未成年犯判决的执行。人民检察院是国家法律监督机关，也是执行的监督机关。

死刑立即执行的判决、裁定，应当由最高人民法院院长签发执行死刑的命令。死刑可以在刑场或者指定的羁押场所内执行。死刑采用枪决或者注射等方法执行。采用枪决、注射以外的其他方法执行死刑的，应当事先报请最高人民法院批准。

在执行过程中根据罪犯的悔罪表现和社会危害性的变化可依法对刑罚的执行进行适当变更。

八、特别程序

特别程序包括未成年人刑事案件诉讼程序，当事人和解的公诉案件诉讼程序，犯罪嫌疑人、被告人逃匿、死亡案件违法所得的没收程序、依法不负刑事责任的精神病人的强制医疗程序。

第三节 民事诉讼法

一、民事诉讼和民事诉讼法

民事诉讼，是指人民法院在所有诉讼参与人的参加下，按照法律规定的程序，审理和解决民事案件的诉讼活动以及在活动中产生的各种法律关系的总和。

民事诉讼法是国家制定的、用以调整人民法院和诉讼参与人的各种诉讼活动以及由此产生的各种诉讼关系的法律规范的总称。

民事诉讼法的主要表现形式是 1991 年 4 月 9 日第七届全国人民代表大会第四次会议通过，后于 2007 年、2012 年、2017 年修改的《中华人民共和国民事诉讼法》。

二、民事诉讼的特有原则

（一）同等原则和对等原则

1. 同等原则：外国人、无国籍人、外国企业和组织在我国人民法院起诉、应诉，同中华人民共和国公民、法人和其他组织有同等的诉讼权利义务。

2. 对等原则：外国法院对中华人民共和国公民、法人和其他组织的民事诉讼权利加以限制的，中华人民共和国人民法院对该国公民、企业和组织的民事诉讼权利，实行对等原则。

（二）调解原则

人民法院审理民事案件，应当根据自愿和合法的原则进行调解；调解不成的，应当及时判决。

（三）处分原则

当事人有权在法律规定的范围内处分自己的民事权利和诉讼权利。

（四）诚实信用原则

民事诉讼应当遵循诚实信用原则。诚实信用原则应当贯穿于民事诉讼的全过程，并且对所有的民事诉讼主体，包括人民法院、当事人以及其他诉讼参与人都具有约束力。

1. 当事人之间恶意串通，企图通过诉讼、调解等方式侵害他人合法权益的，人民法院应当驳回其请求，并根据情节轻重予以罚款、拘留；构成犯罪的，依法追究刑事责任。

2. 被执行人与他人恶意串通，通过诉讼、仲裁、调解等方式逃避履行法律文书确定的义务的，人民法院应当根据情节轻重予以罚款、拘留；构成犯罪的，依法追究刑事责任。

3. 人民法院在询问当事人之前，可以要求其签署保证书。保证书应当载明据实陈述、如有虚假陈述愿意接受处罚等内容。当事人应当在保证书上签名或者捺印。负有举证证明责任的当事人拒绝到庭、拒绝接受询问或者拒绝签署保证书，待证事实又欠缺其他证据证明的，人民法院对其主张的事实不予认定。人民法院在证人出庭作证前应当告知其如实作证的义务以及作伪证的法律后果，并责令其签署保证书，但无民事行为能力人和限制民事行为能力人除外。证人拒绝签署保证书的，不得作证，并自行承担相关费用。

4. 被执行人不履行法律文书确定的义务的，人民法院除对被执行人予以处罚外，还可以根据情节将其纳入失信被执行人名单，将被执行人不履行或者不完全履行义务的信息向其所在单位、征信机构以及其他相关机构通报。

（五）检察监督原则

人民检察院有权对民事诉讼实行法律监督，具体监督方式为抗诉和检察建议。最高人民检察院对各级人民法院已经发生法律效力的判决、裁定，上级人民检察院对下级人民法院已经发生法律效力的判决、裁定，发现有民事诉讼法第200条规定情形之一的，或者发现调解书损害国家利益、社会公共利益的，应当提出抗诉。地方各级人民检察院对同级人民法院已经发生法律效力的判决、裁定，发现有民事诉讼法第200条规定情形之一的，或者发现调解书损害国家利益、社会公共利益的，可以向同级人民法院提出检察建议，并报上级人民检察院备案；也可以提请上级人民检察院向同级人民法院提出抗诉。各级人民检察院对审判监督程序以外的其他审判程序中审判人员的违法行为，有权向同级人民法院提出检察建议。

人民检察院实行监督的内容主要有以下几个方面：（1）监督审判人员贪赃枉法、徇私舞弊等违法行为。（2）对人民法院作出的生效判决、裁定是否正确合法进行监督。（3）对损害国家利益、社会公共利益的调解书进行监督。（4）对执行活动进行监督。

三、民事诉讼管辖

民事诉讼中的管辖，是指各级人民法院之间以及同级人民法院之间受理第一审民事案件的分工和权限。

（一）法定管辖

1. 级别管辖

级别管辖，是指上下级人民法院之间受理第一审民事案件的分工和权限。

（1）基层人民法院管辖第一审民事案件，法律另有规定的除外。

（2）中级人民法院管辖下列第一审民事案件：①重大涉外案件。指争议标的额大的案件、案情复杂的案件，或者一方当事人人数众多等具有重大影响的案件。②在本辖区有重大影响的案件。③最高人民法院确定由中级人民法院管辖的案件。

（3）高级人民法院管辖在本辖区有重大影响的第一审民事案件。

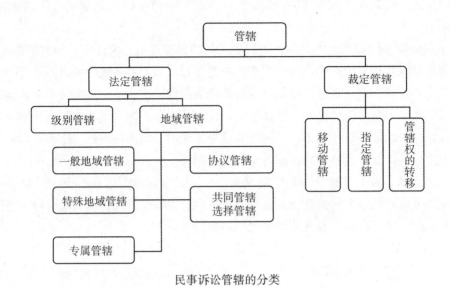

民事诉讼管辖的分类

（4）最高人民法院管辖的第一审民事案件：①在全国有重大影响的案件。②认为应当由本院审理的案件。

2. 地域管辖

地域管辖，是指同级人民法院之间受理第一审民事案件的分工和权限。地域管辖分为一般地域管辖、特殊地域管辖、专属管辖、协议管辖、共同管辖与选择管辖。

（1）一般地域管辖

一般地域管辖，是指以当事人的所在地与法院的隶属关系来确定的诉讼管辖。

①原则规定—"原告就被告"

对公民提起的民事诉讼，由被告住所地人民法院管辖；被告住所地与经常居住地不一致的，由经常居住地人民法院管辖。对法人或者其他组织提起的民事诉讼，由被告住所地人民法院管辖。

②例外规定—原告所在地法院管辖

下列民事诉讼，由原告住所地人民法院管辖，原告住所地与经常居住地不一致的，由原告经常居住地人民法院管辖：对不在中华人民共和国领域内居住的人提起的有关身份关系的诉讼；对下落不明或者宣告失踪的人提起的有关身份关系的诉讼；对被采取强制性教育措施的人提起的诉讼；对被监禁的人提起的诉讼。

（2）特殊地域管辖

特殊地域管辖，是以被告住所地、诉讼标的所在地、法律事实所在地为标准确定的管辖。

① 因合同纠纷提起的诉讼，由被告住所地或者合同履行地人民法院管辖。

② 因保险合同纠纷提起的诉讼，由被告住所地或者保险标的物所在地人民法院管辖。

③ 因票据纠纷提起的诉讼，由票据支付地或者被告住所地人民法院管辖。

④ 因公司设立、确认股东资格、分配利润、解散等纠纷提起的诉讼，由公司住所地人民法院管辖。

⑤ 因铁路、公路、水上、航空运输和联合运输合同纠纷提起的诉讼，由运输始发地、目的地或者被告住所地人民法院管辖。

⑥ 因侵权行为提起的诉讼，由侵权行为地或者被告住所地人民法院管辖。

⑦ 因铁路、公路、水上和航空事故请求损害赔偿提起的诉讼，由事故发生地或者车辆、船舶最先到达地、航空器最先降落地或者被告住所地人民法院管辖。

⑧ 因船舶碰撞或者其他海事损害事故请求损害赔偿提起的诉讼，由碰撞发生地、碰撞船舶最先到达地、加害船舶被扣留地或者被告住所地人民法院管辖。

⑨ 因海难救助费用提起的诉讼，由救助地或者被救助船舶最先到达地人民法院管辖。

⑩ 因共同海损提起的诉讼，由船舶最先到达地、共同海损理算地或者航程终止地的人民法院管辖。

（3）专属管辖

专属管辖，是指法律强制规定某些特殊类型的案件专门由特定的人民法院管辖，其他法院无管辖权，当事人也不得协议变更管辖。

① 因不动产纠纷提起的诉讼，由不动产所在地人民法院管辖；

② 因港口作业中发生纠纷提起的诉讼，由港口所在地人民法院管辖；

③ 因继承遗产纠纷提起的诉讼，由被继承人死亡时住所地或者主要遗产所在地人民法院管辖。

（4）共同管辖与选择管辖

共同管辖，是指依照法律规定，两个以上人民法院对同一案件都有管辖权。例如，同一诉讼的几个被告住所地、经常居住地在两个以上人民法院辖区的，各该人民法院都有管辖权。选择管辖，是指两个以上人民法院都有管辖权的诉讼，原告可以向其中一个人民法院起诉。原告向两个以上有管辖权的人民法院起诉的，由最先立案的人民法院管辖。

两个以上人民法院都有管辖权的诉讼，先立案的人民法院不得将案件移送给另一个有管辖权的人民法院。人民法院在立案前发现其他有管辖权的人民法院已先立案的，不得重复立案，立案后发现其他有管辖权的人民法院已先立案的，裁定将案件移送给先立案的人民法院。

【案例8-3】A县的甲电热毯厂生产了一批电热毯，与B县的乙商场在C县签订了一份买卖该批电热毯的合同。D县居民张某在出差到B县时，从乙商场购买了一条该批次的电热毯，拿回去后在使用过程中电热毯由于质量问题引起火灾，烧毁了张某的房屋。张某欲以侵权损害为由诉请赔偿，可以向A县、B县或D县当中的任何一个人民法院起诉。

（5）协议管辖

协议管辖，是指双方当事人在纠纷发生前或纠纷发生后，以书面的方式约定管辖法院。协议管辖的条件：①协议管辖只适用于合同或者其他财产权益纠纷。②只适用于一审。③必须采用书面形式。当事人可以在合同中约定，也可以在合同订立后，诉讼发生前以书面形式约定。④必须在原告住所地、被告住所地、合同签订地、合同履行地、标的物所在地等与争议有实际联系的地点的人民法院中选择。⑤不得违反民事诉讼法对级别管辖和专属管辖的规定。

（二）裁定管辖

裁定管辖，是按照法院的裁定来确定管辖法院，裁定管辖是法定管辖的必要补充。民事诉讼法规定的裁定管辖有三种：移送管辖、指定管辖和管辖权的转移。

1. 移送管辖

移送管辖，是指人民法院受理案件后，发现本院对该案无管辖权，依照法律规定将案件移送给有管辖权的人民法院审理。

2. 指定管辖

指定管辖，是指上级法院依法裁定将某一案件指定其辖区内的某下级法院管辖。

3. 管辖权的转移

管辖权的转移，是指由上级法院决定或者同意，由上级法院将某个案件的管辖权转移给其辖区内的下级法院；或者由其辖区内的下级法院将某个案件的管辖权转移给其上级法院。

四、诉讼参加人

（一）当事人

民事诉讼中的当事人，是指因民事权利义务关系发生纠纷，以自己的名义进行诉讼，案件审理结果与其有法律上的利害关系，并受人民法院裁判约束的人。

民事诉讼中的当事人有广义和狭义之分，狭义上的当事人仅指原告和被告。广义上的当事人除原告、被告以外还包括共同诉讼人、诉讼代表人、第三人。

1. 原告和被告

原告，是认为自己的民事权益受到侵害，或者与他人发生争议，为维护其合法权益而向人民法院提起诉讼，引起诉讼程序发生的人。

被告，是指被诉称侵犯原告民事权益或与原告发生民事权益争议，被人民法院通知应诉的人。

在民事诉讼中，原告与被告享有平等的诉讼权利，都有权委托代理人，提出回避申请，收集、提供证据，进行辩论，请求调解，提出上诉，申请执行，查阅复制与本案有关的材料和法律文书，自行和解等。原告可以放弃或者变更诉讼请求，被告可以承认或者反驳诉讼请求，有权提起反诉。同时，原告和被告都必须承担依法行使诉讼权利，遵守诉讼秩序，履行发生法律效力的判决书、裁定书和调解书的义务。

2. 共同诉讼人

当事人一方或双方各为二人以上，其诉讼标的是共同的，或者是同一种类，人民法院认为可以合并审理并经当事人同意的民事诉讼为共同诉讼。共同诉讼人，是指共同诉讼中的当事人一方或双方为二人以上共同起诉或共同应诉的人。

共同诉讼根据诉讼标的不同分为必要共同诉讼和普通共同诉讼。争议的诉讼标的是同一的为必要共同诉讼；争议的标的是同种类的共同诉讼，是普通共同诉讼。

3. 诉讼代表人

诉讼代表人，是指为了便于诉讼，由人数众多的一方当事人推选出来，代表其利益实施诉讼行为的人。诉讼代表人同时也是本案的当事人，这是诉讼代表人与诉讼代理人的重要区别。

4. 第三人

民事诉讼的第三人，分为有独立请求权的第三人和无独立请求权的第三人。

（1）有独立请求权的第三人

有独立请求权的第三人，是指对原告和被告争议的诉讼标的具有独立的请求权，而参加诉讼的人。有独立请求权的第三人既反对原告的主张，也反对被告的主张，认为他们都侵犯了自己的合法权益，因而将他们置于被告的地位，享有原告的诉讼地位。

（2）无独立请求权的第三人

无独立请求权的第三人，是指虽然对原告与被告之间争议的标的没有独立的请求权，但与案件的处理结果有法律上的利害关系，而参加诉讼的人。

【案例8-4】杨某与郭某签订了房屋买卖合同，郭某付清了房款，但二人未办理过户登记。后杨某又将房屋卖与李某，并办理了房屋过户手续。郭某得知后将杨某诉到法院，要求其履行合同。李某得知后也要求参加诉讼。杨某的弟弟知道后，认为房屋属兄弟二人共有，卖房没有经过他的同意，也要求参加诉讼。本案中，李某属于无独立请求权的第三人，杨某的弟弟属于有独立请求权的第三人。

民事诉讼的第三人因不能归责于本人的事由未参加诉讼，但有证据证明发生法律效力的判决、裁定、调解书的部分或者全部内容错误，损害其民事权益的，可以自知道或者应当知道其民事权益受到损害之日起6个月内，向作出该判决、裁定、调解书的人民法院提起第三人撤销之诉。人民法院经审理，诉讼请求成立的，应当改变或者撤销原判决、裁定、调解书；诉讼请求不成立的，驳回诉讼请求。

民事诉讼法还规定了公益诉讼。对污染环境、侵害众多消费者合法权益等损害社会公共利益的行为，法律规定的机关和有关组织可以向人民法院提起诉讼。人民检察院在履行职责中发现破坏生态环境和资源保护、食品药品安全领域侵害众多消费者合法权益等损害社会公共利益的行为，在没有前款规定的机关和组织或者前款规定的机关和组织不提起诉讼的情况下，可以向人民法院提起诉讼。前款规定的机关或者组织提起诉讼的，人民检察院可以支持起诉。

（二）诉讼代理人

民事诉讼代理人，是指根据法律规定或者当事人的委托，代当事人进行民事诉讼活动的人。

1. 法定诉讼代理人

法定诉讼代理人，是指根据法律规定，代理无诉讼行为能力的当事人进行民事诉讼活动的人。法定诉讼代理人的范围一般与无民事行为能力人或者限制民事行为能力人的监护人一致。法定诉讼代理人可以按照自己的意志代理被代理人实施所有的诉讼行为，无需被代理人的授权即可自由处分诉讼权利和实体权利。法定诉讼代理人也应履行当事人所承担的一切诉讼义务。

2. 委托诉讼代理人

委托诉讼代理人，是指根据当事人或者法定代理人的委托，代为进行诉讼活动的人。

下列人员可以被委托为诉讼代理人：（1）律师、基层法律服务工作者；（2）当事人的近亲属或者工作人员（3）当事人所在社区、单位以及有关社会团体推荐的公民。无民事行为能力人、限制民事行为能力人以及其他依法不能作为诉讼代理人的，当事人不得委托其作为诉讼代理人。

五、民事诉讼证据

民事诉讼证据，是指能够证明民事案件真实情况的客观事实材料，应具备客观真实性、关联性和合法性三个最基本的特征。包括：当事人的陈述、书证、物证、视听资料、电子数据、证人证言、鉴定意见、勘验笔录。

证据必须经法定程序查证属实，才能作为认定事实的根据。

民事诉讼实行"谁主张，谁举证"的原则。当事人对自己提出的主张，有责任提供证据，即当事人对自己提出的诉讼请求所依据的事实或者反驳对方诉讼请求所依据的事实，应当提供证据加以证明，但法律另有规定的除外。在作出判决前，当事人未能提供证据或者证据不足以证明其事实主张的，由负有举证证明责任的当事人承担不利的后果。在某些特殊情形下，法律规定由被告对案件事实进行举证，实行举证责任倒置。

【案例 8-5】甲工厂的生产污水流入李某承包的鱼塘，致使鱼虾死亡，损失 2 万元。李某起诉，请求甲工厂赔偿。甲工厂的生产污水是否流入李某承包的鱼塘、李某承包的鱼塘鱼虾死亡造成损失的具体数额由李某承担举证责任。鱼虾的死亡与甲工厂污水是否存在因果关系、甲工厂是否具有法律规定的不承担责任或减轻责任的情形，应当由甲工厂承担举证责任。

下列事实，当事人无须举证证明：①自然规律以及定理、定律；②众所周知的事实；③根据法律规定推定的事实；④根据已知的事实和日常生活经验法则推定出的另一事实；⑤已为仲裁机构的生效裁决所确认的事实；⑥已为人民法院发生法律效力的裁判所确认的基本事实；⑦已为有效公证文书所证明的事实。第②至第⑤项事实，当事人有相反证据足以反驳的除外；第⑥项、第⑦项事实，当事人有相反证据足以推翻的除外。

一方当事人在法庭审理中，或者在起诉状、答辩状、代理词等书面材料中，对于己不利的事实明确表示承认的，另一方当事人无需举证证明。对于涉及身份关系、国家利益、社会公共利益等应当由人民法院依职权调查的事实，不适用自认的规定。自认的事实与查明的事实不符的，人民法院不予确认。

人民法院应当在审理前的准备阶段确定当事人的举证期限。举证期限可以由当事人协商，并经人民法院准许。人民法院确定举证期限，第一审普通程序案件不得少于 15 日，当事人提供新的证据的第二审案件不得少于 10 日。举证期限届满后，当事人对已经提供的证据，申请提供反驳证据或者对证据来源、形式等方面的瑕疵进行补正的，人民法院可以酌情再次确定举证期限，该期限不受前述规定的限制。

当事人申请延长举证期限的，应当在举证期限届满前向人民法院提出书面申请。申请理由成立的，人民法院应当准许，适当延长举证期限，并通知其他当事人。延长的举证期限适用于其他当事人。申请理由不成立的，人民法院不予准许，并通知申请人。

当事人逾期提供证据的，人民法院应当责令其说明理由，必要时可以要求其提供相应的证据。当事人因客观原因逾期提供证据，或者对方当事人对逾期提供证据未提出异议的，视为未逾期。当事人因故意或者重大过失逾期提供的证据，人民法院不予采纳。但该证据与案件基本事实有关的，人民法院应当采纳，并依照《民事诉讼法》第 65 条、第 115 条第一款的规定予以训诫、罚款。当事人非因故意或者重大过失逾期提供的证据，人民法院应当采纳，并对当事人予以训诫。当事人一方要求另一方赔偿因逾期提供证据致使其增加的交通、住宿、就餐、误工、证人出庭作证等必要费用的，人民法院可予支持。

证据应当在法庭上出示，并由当事人互相质证。

凡是知道案件情况的单位和个人，都有义务出庭作证。不能正确表达意思的人，不能作为证人。待证事实与其年龄、智力状况或者精神健康状况相适应的无民事行为能力人和限制民事行为能力人，可以作为证人。

当事人及其诉讼代理人因客观原因不能自行收集的证据，或者人民法院认为审理案件需要的证据，人民法院应当调查收集。人民法院有权向有关单位和个人调查取证，有关单位和个人不得拒绝。

下列证据不能单独作为认定案件事实的根据：①当事人的陈述；②无民事行为能力人或者限制民事行为能力人所作的与其年龄、智力状况或者精神健康状况不相当的证言；③与一方当事人或者其代理人有利害关系的证人陈述的证言；④存有疑点的视听资料、电子数据；⑤无法与原件、原物核对的复制件、复制品。

六、保全与先予执行

（一）保全

保全，是指人民法院对于可能因当事人一方的行为或者其他原因，使判决难以执行或者造成当事人其他损害的案件，根据对方当事人的申请或者依职权，裁定对其财产进行保全、责令其作出一定行为或者禁止其作出一定行为。

保全分为财产保全和行为保全以及前面介绍的证据保全。财产保全又可以分为诉讼中财产保全和诉前财产保全。

（二）先予执行

先予执行，是指法院在作出判决前，为了解决权利人的生活或者生产经营急需，裁定义务人履行一定义务的诉讼制度。人民法院对下列案件，根据当事人的申请，可以裁定先予执行：（1）追索赡养费、扶养费、抚育费、抚恤金、医疗费用的；（2）追索劳动报酬的；（3）因情况紧急需要先予执行的。

七、妨害民事诉讼的强制措施

民事诉讼强制措施，是指在民事诉讼中，对有妨害民事诉讼秩序行为的行为人采用的排除其妨害行为的一种强制措施。

（一）妨害民事诉讼行为的构成

妨害民事诉讼的行为，是指行为主体故意破坏和扰乱正常诉讼秩序，妨碍诉讼活动正常进行的行为。根据民事诉讼法的规定，妨害民事诉讼行为的主体，既可以是当事人，也可以是其他诉讼参与人，还可以是案外人。行为主体构成妨害民事诉讼行为，必须同时具备以下三个条件：①行为人实施了妨害民事诉讼的行为，包括作为与不作为。②行为人实施妨害民事诉讼的行为主观上是故意的，即希望或放任妨害民事诉讼结果的发生。③行为人实施妨害民事诉讼的行为发生在诉讼过程中。

（二）妨害民事诉讼行为的表现形式

1. 必须到庭的被告，经两次传票传唤，无正当理由拒不到庭。必须到庭的被告，是指负有赡养、扶养、抚养义务和不到庭就无法查清案情的被告。人民法院对必须到庭才能查清案件基本事实的原告，经两次传票传唤，无正当理由拒不到庭的，可以拘传。

2. 违反法庭规则的行为。如未经允许在开庭时录音、录像、拍照，未经准许以移动通信等方式现场传播审判活动。

3. 当事人、其他诉讼参与人以及其他人所实施的下列行为：①伪造、毁灭重要证据，妨害人民法院审理案件；②以暴力、威胁、贿买方法阻止证人作证或者指使、贿买、胁迫他人作伪证；③隐藏、转移、变卖、毁损已被查封、扣押的财产或者已被清点并责令其保护的财产，转移已被冻结的财产；④对司法工作人员、诉讼参与人、证人、翻译人员、鉴定人、勘验人、协助执行的人，进行侮辱、诽谤、诬陷、殴打或者打击报复；⑤以暴力、威胁或者其他方法阻碍司法工作人员执行职务的；⑥拒不履行人民法院已经发生法律效力的判决、裁定的。

4. 当事人之间恶意串通，企图通过诉讼、调解等方式侵害他人合法权益的，人民法院应当驳回其请求，并根据情节轻重予以罚款、拘留；构成犯罪的，依法追究刑事责任。

5. 被执行人与他人恶意串通，通过诉讼、仲裁、调解等方式逃避履行法律文书确定的义务的，人民法院应当根据情节轻重予以罚款、拘留；构成犯罪的，依法追究刑事责任。

6. 有义务协助调查、执行的单位实施的下列行为：①有关单位拒绝或者妨碍人民法院调查取证的；②有关单位接到人民法院协助执行通知书后，拒不协助查询、扣押、冻结、划拨、变价财产的；③有关单位接到人民法院协助执行通知书后，拒不协助扣留被执行人的收入、办理有关财产权证照转移手续、转交有关票证、证照或者其他财产的；④其他拒绝协助执行的。

（三）民事诉讼强制措施的适用

根据民事诉讼法的规定，民事诉讼强制措施有：拘传、训诫、责令退出法庭、罚款、拘留。

1. 拘传

拘传是对于必须到庭的当事人，经人民法院传票传唤，无正当理由拒绝出庭的，人民法院派出司法警察，强制被传唤人到庭参加诉讼活动的一种措施。采取拘传应具备三个条件：①拘传的对象是法律规定或法院认为必须到庭才能查清案件基本事实的当事人；②必须经过两次传票传唤；③当事人无正当理由拒不到庭。

适用拘传措施，应当由本案合议庭或者独任审判员提出意见，报经院长批准，然后填写拘传票，交司法警察直接送达给被拘传人，令其随票到庭。如果被拘传人拒绝随票到庭的，司法警察可以使用戒具强制其到庭。

2. 训诫

训诫是人民法院对妨害民事诉讼秩序行为较轻的人，以口头方式予以严肃地批评教育，并指出其行为的违法性和危害性，令其以后不得再犯的一种强制措施。适用训诫措施，由合议庭或者独任审判员决定，以口头方式指出行为人的错误事实、性质及危害后果，并当庭责令妨害者立即改正。训诫的内容应当记入庭审笔录。

3. 责令退出法庭

责令退出法庭是指人民法院对于违反法庭规则的人，强制其离开法庭的措施。适用责令退出法庭，由合议庭或者独任审判员决定，由审判长或者独任审判员口头宣布，责令行为人退出法庭。作出责令退出法庭的决定后，行为人应当主动退出法庭，否则，司法警察可以强制其退出法庭。

4. 罚款

罚款是人民法院对实施妨害民事诉讼行为情节比较严重的人，责令其在规定的时间内，交纳一定数额金钱的强制措施。

罚款由合议庭或独任审判员提出处理意见，报请法院院长批准后执行，并应当制作罚款决定书。法院应将此决定书正式通知或出示给行为人。当事人若不服该决定，可以自收到决定书之日起 3 日内向上一级法院申请复议一次，上级人民法院应在收到复议申请后五日内作出决定，并将复议结果通知下级人民法院和被罚款人。复议期间不停止执行罚款。对同一妨害民事诉讼行为的罚款不得连续适用。

对个人的罚款金额，为人民币 10 万元以下。对单位的罚款金额，为人民币 5 万元以上 100 万元以下。

5. 拘留

拘留是人民法院对实施妨害民事诉讼行为情节严重的人，将其留置在特定的场所，在一定期限内限制其人身自由的强制措施。拘留由合议庭或者独任审判员提出处理意见，报请院长批准后执行。人民法院决定拘留，应当制作决定书，并将此决定书正式通知或者出示给行为人，并在采取拘留措施后 24 小时内通知其家属。行为人对拘留不服的，可以向上一级人民法院申请复议一次，但是，复议期间，不停止决定的执行。上级人民法院应在收到复议申请后 5 日内作出决定，并将复议结果通知下级人民法院和当事人。拘留的期限为 15 日以下。被拘留的人由人民法院交公安机关看管。在拘留期间，被拘留人承认并改正错误的，人民法院可以决定提前解除拘留。

八、民事诉讼程序

（一）第一审普通程序

第一审普通程序，是人民法院审理第一审民事案件所适用的最基本的程序。

1. 起诉和受理

（1）起诉

起诉，是指原告依法向人民法院提出诉讼请求的行为。起诉必须具备的条件是：①原告是与本案有直接利害关系的公民、法人和其他组织；②有明确的被告；③有具体的诉讼请求和事实、理由；④属于人民法院受理民事诉讼的范围和受诉人民法院管辖。

（2）受理

受理，是指人民法院经过审查起诉，认为符合法定条件，予以立案的诉讼活动。人民法院接到当事人提交的民事起诉状时，对符合《民事诉讼法》第 119 条的规定，且不属于第 124 条规定情形的，应当登记立案；对当场不能判定是否符合起诉条件的，应当接收起诉材料，并出具注明收到日期的书面凭证。需要补充必要相关材料的，人民法院应当及时告知当事人。在补齐相关材料后，应当在 7 日内决定是否立案。符合起诉条件的，应当在 7 日内立案，并通知当事人；不符合起诉条件的，应当在 7 日内作出裁定书，不予受理；原告对裁定不服的，可以提起上诉。立案后发现不符合起诉条件或者属于《民事诉讼法》第 124 条规定情形的，裁定驳回起诉。

当事人起诉到人民法院的民事纠纷，适宜调解的，先行调解，但当事人拒绝调解的除外。

2. 审理前的准备

（1）在法定期间内向当事人送达诉讼文书。人民法院应当在立案之日起 5 日内将起诉状副本送达被告，被告应当在收到之日起 15 日内提交答辩状；人民法院应当在收到答辩状之日起 5 日内将答辩状副本发送原告。被告不提出答辩状的，不影响人民法院审理。

（2）告知双方当事人的诉讼权利义务。人民法院对决定受理的案件，应当在受理案件通知书和应诉通知书中向当事人告知有关的诉讼权利义务，或者口头告知。合议庭组成人员确定后，应当在 3 日内告知当事人。

（3）处理管辖权异议。人民法院受理案件后，当事人对管辖权有异议的，应当在提交答辩状期间提出。人民法院对当事人提出的异议，应当审查。异议成立的，裁定将案件移送有管辖权的人民法院；异议不成立的，裁定驳回。当事人未提出管辖异议，并应诉答辩的，视为受诉人民法院有管辖权，但违反级别管辖和专属管辖规定的除外。

（4）向双方当事人发送举证通知书、指定举证期限及告知举证不能的法律后果。

（5）审核诉讼材料，了解当事人争议的焦点；调查收集应当由法院调查收集的必要证据；追加或更换当事人，通知必须进行共同诉讼的当事人及第三人参加诉讼。

（6）需要由人民法院勘验或委托鉴定的进行勘验或者委托鉴定。

（7）组织双方当事人及其代理人交换证据材料。

（8）依当事人申请或依职权作出财产保全或证据保全裁定。

（9）人民法院对受理的案件，分别情形，予以处理：①当事人没有争议，符合督促程序规定条件的，可以转入督促程序；②开庭前可以调解的，采取调解方式及时解决纠纷；③根据案件情况，确定适用简易程序或者普通程序；④需要开庭审理的，通过要求当事人交换证据等方式，明确争议焦点。

（10）其他准备工作。如处理当事人提出管辖异议及当事人增加、变更诉讼请求、提起反诉时法院应做的准备事项。

3. 开庭审理

民事案件审理程序主要包括庭审准备、法庭调查、法庭辩论、评议和宣判几个阶段。对于开庭审理过程中的一些特殊情况，可以分别依法适用按撤诉处理、缺席判决、延期审理等。

【案例 8-6】齐某起诉宋某要求返还借款 8 万元，法院适用普通程序审理并向双方当事人送达出庭传票，因被告宋某不在家，宋某的妻子代其签收了传票。开庭时，被告宋某未到庭。经查，宋某已离家出走，下落不明。法院对本案可以进行缺席判决。

（二）简易程序

简易程序，是指基层人民法院及其派出法庭审理简单民事案件所适用的程序。

简单民事案件，是指事实清楚、权利义务关系明确、争议不大的民事案件。基层人民法院和它派出的法庭审理前述规定以外的民事案件，当事人双方也可以约定适用简易程序。

下列案件，不适用简易程序：（1）起诉时被告下落不明的；（2）发回重审的；（3）共同诉讼中一方或者双方当事人人数众多的；（4）法律规定应当适用特别程序、审判监督程序、督促程序、公示催告程序和企业法人破产还债程序的；（5）人民法院认为不宜适用简易程序进行审理的。

基层人民法院和它派出的法庭审理标的额为各省、自治区、直辖市上年度就业人员年平均工资30%以下的简单民事案件，可以适用小额诉讼程序。

下列金钱给付的案件，适用小额诉讼程序审理：（1）买卖合同、借款合同、租赁合同纠纷；（2）身份关系清楚，仅在给付的数额、时间、方式上存在争议的赡养费、抚育费、扶养费纠纷；（3）责任明确，仅在给付的数额、时间、方式上存在争议的交通事故损害赔偿和其他人身损害赔偿纠纷；（4）供用水、电、气、热力合同纠纷；（5）银行卡纠纷；（6）劳动关系清楚，仅在劳动报酬、工伤医疗费、经济补偿金或者赔偿金给付数额、时间、方式上存在争议的劳动合同纠纷；（7）劳务关系清楚，仅在劳务报酬给付数额、时间、方式上存在争议的劳务合同纠纷；（8）物业、电信等服务合同纠纷；（9）其他金钱给付纠纷。

下列案件，不适用小额诉讼程序审理：（1）人身关系、财产确权纠纷；（2）涉外民事纠纷；（3）知识产权纠纷；（4）需要评估、鉴定或者对诉前评估、鉴定结果有异议的纠纷；（5）其他不宜适用一审终审的纠纷。

人民法院受理小额诉讼案件，应当向当事人告知该类案件的审判组织、一审终审、审理期限、诉讼费用交纳标准等相关事项。

人民法院在审理过程中，发现案件不宜适用简易程序的，裁定转为普通程序。

（三）第二审程序

第二审程序，是指由于民事诉讼当事人不服地方各级人民法院未生效的第一审裁判而在法定期间内向上一级人民法院提起上诉而引起的诉讼程序。

当事人不服地方人民法院第一审判决的，有权在判决书送达之日起15日内向上一级人民法院提起上诉。当事人不服地方人民法院第一审裁定的，有权在裁定书送达之日起10日内向上一级人民法院提起上诉。

民事诉讼一审与二审程序的主要区别

项目	一审程序	二审程序
程序发生的原因	当事人起诉权与法院的管辖权	当事人的上诉权与二审法院的审判监督权
审理的对象	当事人之间的争议	当事人上诉请求的内容，法律另有规定的除外
审理的法院	各级人民法院	一审法院的上一级法院
适用的程序	普通程序或者简易程序	二审程序
审理的方式	开庭审理	开庭审理与不开庭审理
裁判的效力	上诉期内未生效	立即生效

第二审人民法院对上诉案件，经过审理，按照下列情形，分别处理：

（1）原判决、裁定认定事实清楚，适用法律正确的，以判决、裁定方式驳回上诉，维持原判决、裁定；

（2）原判决、裁定认定事实错误或者适用法律错误的，以判决、裁定方式依法改判、

撤销或者变更;

(3) 原判决认定基本事实不清的,裁定撤销原判决,发回原审人民法院重审,或者查清事实后改判;

(4) 原判决遗漏当事人或者违法缺席判决等严重违反法定程序的,裁定撤销原判决,发回原审人民法院重审。原审人民法院对发回重审的案件作出判决后,当事人提起上诉的,第二审人民法院不得再次发回重审。

人民法院审理对判决的上诉案件,应当在第二审立案之日起 3 个月内审结,有特殊情况需要延长的,由本院院长批准。人民法院审理对裁定的上诉案件,应当在第二审立案之日起 30 日内作出终审裁定。

(四) 审判监督程序

民事审判监督程序,是指对已经发生法律效力的判决、裁定、调解书,人民法院认为确有错误,对案件再行审理的程序。审判监督程序只是纠正生效裁判错误的法定程序,它不是案件审理的必经程序,也不是诉讼的独立审级。

1. 再审程序的启动

(1) 人民法院依职权启动再审

各级人民法院院长对本院已经发生法律效力的判决、裁定、调解书,发现确有错误,认为需要再审的,应当提交审判委员会讨论决定。最高人民法院对地方各级人民法院已经发生法律效力的判决、裁定、调解书,上级人民法院对下级人民法院已经发生法律效力的判决、裁定、调解书,发现确有错误的,有权提审或者指令下级人民法院再审。

(2) 当事人申请再审

当事人对已经发生法律效力的判决、裁定,认为有错误的,可以向上一级人民法院申请再审;当事人一方人数众多或者当事人双方为公民的案件,也可以向原审人民法院申请再审。当事人申请再审的,不停止判决、裁定的执行。当事人对已经发生法律效力的调解书,提出证据证明调解违反自愿原则或者调解协议的内容违反法律的,可以申请再审。经人民法院审查属实的,应当再审。当事人对已经发生法律效力的解除婚姻关系的判决、调解书,不得申请再审。当事人申请再审,应当在判决、裁定发生法律效力后 6 个月内提出。如果是以下四种情况之一的,自知道或者应当知道之日起 6 个月内提出再审申请:①有新的证据,足以推翻原判决、裁定的;②原判决、裁定认定事实的主要证据是伪造的;③据以作出原判决、裁定的法律文书被撤销或者变更的;④审判人员审理该案件时有贪污受贿,徇私舞弊,枉法裁判行为的。

(3) 人民检察院抗诉或检察建议

最高人民检察院对各级人民法院已经发生法律效力的判决、裁定,上级人民检察院对下级人民法院已经发生法律效力的判决、裁定,发现有本法第 200 条规定情形之一的,或者发现调解书损害国家利益、社会公共利益的,应当提出抗诉。地方各级人民检察院对同级人民法院已经发生法律效力的判决、裁定,发现有本法第 200 条规定情形之一的,或者发现调解书损害国家利益、社会公共利益的,可以向同级人民法院提出检察建议,并报上级人民检察院备案;也可以提请上级人民检察院向同级人民法院提出抗诉。各级人民检察院对审判监督程序以外的其他审判程序中审判人员的违法行为,有权向同级人民法院提出检察建议。

人民法院基于审判监督权提起再审以及人民检察院基于检察监督权提起抗诉，不受时间的限制。

2. 再审案件的审理

按照审判监督程序决定再审的案件，裁定中止原判决、裁定、调解书的执行，但追索赡养费、扶养费、抚育费、抚恤金、医疗费用、劳动报酬等案件，可以不中止执行。

人民法院按照审判监督程序再审的案件，发生法律效力的判决、裁定是由第一审法院作出的，按照第一审程序审理，所作的判决、裁定，当事人可以上诉；发生法律效力的判决、裁定是由第二审法院作出的，按照第二审程序审理，所作的判决、裁定，是发生法律效力的判决、裁定；上级人民法院按照审判监督程序提审的，按照第二审程序审理，所作的判决、裁定是发生法律效力的判决、裁定。

人民法院审理再审案件，应当另行组成合议庭。

民事诉讼一审程序、二审程序、再审程序比较

项目	一审程序	二审程序	审判监督程序
程序性质	正常性审判程序	正常性审判程序	非正常性纠错程序
审理法院	基于级别管辖取得管辖权的各级法院	一审法院的上一级法院	原审法院、上级法院以及最高人民法院
审理对象	当事人之间的争议	一审未生效裁判	已生效的法律文书
程序的启动	基于当事人的起诉权	基于当事人的上诉权	基于法院的审判监督权、检察院法律监督权、当事人的再审申请权
遵守的时间	诉讼时效	上诉期	除当事人申请再审受6个月限制外，其他无时间限制
适用的程序	适用普通程序或者简易程序	适用二审程序	对于一审案件的再审，适用普通程序，对于二审案件的再审或上级法院提审案件，适用二审程序
裁判效力	法定上诉期内不生效	生效	适用第一审普通程序作出的裁判，法定上诉期内不生效；适用第二审程序作出的裁判是生效裁判

（五）其他民事诉讼程序

1. 特别程序

特别程序，是人民法院审理某些非民事权益争议案件所适用的特殊审判程序。这类非

民事权益争议案件包括：选民资格案件；宣告失踪或者宣告死亡案件；认定公民无民事行为能力或者限制民事行为能力案件；认定财产无主案件、确认调解协议案件和实现担保物权案件。

特别程序有以下特点：启动程序的当事人不一定与本案有直接利害关系；免交案件受理费；法院适用特别程序审理的案件，应当在立案之日起 30 日内或者公告期满后 30 日内审结（公告期不计入审理期限），有特殊情况需要延长的，由本院院长批准，但审理选民资格的案件必须在选举日前审结；实行一审终审制度；判决发生效力后，如发现认定事实或适用法律确有错误，无需启动再审程序，由原审法院按特别程序的规定，撤销原判决，作出新判决。

2. 督促程序

督促程序，是指人民法院根据债权人的申请，向债务人发出支付令，催促债务人在法定期限内向债权人清偿债务的法律程序。

督促程序只适用于特定的债权人请求债务人给付金钱、有价证券的案件，并且债权人和债务人之间没有其他债权、债务纠纷。督促程序仅适用于基层人民法院。

3. 公示催告程序

公示催告程序，是指人民法院根据当事人的申请，以公示的方式催告不明的利害关系人在法定期间内申报权利，逾期无人申报，作出宣告票据无效（除权）判决的程序。

公示催告程序仅适用于基层人民法院。公示催告程序适用于可以背书转让的票据被盗、遗失或灭失的事项和依照法律规定的其他事项。人民法院受理公示催告申请后，同时应通知支付人停止支付，直至公示催告程序终结。支付人拒不停止支付的，在判决除权后，支付人仍应承担支付义务，在公示催告程序期间，该票据被转让的，转让行为无效。

如利害关系人未在判决前申报权利的，可以在判决公告之日起 1 年内，向作出判决的人民法院起诉，人民法院按票据纠纷适用普通程序审理确权。

（六）执行程序

发生法律效力的民事判决、裁定，以及刑事判决、裁定中的财产部分，由第一审人民法院或者与第一审人民法院同级的被执行的财产所在地人民法院执行。法律规定由人民法院执行的其他法律文书，由被执行人住所地或者被执行的财产所在地人民法院执行。

申请执行的期间为 2 年。申请执行时效的中止、中断，适用法律有关诉讼时效中止、中断的规定。申请执行的期间，从法律文书规定履行期间的最后一日起计算；法律文书规定分期履行的，从规定的每次履行期间的最后一日起计算；法律文书未规定履行期间的，从法律文书生效之日起计算。

第四节　行政诉讼法

一、行政诉讼与行政诉讼法

行政诉讼，是指公民、法人或者其他组织认为行政主体的具体行政行为侵犯了自己的合法权益，依法向人民法院提起诉讼，人民法院依法定程序审查行政主体的行政行为的合法性，从而解决行政争议的活动。

行政诉讼法是为了保证人民法院公正、及时审理行政案件，解决行政争议，保护公民、法人和其他组织的合法权益，监督行政机关依法行使职权，根据宪法制定的法律。

《中华人民共和国行政诉讼法》于 1989 年 4 月 4 日经第七届全国人民代表大会第二次会议通过，自 1990 年 10 月 1 日起实施，2014 年进行修订。2017 年 6 月 27 日根据全国人民代表大会常务委员会决定修改，自 2017 年 7 月 1 日起施行。

二、行政诉讼的特有原则

（一）被告负举证责任原则

行政诉讼中，被告应当提供作出具体行政行为的证据和所依据的规范性文件。例如原告不服行政处罚行为而起诉被告，被告应当提供原告实施了违法行为的证据以及对原告进行行政处罚所依据的规范性文件。被告负举证责任是行政诉讼法不同于刑事诉讼法、民事诉讼法的一个重要表现。

（二）不适用调解原则

人民法院审理行政案件，不适用调解，这与民事诉讼中将法院调解作为一项原则不同。行政诉讼的被告是行政机关，行政机关只能代表国家依法行政，对自己的诉讼权利无权进行处分。民事诉讼中的原告与被告可以通过依法处分实体权利及诉讼权利达成调解协议。

（三）行政行为合法性审查原则

在行政诉讼中，人民法院原则上只审查行政行为的合法性，以审查行政行为的合理性为例外。人民法院审查具体行政行为的合法性的具体内容包括：（1）行政机关是否超越职责权限。（2）具体行政行为证据确凿充分、事实清楚。（3）具体行政行为适用法律依据正确。（4）具体行政行为程序合法。（5）具体行政行为目的合法。

（四）起诉不停止执行原则

起诉不停止执行原则，是指在行政诉讼中，原行政处理决定并不因原告提起诉讼而停止执行。国家行政机关的决定一经作出，就可以推定为合法，具有国家意志的法律效力。规定行政机关在执法中作出的处理决定具有确定力和执行力，有利于国家行政机关顺利地行使职权，以保证行政机关管理的连续性，保障社会和公众利益的实现。

但是，诉讼期间有下列情形之一的，裁定停止执行：（1）被告认为需要停止执行的；（2）原告或者利害关系人申请停止执行，人民法院认为该行政行为的执行会造成难以弥补的损失，并且停止执行不损害国家利益、社会公共利益的；（3）人民法院认为该行政行为的执行会给国家利益、社会公共利益造成重大损害的；（4）法律、法规规定停止执行的。

当事人对停止执行或者不停止执行的裁定不服的，可以申请复议一次。

三、行政诉讼参加人

行政诉讼参加人，是指依法参加行政诉讼活动，享有诉讼权利，承担诉讼义务，并且与诉讼争议或诉讼结果有利害关系的人。

（一）原告

行政诉讼的原告，是指认为行政主体及其工作人员作出的具体行政行为侵犯其合法权益，依照行政诉讼法的规定，以自己名义向法院起诉的公民、法人或其他组织。有权提起诉讼的公民死亡，其近亲属可以提起诉讼。有权提起诉讼的法人或者其他组织终止，承受其权利的法人或者其他组织可以提起诉讼。

人民检察院在履行职责中发现生态环境和资源保护、食品药品安全、国有财产保护、国有土地使用权出让等领域负有监督管理职责的行政机关违法行使职权或者不作为，致使国家利益或者社会公共利益受到侵害的，应当向行政机关提出检察建议，督促其依法履行职责。行政机关不依法履行职责的，人民检察院依法向人民法院提起诉讼。

（二）被告

行政诉讼的被告，是指原告起诉其具体行政行为侵犯了自己的合法权益，而由人民法院通知应诉的行政机关或法律、法规、规章授权的组织。

公民、法人或者其他组织直接向人民法院提起诉讼的，作出行政行为的行政机关是被告。经复议的案件，复议机关决定维持原行政行为的，作出原行政行为的行政机关和复议机关是共同被告；复议机关改变原行政行为的，复议机关是被告。复议机关在法定期限内未作出复议决定，公民、法人或者其他组织起诉原行政行为的，作出原行政行为的行政机关是被告；起诉复议机关不作为的，复议机关是被告。两个以上行政机关作出同一行政行为的，共同作出行政行为的行政机关是共同被告。行政机关委托的组织所作的行政行为，委托的行政机关是被告。行政机关被撤销或者职权变更的，继续行使其职权的行政机关是被告。

（三）共同诉讼人

当事人一方或者双方为二人以上，因同一具体行政行为发生的行政案件，或者因同样的具体行政行为发生的行政案件，人民法院认为可以合并审理的，为共同诉讼。参加这类共同诉讼的当事人就是共同诉讼人。

行政诉讼共同诉讼包括必要共同诉讼和普通共同诉讼。必要共同诉讼，指人民法院对一方或双方当事人为两个或两个以上的诉讼主体，并对同一具体行政行为有着共同利害关系的案件合并加以审理的诉讼。普通共同诉讼，是指当事人一方或双方均为两个或两个以上，对同样的具体行政行为不服提起诉讼，人民法院认为可以合并审理的诉讼。

（四）第三人

行政诉讼第三人，是指同提起行政诉讼的具体行政行为有利害关系的，并可能受到行政诉讼审理结果影响的，依本人申请并经批准或由人民法院通知参加诉讼的公民、法人或者其他组织。

（五）行政诉讼代理人

诉讼代理人，是指依法律规定，或由法院指定，或受当事人委托，以当事人的名义，在代理权限范围内为当事人进行诉讼活动，但其诉讼法律后果由当事人承受的人。

行政诉讼代理人包括法定代理人、委托代理人、指定代理人。

四、行政诉讼受案范围与管辖

（一）行政诉讼的受案范围

1. 人民法院受理的行政案件

人民法院受理公民、法人或者其他组织提起的下列诉讼：

（1）对行政拘留、暂扣或者吊销许可证和执照、责令停产停业、没收违法所得、没收非法财物、罚款、警告等行政处罚不服的；

（2）对限制人身自由或者对财产的查封、扣押、冻结等行政强制措施和行政强制执行不服的；

（3）申请行政许可，行政机关拒绝或者在法定期限内不予答复，或者对行政机关作出的有关行政许可的其他决定不服的；

（4）对行政机关作出的关于确认土地、矿藏、水流、森林、山岭、草原、荒地、滩涂、海域等自然资源的所有权或者使用权的决定不服的；

（5）对征收、征用决定及其补偿决定不服的；

（6）申请行政机关履行保护人身权、财产权等合法权益的法定职责，行政机关拒绝履行或者不予答复的；

（7）认为行政机关侵犯其经营自主权或者农村土地承包经营权、农村土地经营权的；

（8）认为行政机关滥用行政权力排除或者限制竞争的；

（9）认为行政机关违法集资、摊派费用或者违法要求履行其他义务的；

（10）认为行政机关没有依法支付抚恤金、最低生活保障待遇或者社会保险待遇的；

（11）认为行政机关不依法履行、未按照约定履行或者违法变更、解除政府特许经营协议、土地房屋征收补偿协议等协议的；

（12）认为行政机关侵犯其他人身权、财产权等合法权益的。

除上述情形外，人民法院受理法律、法规规定可以提起诉讼的其他行政案件。

【案例8-7】某村村民张某未经批准，在距同村村民李某房屋大门前2米处挖沟建房，两家由此发生纠纷。后来，张某提出个人建房用地申请，经所在村委会、镇政府和县国土资源局审核同意后，报县政府审批，县政府向张某颁发了建设用地许可证。李某对县政府和县国土资源局作出的该土地行政许可行为不服，向县法院提起行政诉讼。法院经审理查明，被告县政府和国土资源局在审查张某的土地行政许可申请时以及作出该行政许可决定前，未告知利害关系人李某享有的陈述、申辩的权利。县法院审理认为，行政机关对行政许可申请进行审查时，发现行政许可事项直接关系他人重大利益的，应当告知该利害关系人，利害关系人有权进行陈述和申辩。行政机关应当听取申请人、利害关系人的意见。本案中，被告在实施行政行为时并未告知原告依法享有的相关权利，违反了法定程序。

2. 人民法院不予受理的事项

人民法院不受理公民、法人或者其他组织对下列事项提起的诉讼：

（1）国防、外交等国家行为；

（2）行政法规、规章或者行政机关制定、发布的具有普遍约束力的决定、命令；

（3）行政机关对行政机关工作人员的奖惩、任免等决定；

（4）法律规定由行政机关最终裁决的行政行为。

（二）行政诉讼的管辖

1. 级别管辖

（1）基层人民法院管辖的第一审行政案件

除行政诉讼法规定由中级人民法院、高级人民法院、最高人民法院管辖的第一审行政案件以外，其他的第一审行政案件均由基层人民法院管辖。

（2）中级人民法院管辖下列第一审行政案件

①对国务院部门或者县级以上地方人民政府所作的行政行为提起诉讼的案件；

②海关处理的案件；

③本辖区内重大、复杂的案件；

④其他法律规定由中级人民法院管辖的案件。

（3）高级人民法院管辖本辖区内重大、复杂的第一审行政案件。

（4）最高人民法院管辖全国范围内重大、复杂的第一审行政案件。

2. 地域管辖

（1）一般地域管辖

行政案件由最初作出行政行为的行政机关所在地人民法院管辖。经复议的案件，也可以由复议机关所在地人民法院管辖。

经最高人民法院批准，高级人民法院可以根据审判工作的实际情况，确定若干人民法院跨行政区域管辖行政案件。

（2）特殊地域管辖

①对限制人身自由的行政强制措施不服提起的诉讼，由被告所在地或者原告所在地人民法院管辖。

②因不动产提起的行政诉讼，由不动产所在地人民法院管辖。

（3）共同管辖和选择管辖

两个以上人民法院都有管辖权的案件，原告可以选择其中一个人民法院提起诉讼。原告向两个以上有管辖权的人民法院提起诉讼的，由最先立案的人民法院管辖。

3. 裁定管辖

裁定管辖，是由法院作出裁定或决定确定诉讼管辖法院，包括移送管辖、指定管辖、管辖权的转移三种情形。

五、行政诉讼证据

行政诉讼证据，是指在行政诉讼过程中，用来证明案件真实情况的材料。行政诉讼证据包括：①书证；②物证；③视听资料；④证人证言；⑤电子数据；⑥当事人的陈述；⑦鉴定意见；⑧勘验笔录、现场笔录。

被告对作出的行政行为负有举证责任，应当提供作出该行政行为的证据和所依据的规范性文件。被告不提供或者无正当理由逾期提供证据，视为没有相应证据。但是，被诉行政行为涉及第三人合法权益，第三人提供证据的除外。在诉讼过程中，被告及其诉讼代理人不得自行向原告、第三人和证人收集证据。

在起诉被告不履行法定职责的案件中，原告应当提供其向被告提出申请的证据。但有下列情形之一的除外：（1）被告应当依职权主动履行法定职责的；（2）原告因正当理由不能提供证据的。在行政赔偿、补偿的案件中，原告应当对行政行为造成的损害提供证据。因被告的原因导致原告无法举证的，由被告承担举证责任。

证据经法庭审查属实，才能作为认定案件事实的根据。证据应当在法庭上出示，并由当事人互相质证。对涉及国家秘密、商业秘密和个人隐私的证据，不得在公开开庭时出示。人民法院应当按照法定程序，全面、客观地审查核实证据。对未采纳的证据应当在裁判文书中说明理由。以非法手段取得的证据，不得作为认定案件事实的根据。

六、行政诉讼程序

（一）起诉和受理

对属于人民法院受案范围的行政案件，公民、法人或者其他组织可以先向行政机关申请复议，对复议决定不服的，再向人民法院提起诉讼；也可以直接向人民法院提起诉讼。法律、法规规定应当先向行政机关申请复议，对复议决定不服再向人民法院提起诉讼的，依照法律、法规的规定。

公民、法人或者其他组织不服复议决定的，可以在收到复议决定书之日起 15 日内向人民法院提起诉讼。复议机关逾期不作决定的，申请人可以在复议期满之日起 15 日内向人民法院提起诉讼。法律另有规定的除外。申请人不服复议决定的，可以在收到复议决定书之日起 15 日内向人民法院提起诉讼。复议机关逾期不作决定的，申请人可以在复议期满之日起 15 日内向人民法院提起诉讼。法律另有规定的除外。

提起行政诉讼应当具备以下条件：①原告是认为具体行政行为侵犯其合法权益的公民、法人或者其他组织；②有明确的被告；③有具体的诉讼请求和事实根据；④属于人民法院受案范围和受诉人民法院管辖。

起诉应当向人民法院递交起诉状，并按照被告人数提出副本。书写起诉状确有困难的，可以口头起诉，由人民法院记入笔录，出具注明日期的书面凭证，并告知对方当事人。

公民、法人或者其他组织直接向人民法院提起诉讼的，应当自知道或者应当知道作出行政行为之日起 6 个月内提出。法律另有规定的除外。因不动产提起诉讼的案件自行政行为作出之日起超过 20 年，其他案件自行政行为作出之日起超过 5 年提起诉讼的，人民法院不予受理。

（二）审理和判决

人民法院审理行政案件的程序与民事诉讼程序基本相同，只是二者依据的法律、法规不同。人民法院审理行政案件，以法律和行政法规、地方性法规为依据。地方性法规适用于本行政区域内发生的行政案件。人民法院审理民族自治地方的行政案件，应以该民族自治地方的自治条例和单行条例为依据。同时，人民法院审理行政案件，还应参照规章。

人民法院审理行政案件，由审判员组成合议庭，或者由审判员、陪审员组成合议庭。合议庭的成员，应当是3人以上的单数。

人民法院审理下列第一审行政案件，认为事实清楚、权利义务关系明确、争议不大的，可以适用简易程序：（1）被诉行政行为是依法当场作出的；（2）案件涉及款额2000元以下的；（3）属于政府信息公开案件的。除前述规定以外的第一审行政案件，当事人各方同意适用简易程序的，可以适用简易程序。发回重审、按照审判监督程序再审的案件不适用简易程序。

行政行为证据确凿，适用法律、法规正确，符合法定程序的，或者原告申请被告履行法定职责或者给付义务理由不成立的，人民法院判决驳回原告的诉讼请求。

行政行为有下列情形之一的，人民法院判决撤销或者部分撤销，并可以判决被告重新作出行政行为：（1）主要证据不足的；（2）适用法律、法规错误的；（3）违反法定程序的；（4）超越职权的；（5）滥用职权的；（6）明显不当的。

人民法院判决被告重新作出行政行为的，被告不得以同一的事实和理由作出与原行政行为基本相同的行政行为。

行政行为有下列情形之一的，人民法院判决确认违法，但不撤销行政行为：（1）行政行为依法应当撤销，但撤销会给国家利益、社会公共利益造成重大损害的；（2）行政行为程序轻微违法，但对原告权利不产生实际影响的。

行政行为有下列情形之一，不需要撤销或者判决履行的，人民法院判决确认违法：（1）行政行为违法，但不具有可撤销内容的；（2）被告改变原违法行政行为，原告仍要求确认原行政行为违法的；（3）被告不履行或者拖延履行法定职责，判决履行没有意义的。

行政处罚明显不当，或者其他行政行为涉及对款额的确定、认定确有错误的，人民法院可以判决变更。人民法院判决变更，不得加重原告的义务或者减损原告的权益。但利害关系人同为原告，且诉讼请求相反的除外。

人民法院对公开审理和不公开审理的案件，一律公开宣告判决。当庭宣判的，应当在10日内发送判决书；定期宣判的，宣判后立即发给判决书。宣告判决时，必须告知当事人上诉权利、上诉期限和上诉的人民法院。人民法院应当公开发生法律效力的判决书、裁定书，供公众查阅，但涉及国家秘密、商业秘密和个人隐私的内容除外。

当事人不服人民法院第一审判决的，有权在判决书送达之日起15日内向上一级人民法院提起上诉。当事人不服人民法院第一审裁定的，有权在裁定书送达之日起10日内向上一级人民法院提起上诉。逾期不提起上诉的，人民法院的第一审判决或者裁定发生法律效力。

人民法院审理上诉案件，按照下列情形，分别处理：（1）原判决、裁定认定事实清楚，适用法律、法规正确的，判决或者裁定驳回上诉，维持原判决、裁定；（2）原判决、裁定认定事实错误或者适用法律、法规错误的，依法改判、撤销或者变更；（3）原判决认定基本事实不清、证据不足的，发回原审人民法院重审，或者查清事实后改判；（4）原判决遗漏当事人或者违法缺席判决等严重违反法定程序的，裁定撤销原判决，发回原审人民法院重审。

原审人民法院对发回重审的案件作出判决后，当事人提起上诉的，第二审人民法院不得再次发回重审。

人民法院审理上诉案件，需要改变原审判决的，应当同时对被诉行政行为作出判决。

当事人对已经发生法律效力的判决、裁定，认为确有错误的，可以向上一级人民法院申请再审，但判决、裁定不停止执行。人民法院以及人民检察院可以依照法律规定的程序提起再审。

第五节　仲　裁　法

一、仲裁法概述

（一）仲裁和仲裁法

仲裁，是指双方当事人在争议发生之前或争议发生之后达成协议，自愿将争议交给第三方作出裁决，从而解决争议的活动。

仲裁法，是国家制定的、调整仲裁活动以及仲裁活动中形成的各种法律关系的法律规范的总称。

《中华人民共和国仲裁法》于1994年8月31日第八届全国人民代表大会常务委员会第九次会议通过，自1995年9月1日起施行，先后于2009年、2017年两次修正。

（二）仲裁法的适用范围

平等主体的公民、法人和其他组织之间发生的合同纠纷和其他财产权益纠纷，可以仲裁；婚姻、收养、监护、抚养、继承纠纷和依法应当由行政机关处理的行政争议，不能仲裁。本节所称仲裁，不包括劳动争议仲裁。

（三）仲裁法的基本原则

1. 自愿原则

自愿原则是仲裁法律制度的一项重要的法律原则。当事人采取仲裁方式解决纠纷应当双方自愿，达成仲裁协议。没有仲裁协议，一方申请仲裁的，仲裁机构不予受理。

2. 独立仲裁的原则

仲裁依法独立进行，不受行政机关、社会团体和个人的干涉。

3. 当事人协议选定仲裁委员会的原则

仲裁委员会应当由当事人协议选定。仲裁不实行级别管辖和地域管辖。

4. 一裁终局原则

仲裁实行一裁终局的制度。裁决作出后，当事人就同一纠纷再申请仲裁或者向人民法院起诉的，仲裁委员会或者人民法院不予受理。裁决被人民法院依法裁定撤销或者不予执行的，当事人就该纠纷可以根据双方重新达成的仲裁协议申请仲裁，也可以向人民法院起诉。

5. 仲裁与调解相结合原则

仲裁庭在仲裁程序进行的过程中，可应当事人的请求，对案件进行调解。

（四）仲裁和民事诉讼程序的区别

	仲裁	民事诉讼
机构性质	仲裁委员会作为民间组织，不属于司法机关	人民法院是国家审判机关，属于司法机关
管辖	仲裁尊重当事人意愿，实行约定管辖；当事人达成仲裁协议的，人民法院就不能再受理	人民法院审理案件，根据法律规定实行级别管辖及地域管辖，具有强制性
效力	仲裁采取一裁终局制，裁决书自作出之日起发生法律效力	人民法院审理民事案件，采取两审终审制，当事人不服一审判决，可以向上一级人民法院提出上诉
灵活程度	当事人可自由选择仲裁机构、仲裁规则、仲裁员、仲裁程序、仲裁地点、使用的语言和适用何种法律等	当事人不能选择法院和法官
保全	仲裁委员会无权实施保全措施	人民法院有权实施保全措施

二、仲裁委员会和仲裁协会

（一）仲裁委员会

仲裁委员会是依照法律规定设立，并依法对平等主体的自然人、法人和其他组织之间发生的合同争议和其他财产权益争议专门地进行仲裁的组织。

仲裁委员会之间、仲裁委员会与行政机关之间没有隶属关系。

仲裁委员会可以在直辖市和省、自治区人民政府所在地的市设立，也可以根据需要在其他设区的市设立，不按行政区划层层设立。仲裁委员会由前述规定的市的人民政府组织有关部门和商会统一组建。设立仲裁委员会，应当经省、自治区、直辖市的司法行政部门登记。

（二）仲裁员

仲裁委员会应当从公道正派的人员中聘任仲裁员。仲裁员应当符合下列条件之一：（1）通过国家统一法律职业资格考试取得法律职业资格，从事仲裁工作满 8 年的；（2）从事律师工作满 8 年的；（3）曾任法官满 8 年的；（4）从事法律研究、教学工作并具有高级职称的；（5）具有法律知识、从事经济贸易等专业工作并具有高级职称或者具有同等专业水平的。仲裁委员会按照不同专业设仲裁员名册。

（三）仲裁协会

中国仲裁协会是社会团体法人。仲裁委员会是中国仲裁协会的会员。中国仲裁协会的章程由全国会员大会制定。中国仲裁协会是仲裁委员会的自律性组织，根据章程对仲裁委员会及其组成人员、仲裁员的违纪行为进行监督。中国仲裁协会依照仲裁法和民事诉讼法的有关规定制定仲裁规则。

三、仲裁协议

仲裁协议，是指双方当事人在自愿、协商、平等互利的基础之上将他们之间已经发生或者可能发生的争议提交仲裁解决的书面文件，是申请仲裁的必备材料。

（一）仲裁协议的类型

仲裁协议包括合同中订立的仲裁条款和以其他书面方式在纠纷发生前或者纠纷发生后达成的请求仲裁的协议。

（二）仲裁协议的内容

仲裁协议包括以下内容：（1）请求仲裁的意思表示；（2）仲裁事项；（3）选定的仲裁委员会。

（三）仲裁协议的效力

当事人达成仲裁协议，一方向人民法院起诉的，人民法院不予受理，但仲裁协议无效的除外。当事人达成仲裁协议，一方向人民法院起诉未声明有仲裁协议，人民法院受理后，另一方在首次开庭前提交仲裁协议的，人民法院应当驳回起诉，但仲裁协议无效的除外；另一方在首次开庭前未对人民法院受理该案提出异议的，视为放弃仲裁协议，人民法院应当继续审理。

【案例 8-8】甲公司与乙公司因合同纠纷向 A 市 B 区法院起诉，乙公司应诉。经开庭审理，法院判决甲公司胜诉。乙公司不服 B 区法院的一审判决，以双方签订了仲裁协议为由向 A 市中级法院提起上诉，要求据此撤销一审判决，驳回甲公司的起诉。A 市中级法院应当裁定驳回乙公司的上诉，维持原判决。

（四）仲裁协议的无效

有下列情形之一的，仲裁协议无效：（1）约定的仲裁事项超出法律规定的仲裁范围的；（2）无民事行为能力人或者限制民事行为能力人订立的仲裁协议；（3）一方采取胁迫手段，迫使对方订立仲裁协议的。

仲裁协议对仲裁事项或者仲裁委员会没有约定或者约定不明确的，当事人可以补充协议；达不成补充协议的，仲裁协议无效。

四、仲裁程序

（一）仲裁的申请和受理

1. 仲裁的申请

当事人申请仲裁应当符合下列条件：（1）有仲裁协议；（2）有具体的仲裁请求和事实、理由；（3）属于仲裁委员会的受理范围。

2. 仲裁的受理

仲裁委员会收到仲裁申请书之日起 5 日内，认为符合受理条件的，应当受理，并通知当事人；认为不符合受理条件的，应当书面通知当事人不予受理，并说明理由。

仲裁委员会受理仲裁申请后，应当在仲裁规则规定的期限内将仲裁规则和仲裁员名册送达申请人，并将仲裁申请书副本和仲裁规则、仲裁员名册送达被申请人。被申请人收到仲裁申请书副本后，应当在仲裁规则规定的期限内向仲裁委员会提交答辩书。仲裁委员会收到答辩书后，应当在仲裁规则规定的期限内将答辩书副本送达申请人。被申请人未提交答辩书的，不影响仲裁程序的进行。

（二）仲裁庭的组成

1. 仲裁庭的组成

仲裁委员会受理案件后，应当组成仲裁庭。仲裁庭可以由 3 名仲裁员或 1 名仲裁员组成，由 3 名仲裁员组成的，设首席仲裁员。当事人约定由 3 名仲裁员组成仲裁庭的，应当各自选定或者各自委托仲裁委员会主任指定 1 名仲裁员，第 3 名仲裁员由当事人共同选定或者共同委托仲裁委员会主任指定。第 3 名仲裁员是首席仲裁员。当事人约定由 1 名仲裁员成立仲裁庭的，应当由当事人共同选定或者共同委托仲裁委员会主任指定仲裁员。当事人没有在仲裁规则规定的期限内约定仲裁庭的组成方式或者选定仲裁员的，由仲裁委员会主任指定。

2. 仲裁员的回避

仲裁庭组成后，仲裁委员会应将仲裁庭的组成情况书面通知当事人，当事人可依法对仲裁员提出回避申请。被选定或指定的仲裁员有下列情况之一的，必须回避，当事人也有权提出回避申请：①是本案的当事人或当事人、代理人的近亲属。②与本案有利害关系。③与本案当事人、代理人有其他关系，可能影响案件公正仲裁的。④私自会见当事人、代理人或接受当事人、代理人的请客送礼的。

当事人提出回避申请，应当注明理由，在首次开庭前提出。回避事由在首次开庭后知道的，可以在最后一次开庭终结前提出。仲裁员是否回避，由仲裁委员会主任决定；仲裁委员会主任担任仲裁员时，由仲裁委员会集体决定。

（三）开庭仲裁

1. 开庭

仲裁庭在开庭前应通知当事人，以书面形式告之开庭地点、开庭时间，当事人应当按时参加。申请人经书面通知，无正当理由不到庭或未经仲裁庭许可中途退庭的，视为撤回仲裁申请。被申请人经书面通知，无正当理由不到庭或未经仲裁庭许可中途退庭的，可以缺席裁决。

仲裁应当开庭进行。当事人协议不开庭的，仲裁庭可以根据仲裁申请书、答辩书以及其他材料作出裁决。仲裁不公开进行。当事人协议公开的，可以公开进行，但涉及国家秘密的除外。

2. 调查取证

当事人应当对自己的主张提供证据，仲裁庭认为有必要时，可以自行收集证据。证据可能灭失或者以后难以取得时，当事人可以申请证据保全。当事人申请证据保全的，仲裁委员会应当将当事人的申请提交证据所在地的基层人民法院。

3. 辩论

当事人在仲裁过程中有权进行辩论。辩论终结时，首席仲裁员或者独任仲裁员应当征询当事人的最后意见。仲裁庭应当将开庭情况记入笔录。

4. 和解与调解

当事人申请仲裁后，可以自行和解。达成和解协议的，可以请求仲裁庭根据和解协议作出裁决书，也可以撤回仲裁申请。仲裁庭在作出裁决前，可以先行调解。当事人自愿调解的，仲裁庭应当调解。调解不成的，应当及时作出裁决。调解达成协议的，仲裁庭应当制作调解书或者根据协议的结果制作裁决书。调解书与裁决书具有同等法律效力。

5. 裁决

裁决应当按照多数仲裁员的意见作出，少数仲裁员的不同意见可以记入笔录。仲裁庭不能形成多数意见时，裁决应当按照首席仲裁员的意见作出。仲裁庭仲裁纠纷时，其中一部分事实已经清楚，可以就该部分先行裁决。裁决书自作出之日起发生法律效力，当事人双方都应当主动履行。

五、申请撤销裁决和裁决的执行

（一）申请撤销裁决

当事人有证据证明裁决有下列情形之一的，可以向仲裁委员会所在地的中级人民法院申请撤销仲裁裁决：①没有仲裁协议。②仲裁的事项不属于仲裁协议的范围或者仲裁委员会无权仲裁。③仲裁庭的组成或者仲裁的程序违反法定程序。④裁决所依据的证据是伪造的。⑤对方当事人隐瞒了足以影响公正裁决的证据。⑥仲裁员在仲裁该案时有索贿受贿、徇私舞弊、枉法裁决行为。

当事人申请撤销仲裁裁决，应当自收到裁决书之日起6个月内提出。人民法院应当在受理撤销裁决申请之日起2个月内作出撤销裁决或者驳回申请的裁定。

（二）裁决的执行

一方当事人在规定期限内不履行裁决的，另一方当事人有权请求人民法院强制执行，受申请人民法院应当根据民事诉讼法规定的执行程序予以执行。在执行中，双方当事人可以进行和解，达成和解协议；被执行人不履行和解协议的，人民法院可以根据申请执行人的申请，恢复执行程序。一方当事人申请执行裁决，另一方当事人申请撤销裁决的，人民法院应当裁定中止执行。人民法院裁定撤销裁决的，应当裁定终结执行。撤销裁决的申请被裁定驳回的，人民法院应当裁定恢复执行。

思考与练习

【案例】

张某是一个体工商户，经营一餐馆。

事件1：某天，正在店内就餐的两桌顾客因琐事引发斗殴，顾客乙被打伤，后经鉴定构成轻伤。这些顾客在斗殴过程中，将餐馆的一些餐具及设施打坏。张某报警后，警察将参与斗殴的人员带走进行调查处理。

事件2：某天，食品药品监督管理执法人员到张某的餐馆进行例行检查，发现餐馆的卫生条件不达标，于是对餐馆处以了罚款。张某认为餐馆的卫生是合格的，对罚款的决定不服。

【问题】

请问：在上述两个事件中，存在哪些诉讼法律关系？

参 考 文 献

[1] 舒国滢. 法理学. 5 版. 北京：中国人民大学出版社，2019.

[2] 张文显. 法理学. 5 版. 北京：高等教育出版社，2018.

[3] 张东华. 法理学. 武汉：武汉大学出版社，2017.

[4] 《法治中国建设规划（2020—2025 年）》

[5] 《法治社会建设实施纲要（2020—2025 年）》

[6] 北京万国学校教研中心. 万国专题讲座——理论法学. 北京：中国法制出版社，2017.

[7] 江必新. 民法典重点修改及新条文解读. 北京：中国法制出版社，2020.

[8] 王利明，杨立新，王轶，程啸. 民法学. 北京：法律出版社，2020.

[9] 杨大文，龙翼飞，夏吟兰. 婚姻家庭法学. 北京：中国人民大学出版社，2012.

[10] 方香荣，彭泉. 婚姻与继承法学. 北京：中国政法大学出版社，2013.

[11] 黎建飞. 中华人民共和国劳动合同法辅导读本. 北京：中国法制出版社，2007.

[12] 李昌麒. 经济法学. 北京：中国政法大学出版社，2002.

[13] 李昌麒，刘瑞复. 经济法. 北京：法律出版社，2004.

[14] 梁智. 劳动合同法实务一本全. 北京：中国法制出版社，2008.

[15] 北京万国学校教研中心. 万国专题讲座——行政法. 北京：中国法制出版社，2017.

[16] 张明楷. 刑法学. 北京：法律出版社，2016.

[17] 陈兴良. 刑法学. 上海：复旦大学出版社，2011.

[18] 曲新久. 刑法学. 北京：中国政法大学出版社，2011.

[19] 最高人民法院刑事审判庭主办. 刑事审判参考. 北京：法律出版社，2019.

[20] 樊崇义. 刑事诉讼法学. 5 版. 北京：法律出版社，2020.

[21] 陈桂明，刘芝祥. 民事诉讼法. 4 版. 北京：中国人民大学出版社，2015.

[22] 高桂英. 新编民事诉讼法理论与实务. 2 版. 北京：高等教育出版社，2015.

[23] 姜明安. 行政法与行政诉讼法. 7 版. 北京：北京大学出版社，高等教育出版社，2019.